Friedrich Wilhelm Basilius von aut Ramdohr

Studien zur Kenntniss der schönen Natur, der schönen Kuü, der Sitten und der Staatsverfassung

auf einer Reise nach Dännemark - Erster Teil

Friedrich Wilhelm Basilius von aut Ramdohr

Studien zur Kenntniss der schönen Natur, der schönen Kuü, der Sitten und der Staatsverfassung
auf einer Reise nach Dännemark - Erster Teil

ISBN/EAN: 9783741158957

Hergestellt in Europa, USA, Kanada, Australien, Japan

Cover: Foto ©Andreas Hilbeck / pixelio.de

Manufactured and distributed by brebook publishing software (www.brebook.com)

Friedrich Wilhelm Basilius von aut Ramdohr

Studien zur Kenntniss der schönen Natur, der schönen Kuü, der Sitten und der Staatsverfassung

STUDIEN

ZUR

KENNTNISS DER SCHÖNEN NATUR,
DER SCHÖNEN KÜNSTE,

DER

SITTEN UND DER STAATSVERFASSUNG,

AUF EINER

REISE NACH DÄNNEMARK,

VON

FRIEDRICH WILHELM BASILIUS
VON RAMDOHR,
AUS HOYA.

— *vitam impendere pulchro.*

ERSTER THEIL.

HANNOVER,
im Verlage der Helwingschen Hofbuchhandlung.
1792.

Meinen

beiden verehrungswürdigen Onkeln

von

väterlicher und mütterlicher Seite,

dem

Herrn General - Lieutenant

von RAMDOHR,

und dem

Herrn Obrist - Lieutenant

von BORRIES,

ganz gehorsamst zugeeignet.

EINLEITUNG.

Der titel dieses buchs wird sogleich zeigen, was man davon zu erwarten habe. Keine vollständige beschreibung von Dännemark, kein journal meiner reisebegebenheiten: Studien, das heifst materialien, einzelne nachrichten, einzelne bemerkungen, die zu einem fernern gebrauche für andere und für mich gesammelt sind. So sammelt der künstler, der beim spatzierengehen sein portefeuille bei sich trägt, die gegenstände, die ihm merkwürdig scheinen, nachzeichnet, die ideen, welche sie veranlafsen, frei entwirft, und bei der zuhausekunft seinen vorrath mit freunden zum gemeinschaftlichen unterrichte theilt.

Ich habe zwar nur vier monathe lang auf meiner reise zubringen können; aber ich ward in Kopenhagen durch die anverwandten, die ich dort habe, in sehr günstige verhältnifse gesetzt, zuverläfsige nachrichten einzuziehen und eigene bemerkungen zu machen.

Ich habe die gütigste aufnahme in Dännemark genofsen; ich würde der undankbarste mensch von der welt seyn, wenn ich mich bei der bekanntmachung dieser nachrichten und bemerkungen einer indiskrezion schuldig machte. Aber ich hoffe dergleichen soll diesem werke nicht vorgeworfen werden. Von demjenigen, was mir mitgetheilt ist, theile ich nichts wieder mit, als dasjenige, was mir mit der ausdrücklichsten erlaubnifs dazu gegeben ist. Wenn die urtheile, die ich fälle, zuweilen tadel enthalten, so ist zu erwägen, dafs nicht jeder tadel eine indiskrezion sei. Nur derjenige verdient so genannt zu werden, der erbittert ohne den geringsten nutzen für denjenigen, den er trift, und ohne einen beträchtlichen für diejenigen, die sich daran spiegeln können, mit sich zu führen. Aber wenn man einem lande, einer nazion im ganzen viel gutes einräumt, nur einiges zu verbefsern findet, was noch würklich zu verbefsern ist; wenn man seinen tadel immer nur auf das gros, auf den menschen im durchschnitt genommen richtet, und den einzelnen ausnahmen gerechtigkeit wiederfahren läfst; wenn uns allemahl die edle absicht leitet, durch bemerkung des fehlerhaften kunst und wissenschaft im allgemeinen weiter zu bringen, nicht blos die einwohner des landes, das man bereist hat, sondern auch die angränzender länder auf gewisse mängel, die sie mit jenen gemein haben, aufmerksam zu machen; — dann dünkt mich, wäre freimüthiges urtheil die schönste zierde eines buches von der art, wozu das gegenwärtige gehört.

Wer also von fremden aufser Dännemark dadurch seinen nazionalstolz zu kitzeln sucht, dafs er hier ein reiches gehäge von anekdoten erwartet, welche zur herabwürdigung der dänischen nazion dienen sollen; der lese mich nicht; denn das buch ist nicht für ihn geschrieben.

Wer von den einwohnern Dännemarks dadurch seinen nazionalstolz zu kitzeln sucht, dafs er hoft, ich werde in den faden und schmeichlerischen ton der verfasser der lettres sur le Dannemarc einstimmen, der lese mich nicht, denn das buch ist nicht für ihn geschrieben.

Wer aber, wenn er kein Däne ist, darum diese Studien liefst, um das merkwürdige und gute, was von einem fremden lande angezeigt und gesagt wird, kennen zu lernen, und in seinem vaterlande anwenden und ausbreiten zu helfen, oder um durch warnende beispiele auf gemeinschaftliche mängel aufmerksam zu werden; wer aber, wenn er ein Däne ist, darum diese Studien liefst, um bei der vergleichung der anschauungsart des reisenden mit seiner eigenen, eine neue veranlafsung zu finden, über die vorzüge und die fehler seines vaterlandes unbefangen nachzudenken; die beiden, die sind meine männer: für die allein habe ich geschrieben.

INNHALT.

Ein paar kunstnachrichten aus Lüneburg.	Seite 1
Hamburg.	2
Alster und wasserfahrten auf derselben.	3
Schroedersche schauspielergesellschaft.	5
Schroeder selber.	10
Kotzebuische schauspiele.	11
Bildende künste.	14
Geselliger ton.	23
Ueber guten ton, feinen ton, welt etc.	26
Vorzüge Hamburgs für die gesellige unterhaltung.	45
Von dem guten sprecher.	48
Büsch und sein haus.	61
Gräfin Bentingk.	52
Gegend um Hamburg.	55
Flodbeck.	55
Doggenmüde.	60
Reise von Hamburg nach Kiel.	62
Kiel.	62
Ueber den umgang mit professoren überhaupt.	65

Haus des oberpräsidenten.	Seite 68
Kieler juristenfakultät.	69
Feldjägerkorps des obristlieutenants von Dindser.	69
Gegend um Kiel.	70
Kieler kanal.	71
Knoop.	73
Seereise von Kiel nach Kopenhagen.	74
Ueber Kopenhagen. Ankunft und erster eintritt.	83
Innere schönheit der stadt bei näherer untersuchung.	85
Die ritterstatue Friedrichs des fünften und Christian des fünften.	90
Residenzschloss Christiansburg.	92
Rittersaal.	95
Potentatengemach.	101
Gemählde in einem nebenzimmer des rittersaals.	103
Apartementszimmer.	105
Plafonds und thürstücke überhaupt.	105
Neue königliche bildergalerie.	106
Dekoration der übrigen zimmer in diesem schlosse überhaupt.	119
Nebengebäude des schlosses, worin die gemählde-galerie und die kunstkammer befindlich sind.	120
Grosse galerie.	125
Eigentliche kunstkammer.	139
Nachricht von einem kopfe aus elfenbein, der für antik ausgegeben wird.	140
Das palais.	147
Das Rosenburger schloss.	148
Das schloss Charlottenburg.	151
Unsere lieben frauen kirche.	165
Uebrige kirchen in Kopenhagen.	166
Ueber die besten gebäude in Kopenhagen.	166
Der pallast des grafen von Moltke.	167

Kabinet des herrn prof. Tresko.	Seite 172
Gemähldekabinet des herrn justizraths und kunstkammerverwalters Spengler.	174
Kabinet des herrn leibchirurgus Bodendieck.	180
Nachricht von dem Collsmannschen kabinette.	181
Ueber die porzellainfabrik.	182
Allgemeine blicke über die schönen bildenden künste in Dännemark überhaupt.	185
Ablaufen der schiffe vom Stapel.	189
Besuch auf einem kriegsschiffe.	191
Von den Holmen und denen zum see-etat gehörigen gebäuden.	196
Remission auf den zweiten theil.	203
Gegend in der nähe von Kopenhagen.	203
Friedrichsberg.	204
Bernstorf und Jägersburg.	210
Genthof, Jyngbye, Alt- und Neu-Friedrichsthal.	213
Sor, enfrei und Sellerod.	216
Dronigaard.	218
Hirschholm.	221
Weg von Hirschholm nach Helsingör.	222
Helsingör.	223
Schloſs Kronenburg.	225
Marienlust.	224
Hellebeck.	231
Friedensburg.	232
Das innere des schlosses.	235
Friedrichsburg.	241
Kokkedahl.	245
Sophienberg.	246
Eenrom.	247
Strandweg von Eenrom nach Kopenhagen, Seelust.	249
Eremitage, thiergarten und quelle in demselben.	250

	Seite
Remission auf den zweiten theil.	251
Allgemeiner blick über die naturgegenden in Seeland.	251
Meine theorie der schönen gartenkunst.	256
Uebergang zu dem folgenden. Einrichtung des geselligen lebens in Kopenhagen.	308
Ueber die absönderung der stände im geselligen umgange.	309
Einfluss der separazion der stände nach dem range auf den geselligen ton und die denkungsart der Kopenhagener.	329
Gesellige lebensart bei hof und in der stadt: verschiedene arten von zusammenkünften nach allgemeinen bestimmungen.	345
Guter und feiner ton der Kopenhagener.	357
Ueber gesellige liebenswürdigkeit und die kunst der schönen geselligen unterhaltung.	366
Gesellige liebenswürdigkeit und kunst der schönen geselligen unterhaltung in Kopenhagen.	378
Musik.	383
Theater.	386
Dichtkunst und talent für prosaische komposizionen zur schönen lektüre.	391

Ein paar kunstnachrichten aus Lüneburg.

Unter den überresten der altartafel in der Michaeliskirche, die unter dem nahmen der güldenen tafel bekannt ist, hat mir ein geschnittener stein, ein Amethyst, merkwürdig und ächt antik geschienen. Er stellt einen Discobolus vor.

Auf dem rathhause sieht man gemählde, deren sujets aus der allegorie und aus der heiligen geschichte genommen sind. Sie schienen mir in einzelnen partien verdienst zu haben, und aus der älteren Nürnbergischen oder Augsburgischen schule zu seyn.

Auf dem rathhause zeigt man auch verschiedene kostbare gefäße, welche entweder zur bloßen pracht, oder zugleich zum würklichen gebrauch bei öffentlichen gelagen gedient haben.

Bürgermeister, rathsherren, patrizier und reichere bürger dieser ehemaligen hansestadt haben sie hierher geschenkt. Das älteste stück ist von 1480. Schöne kunstwerke sind es nicht: Die formen sind geschmaklos, der kunstfleifs ist verschwendet. Aber die ahndung eines öffentlichen geistes in den gebern, die zum vergnügen ihrer mitbürger, für die belohnung des befriedigten ehrgeizes ein beträchtliches von ihrem wohlstande veräuserten, macht sie demohngeachtet interessant. Mögte doch dieser geist nicht verlohren gegangen seyn, jetzt, da wir an geschmack gewonnen haben!

Hamburg.

Ich fuhr über Billwerder. Der weg geht über den teich längst der Elbe hin. Bald legt sich dieser flufs wie ein eingeschlofsener landsee in seiner ganzen breite vor dem auge nieder; bald öfnet er dem vorwärts schreitenden blick das ufer, und ströhmt, in mehrere arme getheilt, in unabsehbarer länge vor ihm hin.

Zur rechten hat man das schauspiel der gröfsten fruchtbarkeit und des aufs höchste getriebenen anbaues der erde. Meilenweit sieht man in ununterbrochener reihe haus bei haus, garten bei garten.

Diese gegenden erinnerten mich lebhaft an die ufer der Brenta zwischen Padua und Venedig. Aber der mangel schöner bauart an den gartenhäusern und die unvortheilhafte tracht des hiesigen landmanns hinderten die völlige illusion, mich in der nähe des orts zu glauben, wo meine einbildungskraft mit am stärksten gehoben, und mit am vollkommensten befriedigt ist.

Alster und wasserfahrten auf derselben.

Ich kam in Hamburg an, und stieg im wirthshause St. Petersburg am Jungfernstiege ab. Dies ist die schönste gegend der stadt. Die Alster bildet hier ein becken, eine wasserfläche von einem umfange, wie ich sie in keiner andern stadt kenne. Es ist nicht sowohl ein flufs, es ist ein grofser see, der von einem andern nur durch den zwischentretenden und durch eine brücke verbundenen wall getrennt ist. Dieser see also, an drei seiten von der stadt begränzt, und von der vierten durch den eben genannten wall mit seinen bäumen und seinen windmühlen und brücken eingeschlossen, macht allerdings eine schöne würkung. Inzwi-

schen würde ich, nach meiner empfindung, ihn
viel schöner finden, wenn der blick von einer seite
eine freie ausficht auf den zweiten see und seine
ufer hätte. Dann würde statt des gegenwärtigen
vierecks, (das ohnehin seiner ecken wegen steif
scheint) die Alster einen halben zirkel, einen
wasserbusen bilden. Das wäre wenigstens mah-
lerischer.'

Kein haus in Hamburg hat meiner meinung
nach eine schönere lage, als das meines freundes,
des fchaufpieldirektors Schröder am ufer der
Alster. Von hieraus nimmt sich besonders der
theil der stadt vortreflich aus, der ihm gegenüber
liegt und mit seinen spitzen thürmen und einer
runden kuppel eine mahlerische gruppe bildet.
Aus den obern fenstern seines hauses geniefst man
eine freie ausficht über den wall und die brücke
weg, und fühlt dann doppelt, was man dabei ge-
wänne, wenn an der erde der blick nicht durch
dieses hindernifs gehemmet würde.

Lustfahrten auf der Alster sind sehr häufig
und sehr angenehm. Gewöhnlich miethet die
gesellschaft eine jagd, auf der ein saal mit einer
menge von fenstern befindlich ist. Man fährt
unter begleitung von musik aufserhalb des baums
eine weile herum, kehrt gegen abend zurück, legt

irgendwo am ufer an, und soupirt auf dem schiffe.
Der klang der mufik, die erleuchtung des schiffs
zieht zuschauer herbei. Einige nehmen das ufer
ein, andere nähern sich in böten. Das zurufen
beim abfahren und begegnen, die neckereyen der
schiffsleute, der lärmende ausbruch der freude
der umstehenden, das geplätscher der ruder:
Alles dies giebt dieser scene noch mehr abwechselung und leben.

Schroedersche schauspielergesellschaft.

Ich habe die Schroedersche schauspielergesellschaft noch verbessert gefunden, seitdem sie
Hannover verlassen hat. Inzwischen darf man
nach der ganzen lage und dem verhältnisse, worin
Schroeder zu seinen mitspielern, und diese mit
ihm zu dem publikum stehen, die bildung eines
grofsen schauspielers *neben Schroeder* auf diesem
theater nicht erwarten. Der grofse vorsprung,
den dieser künstler durch sein talent über die
mehresten jetztlebenden schauspieler aller nationen und besonders über diejenigen, die mit ihm
spielen, seit langer zeit gehabt hat, hat die natürliche folge nach sich gezogen, dafs das publikum
hauptsächlich um seinetwillen ins theater geht.

Das gleichgültigste stück wird ihm durch sein spiel interessant, das beste ohne dies langweilig. Schroeder, der virtuose Schroeder, läßt sich sehen und hören, ist der hauptgegenstand der unterhaltung und bewunderung, ist der soluspieler, die übrigen sind nur konzertisten. Man applaudirt diesen letzten in einzelnen paſsagen, man hält wohl eine ganze fymphonie von ihnen aus; aber im ganzen will man immer Schroedern auf der bühne haben.

Dieser grofse schauspieler ist nun zugleich entrepreneur und direkteur seiner gesellschaft. Es liegt den schauspielern zur angenehmen existenz bei feinem theater daran, daſs sie nach seinen begriffen über die kunst, nach der würkung, die er von ihrem spiel zum besten seines ganzen erwartet, spielen. So ungezwungen, so liberal, so wenig despotisch sein betragen gegen sie nun immer seyn mag; die hindernifse, die der ausbildung ihrer anlagen im wege stehen, liegen in der natur der sache.

Das Hamburger theater unter Schroeder verhält sich gegen ein anderes unter verschiedenen lagen, wie eine monarchie zu einer republik. In dieser letzten überläſst sich jeder seinem gefühle, was und wie seine kräfte zum besten des allgemeinen wohls nur immer würken können: in jener beschränkt man sich darauf, für den ruhm, für den beifall des souverains, und für das zu würken, was dieser als allgemeines wohl voraussetzt. Auch hat das Schroederische theater alle vorzüge einer monarchischen verfaſsung: die schönste polizei, die vollkommenste zusammenstimmung der einzelnen theile zum ganzen.

Schroeder hält sehr streng auf zucht, ordnung, sittlichkeit bei den Schanspielerinnen seines theaters. Er gestattet ihnen kein verhältniſs, das ihrem öffentlichen rufe schaden könnte. Dadurch hofft er dem stande des schauspielers die öffentliche achtung wieder zu geben, worum ihn nicht das wesen der kunst, die er ausübt, sondern sittenlosigkeit gebracht hat. Vortreflich gedacht als moralist, und wieder ganz im geist der monarchischen verfaſsung! der monarch seines staats muſs für deſsen öffentliche achtung sorgen: was deſsen einzelnen gliedern widerfährt, gutes und böses, das trift ihn mit. Und der anhang, den sich eine aktrize unter ihren anbetern im parterre macht, erweckt die kabale unter den zuschauern, und nährt den neid unter der gesellschaft.

Ob aber, wenn man blos auf die vollkommenheit der kunst in sich rücksicht nimmt, ob dann, frage ich, bei der abkunft und erziehung der mehresten schauspielerinnen, bei der sorglosigkeit und nachsicht in wahl und aufsicht der übrigen direkteurs, bei den eingewurzelten ideen über das schlüpfrige der lage dieser frauenzimmer überhaupt, es jemahls möglich sey, dem ganzen stande, und besonders den angehenden schauspielerinnen die aufnahme unter der guten gesellschaft zu erwerben? ob, dies angenommen, der feinere ton der welt, welcher zur darstellung der höhern komedie so nothwendig ist, anders zu erlangen sey, als durch den nähern umgang mit männern von welt und erfahrung, die freilich, (so ist dies *genre maudit*,) nicht anders als gegen gewisse wechselseitige gefälligkeiten die mühe ihrer bildung übernehmen, sie in den wohlstand setzen, wodurch sie mit den schönen künsten vertrauter werden, und ihre bekanntschaften weit genug ausbreiten, um zuverläsigkeit und gewandheit in anstand und ausdruck zu erhalten? Ob die aktrize, die mit der absicht, durch die vortreflichkeit ihrer kunst dem publikum überhaupt zu gefallen, den wunsch verbindet, die zahl der anbeter ihrer persönlichen liebenswürdigkeit zu vermehren, ob eine solche aktrize nicht ein geschärfteres gefühl von dem erlange, wodurch man dem herzen und der einbildungskraft gefällt? ob eine person, die in einer so schlüpfrigen lage ihren ruf strenge bewachen, mit dem verdienst ihrer kunst ihre haushaltung und ihren putz bestreiten mufs, nicht leicht in steifigkeit, prüderie, affektazion fallen, oder gar über den anspruch auf den nahmen der guten hausfrau, den anspruch an den ruhm einer grofsen künstlerin vergefsen werde? ob die kabale im schauspielhause nicht vortheilhafter für die kunst sey, als eine schläfrige gleichgültigkeit? ob in einer stadt, wie Hamburg, bei dem dortigen reichthum, bei dem hange der einwohner zum vergnügen, und bei der affluenz der fremden, verbotene verhältnifse unter den geschlechtern überall zu vermeiden sind, mithin die sittlichkeit des ganzen durch die tugend einzelner aktrizen ein beträchtliches gewinnen könne? Und ob sodann endlich diesen die stellen der Ninons, Danaen und Aspasien zwar nicht anzuweisen, aber auch nicht zu verwehren sind? — Alles dies sind fragen, deren beantwortung ich nicht unternehme, deren prüfung aber um der kenntnifs des menschlichen herzens und des verhältnifses willen, worin die vollkommenheit der künste zu der reinheit der sitten stehen kann, wichtig

genug zu seyn scheint, um sie bey einem Souper
sin zu debattiren.

Schroeder selbst.

Schroeder ist der Pousin oder besser der Caraccio in seiner kunst. Ein ungemeiner scharfsinn, eine höchst richtige beurtheilung des zweckmäfsigen, wahren, nützlichen, ein lebhaftes gefühl des witzigen und starken, verbunden mit
fertigkeit, sorgfalt, bestimmtheit in der ausführung, machen, wie ich glaube, seinen character
als schauspieler, direkteur und schriftsteller aus.

Schroeder ist aber auch als mensch in häuslichen und bürgerlichen verhältnissen höchst ver-
ehrungswürdig. Ich liebe dies öffentlich zu
sagen, weil es aufser Hamburg vielleicht nicht
allgemein anerkannt wird. Man rechnet ihm
nicht an, was er über sich vermogt hat, weil die
natur, die ihn mit anlagen zu grofsen talenten
schuf, ihn verhindert hat, alles über sich zu vermögen. Aber ich, der ich ihn genau kenne, ich
weifs, das er grundsütze hat, und diesen grund-
sützen so treu bleibt, als es bey den launen und
der weichheit des herzens, ohne welche der grofse
künstler sich nicht denken läfst, nur immer möglich ist.

Kotzebuifche schaufpiele.

Ich habe hier einige stücke von dem präsidenten von Kotzebue gesehen.

Es ist nicht zu leugnen, dafs dieser schriftsteller eine grofse kenntnis von demjenigen hat, was auf dem theater eine vorübergehende, aber für den augenblick starke würkung thut. Man kann ihn mit den geschickten dekorazionsmahlern vergleichen, die mit kecken zügen ihres Borstenpinsels — bei licht grofsen effect und einen schein von wahrheit hervorbringen. Der grofse haufe lacht und weint in seinen stücken, und selbst die edlere klafse der zuschauer wird bei ihrer ersten aufführung unterhalten und gerührt. Seine situazionen sind zuweilen glücklich, sein dialog ist leicht und fafslich. Lauter vorzüge, denen man gerechtigkeit wiederfahren lafsen mufs, sobald nur das publikum den werth derselben nicht übertreibt. Die werke des herrn von Kotzebue, vorzüglich die schauspiele menschenhafs und reue, die Indianer in London, das kind der liebe, die sonnenjungfrau, haben einzelne schönheiten, aber sie machen keine kunstschönheiten, keine schöne werke der dramatischen kunst aus. Man darf sie mit einer Eugenie, mit einem philosophen ohne es zu wifsen, und mit mehreren andern stücken, die viel gutes in erfindung und ausführung haben, allerdings vergleichen; aber man darf sie den meisterstücken eines Shakespear, Lefsing, Göthe, und — ich setze es dreist hinzu — eines Racine und Voltaire, jedes in seiner art betrachtet, nicht an die seite stellen.

Ich erinnere mich hier einer anekdote, die mir von Lefsing erzählt ist, und die, wenn sie wahr seyn sollte, den geringen werth anzeigen würde, den dieser grofse kritiker der würkung seiner stücke auf den grofsen haufen beilegte.

Lefsing war mit Mendelsohn bey der vorstellung eines der französischen weinerlichen dramen zugegen. Der letzte zerflofs in thränen. Am ende des stücks fragte er seinen freund, was er dazu sagte? Das es keine kunst ist, alte weiber zum heulen zu bringen, versetzte Lefsing. Das ist leicht gesagt, aber nicht so leicht gethan, antwortete Mendelsohn. Was gilt die wette, sagte Lefsing, in sechs wochen bringe ich ihnen ein solches stück.

Sie giengen die wette ein, und am folgenden morgen war Lefsing aus Berlin verschwunden. Er war nach Potsdam gereiset, hatte sich in eine dachstube eingemiethet, und kam nicht davon herunter. Nach' verlauf von sechs wochen erschien er wieder bei seinem freunde, und Miſs Sara Sampson war vollendet.

So lautet die erzählung. Sie mag wahr seyn oder nicht, der satz, der darin eingekleidet ist, bleibt völlig wahr: kein drama wird dadurch zu einem schönen kunstwerke, daſs es bey dem groſsen haufen emozionen erweckt, und selbst bei dem aufgeklärten kenner blitze von empfindung erregt. Ein schönes drama ist ein ganzes, das bei wiederholter aufführung beim häufigeren lesen immer an intereſse gewinnt, das man auswendig lernen kann, und dennoch lieb behält, wie man einen freund, einen steten begleiter lieb haben würde.

Ich fürchte sehr, daſs die stücke des herrn von Kotzebue diese probe nicht aushalten. Er schürzt gemeiniglich den knoten eben so willkührlich als willkührlich er ihn auflöst. Seine edleren karaktere sind nicht bestimmt genug, und seine lächerlichen in karrikatur gezeichnet. Nicht immer sind es geschöpfe seiner erfindung. Oft, und dies ist der gröſste fehler, den man ihm und jedem dramatischen schriftsteller überhaupt machen kann, oft stimmt die art, wie er die personen reden und handeln läſst, mit ihrem karakter und ihrer lage nicht überein. Was aber den liebhabern der Kotzebuischen muse eine traurige empfindung erwecken muſs, ist der umstand, daſs er sich durch den ausgebreiteten beifall, den seine früheren stücke erhalten haben, über die sorge hat einschläfern laſsen, den letztern durch gröſsere vollkommenheit einen noch höhern werth zu geben. Der groſse künstler kämpft stets gegen sich selbst an, und der beifall des groſsen haufens wird für ihn zum sporn, den beifall der geringen zahl der kenner und seinen eigenen zu erringen. Mögen es doch alle dramatische schriftsteller beherzigen, daſs die häufige aufführung ihrer stücke, deren übersetzung in fremde sprachen, kein gültiger beweis für ihre innere vortreflichkeit ist! Denn wäre dies der richtige maaſsstab, so würde der graf Waltron oder die subordinazion das erste schauspiel in der welt seyn.

Bildende künste.

Es nimmt mich wunder, daſs die einwohner Hamburgs, als einer so reichen und freien stadt, so wenig geschmack an den bildenden künsten finden, und besonders, daſs man daselbst so wenig monumente der schönen baukunst antrift. Außer dem neuen waysenhause und dem palais des kaiserlichen ministers kenne ich keine öffentliche gebäude in Hamburg, die nur irgend den guten geschmack befriedigen könnten. Besonders machen die beiden hauptgebäude der republik, die börse und das rathhaus, ihr wenig ehre.

Die neue Michaeliskirche ist in dem style gebauet, der in der ersten hälfte dieses jahrhunderts der herrschende war, und im grunde aus einer vermischung des Gothischen und Griechischen besteht. Das ganze ist eine mafse von ecken, vorsprüngen, gebrochenen giebeln, halb eingemauerten säulen u. s. w. ohne zweck, nutzen und schönheit. Die innere einrichtung hat mir besser gefallen, aber die verzierungen sind wieder geschmacklos. Das altarblatt ist wie eine theatermahlerei in einiger entfernung hinter einem portikus gestellt, der das licht von vorn hemmen und nur von beiden seiten zulafsen soll. Da aber das tageslicht in der mitte der kirche nicht wie lampenlicht zu leiten ist, so wird die würkung dieses ohnehin kleinlichen gedankens verfehlt, und ein theil des gemähldes überher versteckt. Recht viel ist freilich nicht dabei verloren gegangen, denn es ist mittelmäfsig in allen theilen der mahlerei. Es stellt eine auferstehung vor und ist vom ältern Tifchbein gemahlt. — Die aussicht vom thurm belohnt für alles. Sie ist sehr reich und abwechselnd. Was fehlt, sind berge.

Es ist jetzt ein junger baumeister in Hamburg, der sich Ahrens nennt. Nach feinen zeichnungen zu urtheilen, hat er talente und gute grundsätze. Ich wünschte, dafs man ihm gelegenheit gäbe, beides zur erbauung eines neuen rathhauses und einer neuen börse zu zeigen.

Der *dr. Stenglin* besitzt neben vielen mittelmäfsigen stücken einige gute aus der flämischen schule. *Zwei schöne Ruysdaels, eine reiherbeitze von Wouvermann, einen kopf von Ferdinand Boll, die jünger im gebet von J. Jordaens.* Besonders fiel mir *das bildnifs einer dame* auf, stehend, lebensgröfse, mit einer rose in der hand, und schwarz gekleidet. Das stück ist von *Corneliens Janfon von der Keulen*. Vandyk, mit defsen styl dies bild übrigens viel ähnlichkeit hat, hat nie schöner gemahlt. Ich fragte die magd, die mich herumführte: ob ihr herr noch sammelte: Nein! war die antwort; die zimmer sind ja voll!

Das *Schwalbische kabinet* ist verkauft.

Im kabinette des herrn dr. Rollen sind vier Denner. *Das portrait seiner frau, sein eigenes, und die bildnifse eines unbekannten alten mannes, und einer unbekannten alten frau.* Die beiden ersten sind in der freieren manier gemahlt, aber schwach von Farbe und ohne hinreichende rundung. Die beiden letztern zeichnen sich durch die fleifsige geleckte behandlung aus, wodurch sich dieser Meister besonders bekannt gemacht hat. Allein hier ist auch beinahe nichts als der fleifs zu loben. Die zeichnung ist weder bestimmt noch richtig. Die halbschatten fallen zu sehr ins kramoisinrothe, die ganzen zu sehr ins violette. Aufserdem fehlt es besonders dem weiblichen kopfe an haltung. Die schattenpartie ist zu dunkel.

Jupiter und Semele von Lairefse. Gehört nicht zu den besten stücken dieses meisters.

Eine landschaft von v. d. Neer.

Ein hase mit jagdzeug von Weeninx.

Römische ruinen von Both: eine herrliche landschaft.

Ein pferdestück von Wouvermann.

Ein aufserordentlich schöner Berghem. Berghem mahlt, wie Göthe schreibt. Eine simpel und grofsgewählte gegend, dargestellt mit treue, und auf dem vordergrunde ein paar figuren, die alles sagen, was sie sagen sollen.

Der dr. Hasberg hat gleichfalls gemählde, worunter aber nur wenig gutes mehr übrig ist. Das beste ist nach England verkauft. Unter den überbleibseln ist *ein schöner potter mit drei kühen.* Er stammt von Liotard her, der ihn verkauft hat, weil er, nachdem er selbst eine kopie in pastell darnach verfertiget hatte, das original nicht mehr achtete. Der gegenwärtige besitzer will es verkaufen; fordert aber einen ungeheuren preis.

Man sieht hier ferner *eine skizze von Rubens. Eine landschaft von Moucheron. Eine kopie nach einem kopfe von Rembrandt vom wiener Brandt. Endlich zwei köpfe von Paul Veronese:* ausgeschnitten aus einem gröfseren gemählde, beschädigt, und doch der aufmerksamkeit der kenner durch ihren individuellen karakter und sprechende wahrheit so werth!

Die schönste und wichtigste sammlung von gemählden existirt unbekannt, dem schimmel und den mishandlungen der kinder und domestiken überlafsen, in dem hause des kaufmanns Beil, der nach Rufsland handelt. Es hatte der gegenwärtige besitzer das haus gekauft, aber der verkäufer konnte ihm sein eigenthum nicht beweisen. Die gemählde sollen jetzt als hypothek für die schadloshaltung haften. Sie sind auf 2000 rthlr. taxirt.

Das zimmer, worin sie befindlich sind, ist ein achteck, und da einige stücke so grofs sind, dafs sie die ganze wand einnehmen, so hat man sie in die ecken hineingepreſst. Dadurch sind sie zerknickt und in ein unvortheilhaftes, ungleiches licht gesetzt.

Das erste stück, was die augen auf sich zieht, ist *eine Judith, die dem Holofernes im beiseyn der magd den kopf abhaut.* Höchst wahrscheinlich aus *Guidos* schule.

Gegenüber ist *ein grofses gemählde von Jacob Jordaens: der satyr bei den bauern, der kalt und warm aus einem munde bläst,* befindlich: figuren lebensgröſse. Vorstermann hat es gestochen. Es ist voller wahrheit, leben und ausdruck, sehr frisch und keck gemahlt, und mit allen zeichen der originalität versehen.

Christi gefangennehmung, ausgeführte skizze von Rubens. Schön, so viel man noch davon sehen kann, aber leider! sehr verdorben. Die figuren ungefehr ein paar schuh lang.

Loth mit seinen töchtern von Heinrich Golzius, mit seinem nahmen und jahrszahl. Figuren lebensgröfse: das kolorit frisch und blendend: das ganze stück sehr gut erhalten.

Satyr mit einer bacchantin: figuren auf halben leib. Aus der bolognesischen schule und wahrscheinlich von einem der Caracci. Im ton der farbe und in den formen hat das stück viel vom Parmeggianino an sich, welches der ersten angabe des meisters nicht widerspricht.

Die vier elemente, figuren lebensgröfse. Schlecht erhaltene kopie nach Rubens.

Satyr zwischen zwei nympfen. Kopie nach einem gemählde von J. Jordaens, welches Bolswert gestochen hat.

Dies sind die gröfseren gemählte. Die kleineren sind

Landschaften von Ruysdael und Momper.

Eine schöne perspektive von Steenwyk mit nahmen und jahrszahl. — *Johannes der täufer in der wüsten predigend* mit einer menge niedlicher kleinen figuren von einem mir unbekannten meister aus der niederländischen schule.

Eine schöne landschaft mit vieh von Heinrich Roos.

Eine andere, die ich für einen Pynaker halte.

Eine sehr schöne nordische gegend von Everdingen.

Ein streit in einer wachtstube von Palamedes. Vortreflich.

Ein opfer, von einem schüler Rembrandts, wahrscheinlich von Leonhard Bramer.

Eine winterlandschaft von einem mir unbekannten meister.

Mercurius und Herse von Spranger u. s. w.

Der] negoziant, herr Valentin Meyer, ein sehr liebenswürdiger unterhaltender mann im umgange, und dabei ein warmer freund der künste, hat ein sehr artiges kabinet von handzeichnungen. Sie verdienen sehr gesehen zu werden. Eine darunter ist *von Mengs,* und besonders schön. Eine andere *von Füger in Wien, das urtheil des Brutus über seine söhne,* ist von reicher komposizion, weise angeordnet, und mit verwunderungswürdiger leichtigkeit ausgeführt. Ich enthalte mich mehr davon zu sagen, da des besitzers bruder, der herr doctor und kanonikus Meyer, eine weitläuftige beschreibung im deutschen museo davon geliefert hat. Herr Meyer besitzt eine sammlung von *Gesnerischen originalzeichnungen,* wornach dieser grofse dichter und künstler nachher die kupfer zu der französischen ausgabe seiner idyllen gestochen hat. Sie sind, was die landschaften anbetrift, viel schöner als die kupfer, die mir immer hart und ohne haltung geschienen haben. Die figuren sind so wenig hier als dort korrekt gezeichnet.

Man sieht hier auch das bildnifs des herrn doctor und kanonicus Meyer, bruders des vorigen, von Graf gemahlt. Es ist das schönste stück, das ich von diesem meister kenne.

Der zuletzt genannte herr doctor und kanonicus Meyer liebt gleichfalls die künste und sucht sie in seinem wohnorte möglichst zu befördern. Er hat ein artiges kabinet von handzeichnungen gröfstentheils von lebenden meistern, die er auf seinen reisen gesammelt hat. Ein interefsanteres stammbuch läfst sich nicht denken. Unter mehreren gefälligkeiten, die ich ihm verdanke, war auch die, dafs er mich zu der wittwe des verstorbenen kapellmeisters Bach führte. Sie besitzt den nachlafs an zeichnungen ihres zu früh für die kunst verstorbenen sohnes. Er soll veräusert werden. Drei gröfsere ausgeführte landschaften sind darunter vortreflich. Der rest bestehet aus entwürfen und studien zu landschaften, und akademischen figuren oder akten von sehr ungleichem werthe.

Geselliger ton.

Ueber den geselligen ton in Hamburg kann ich nichts im allgemeinen sagen. Die stadt hat 120000 einwohner und macht aufserdem mit Altona in rücksicht auf gesellschaftliche verhältnifse ein ganzes aus. Rang und geburt ziehen hier keine scharfbezeichneten gränzen um die personen herum, die zu einem zirkel gehören sollen. Freie wahl oder individuelle verhältnifse eines jeden verbinden diejenigen, die für einander gehören. Dies mufs die folge haben, dafs verschiedene kotterien entstehen, die in rücksicht auf die wahl ihrer Unterhaltung und des tons, der zwischen ihnen herrscht, sehr von einander abweichen.

Eine Hollsteinische dame von grofsem geiste und sehr pickanter conversation, die ich in Kopenhagen antraf, wollte mich überzeugen, dafs in einigen dieser gesellschaften der genufs des lebens im genufs von speise und trank bestände. Ich wünschte die beschreibung, die sie von diesen efszusammenkünften machte, mit ihren worten und in ihrer unnachahmlichen manier wieder liefern zu können. „Man versammelt sich, sagte sie ohngefehr, bereits des morgens auf einem landhause vor Hamburg, und die gäste werden mit kaffee, chokolade, grofsen zwiebäcken, und kuchen empfangen. Gleich daran schliefst sich ein dejeuner ambigu, mit dem man sich bis an die hälfte des tages hinzieht, um nicht zu verschmachten. Kurz vor dem mittagsefsen werden bouillons, liqueurs und andere restaurans präsentirt, welche dem leeren magen zu dem ungeheuren unternehmen der bald darauf folgenden mittagstafel die erste unterlage geben sollen. Diese erscheint, beladen mit allem was die verschiedenen jahrszeiten und alle vier welttheile und erd und wafser liefern, was die erfindsamkeit der köche unter allen nationen ausgesonnen hat, um die erfahrenste zunge zu überaschen und dem ekelsten gaumen neue lüsternheit zu geben. Nach einer sitzung von mehreren stunden erhebt man sich um durch kaffee, und chafse-caffé dem magen die verdauung zu erleichtern, und ihn zu der kollation vorzubereiten, welche für weniger geübte und gebildete efser die stelle des mittagsefsen vertreten könnte. Gegen die nacht folgen wieder restaurans, wie vor dem mittagsefsen und in der nemlichen absicht. Denn das ende dieses tages wird durch ein höchst kostbares, höchst feines und doch zugleich höchst substantielles souper, woran der ausgehungertste schlund völlige befriedigung finden könnte, auf eine würdige art gekrönt."

Ich lafse es ganz dahin gestellt seyn, was in dieser erzählung an historischer treue dem interefse des vortrags aufgeopfert seyn mag. Die gesellschaften, die ich gesehen habe, geben nicht einmahl die ahndung ihrer wahrheit.

Ich habe deren zwei gesehen. Die eine besteht hauptsächlich aus dem corps diplomatique, einigen dort etablirten personen von adel und einigen andern von der bürgerklafse, welche karaktere von auswärtigen höfen haben. Die andere besteht aus einigen der reichsten und gebildetsten negozianten, aus den hicselbst etablirten gelehrten, und einigen geschäftsmännern. Diese beiden gesellschaften werden von den fremden am mehrsten besucht. Sie lieben sich nicht sehr unter einander, und werfen sich wechselseitig mangel an guten ton und wieder mangel an interefsanter unterhaltung vor. Die richtigkeit dieser vorwürfe zu prüfen, gehört schlechterdings nicht zu meiner kompetenz. Aber ich glaube, dafs hier ein schicklicher ort seyn dürfte, meine ideen über das, was man guten ton und feinen ton, und ton der grofsen welt und Amoenität nennt, imgleichen über das verhältniſs dieser dinge zur geselligen freude, zur interessanten unterhaltung, auseinander zu setzen.

Ueber guten ton, feinen ton, welt, ton der grosſen welt, amoenitaet, schlechten ton, ton bourgeois, und über das verhältniſs dieser dinge zur geselligen unterhaltung und liebenswürdigkeit.

Die eben angezeigten ausdrücke haben im gemeinen leben keine sehr bestimmte bedeutung. Es läſst sich jedoch zeigen, daſs sie sich auf ganz verschiedene eigenschaften beziehen, die man im geselligen umgange theils für gut, theils für schön, theils für übel und häſslich hält.

Der umgang mit menschen führt uns bald zu einer weiteren, und bald zu einer näheren vereinigung mit ihnen. Selbst dann, wann wir sie blos zur angenehmen unterhaltung des augenblicks aufsuchen, betrachten wir sie entweder als unentbehrliche mittel, einen genuſs einzunehmen, der uns nur durch vereinigung mit mehreren wesen unserer art bereitet werden kann: z. e. bei bällen, spielgesellschaften, u. s. w. oder wir verlangen von ihnen einen persönlichen beitrag zu der freude, woran wir mit ihnen theil. nehmen wollen: z. e. durch talente, besonders in der unterredung.

Der gute ton, der feine ton, das was man welt, grofse welt, amoenität nennt, sind nützliche und wohlgefällige vorzüge, die sich auf die weiteren, laxeren verbindungen mit menschen im geselligen umgange beziehen. Der gute ton ist nemlich weiter nichts, als die vermeidung alles defsen, wodurch die allgemeineren begriffe von sittlichkeit, anstand, sicherheit in weiterer vereinigung mit menschen beleidigt werden können, und die beobachtung alles defsen, was erfordert wird, um in eben diesen weitern verhältnifsen das sittliche wohlwollen anderer für sich zu erwecken.

Vermöge des guten tons werden alle aeufserungen einer rohen sinnlichkeit, eines ungebändigten stolzes, einer vorgreifenden eitelkeit, und einer widerlichen gewinnsucht aus der gesellschaft verbannt. Vermöge defselben wird alles vermieden, wodurch auf die länge und ohne hinreichende kenntnifs der personen, mit denen man zu thun hat, die achtung, die ein jeder sich wechselseitig als wohlerzogener mensch, und besonders dem frauenzimmer, dem alter, und den grofsen schuldig zu seyn glaubt, gekränkt werden könnte. Vermöge deſselben sucht man den ausbruch seiner eigenen leidenschaften zu unterdrükken, um die leidenschaften anderer nicht aufzuwiegeln: sich zu gewiſsen gefälligkeiten und aufmerksamkeiten zu verstehen, um eben diese dinge von andern zu erwarten: in seine worte, in seine handlungen den ausdruck von allgemeinem wohlwollen zu legen, und dabei weder durch ein gezwängtes wesen zwang, noch durch zu groſse ungebundenheit den verdacht der vernachläſsigung zu erwecken.

Wer auf eine solche art in der weiteren vereinigung mit menschen und in ihren gröſseren geselligen zusammenkünften für sicherheit und bequemes nebeneinanderseyn sorget — der hat guten ton, der hat sitten. *Il a le ton mauvais*, sagt man von dem prahler, von dem zotenreiſser, von dem zänker. *Il a un fort bon ton*, sagt man schon von dem wohlerzogenen jüngling, der mit freimüthigen anstande in einem geselligen zirkel auftritt; und eine gesellschaft, welche jene regeln beobachtet, ist auf einen guten ton gestimmet.

Von dem guten ton ist der feine ton, den man auch feine lebensart, urbanität, zu nennen pflegt, verschieden, obgleich diese worte so wie das wort höflichkeit eine noch unbestimmtere bedeutung haben. Durch jenen, den guten ton, erwecken wir sittliches wohlwollen, wir gewinnen das herz: durch diese schmeicheln wir auch dem sinn des schönen. Man hat uns nicht allein gern bei sich: man schaut uns auch mit vergnügen an. Kurz! der feine ton ist die form, die hülle, wodurch das gute, wohlthuende in unserm geselligen betragen nun auch zur schönheit, zum wohlgefälligen wird.

Niemand wird in der nachstehenden geschichte den unterschied des guten und des schönen im geselligen betragen verkennen.

Ich trat in einen garten im Neapolitanischen. Ich fand den besitzer beschäftigt, mit seiner familie das vesperbrodt einzunehmen. Ist es erlaubt, die schöne gegend aus eurem garten zu besehen? fragte ich. Sehr gern, antwortete er, tretet näher und bedient euch eurer bequemlichkeit. Aber nehmt vorher an unserm kleinen mahle theil. — Mit diesen worten bot er mir selbst einen teller mit süsen orangen an.

Das war gut! es war gefälligkeit die wünsche, die ich äuserte, zu befriedigen: es war aufmerksame gastfreiheit denen, die ich nicht äuserte, zuvorzukommen.

Ich lehnte das anerbieten ab. Nun gab er der tochter, einem schönen kinde von 15 jahren, den teller, führte sie zu mir und sprach mit freundlichkeit und würde: biete du ihm die kleine gabe dar, dir wird er die annahme nicht weigern! — Schön! Fein! Oder ich wüste nicht, was diese nahmen verdiente.

Unstreitig liegt bei allen den formen, denen wir die auswechselung von gefälligkeits- und achtungsbezeugungen im gemeinen leben unterworfen haben, ursprünglich das gefühl und die absicht zum grunde, den werth desjenigen was wir mittheilen, durch die art wie es dargeboten wird, noch zu erhöhen. Daſs wir uns dabei durch nachahmung und stillschweigende annahme der gesetze, welche ein wegen seiner geselligen talente allgemein geschätztes volk, die Franzosen, über die feine lebensart festgesetzt hatte, leiten laſsen; das ist nicht zu leugnen. Aber daſs wir ihre gesetze angenommen haben, und daſs wir in ihrer befolgung einen vorzug suchen; dabei liegt, wie ich schon gesagt habe, die jedem menschen angebohrne neigung, das gute zu verschönern, unter.

Es scheint auch nothwendiger gewesen zu seyn, daſs man in demjenigen, was für gut und schön im geselligen umgang gehalten werden sollte, einer allgemeinen bestimmung folgte, als in jeder andern kunst, die zum vergnügen der menschen abzweckt. Die kunst mit menschen, wäre es auch nur zur unterhaltung, umzugehen, ist diejenige, die am ausgebreitetsten gebraucht, und so zu sagen zum bedürfnifse wird. Da nun nicht alle menschen eine gleiche fähigkeit haben, das gute und schöne auszufinden, und noch weniger eine gleiche gewalt über sich selbst, um es in jedem vorkommenden falle anzuwenden; so war es natürlich, dafs gewifse regeln durch eine stillschweigende übereinkunft festgesetzt wurden, deren kenntnifs man dem kinde früh beibrachte und an deren beobachtung man es früh genung gewöhnte, um bei zunehmenden alter ihm allmählich zur fertigkeit zu werden. Ob man gut gethan habe, darunter grade den Franzosen zu folgen, das ist eine frage, zu deren beantwortung ich ein ganzes buch schreiben müfste, und vielleicht schreiben werde, daher ich mich denn auf ihre erörterung hier gar nicht einlafse. Genung, mehr oder weniger, sind die Franzosen die neuesten lehrer des übrigen Europa im guten und feinen tone geworden, und da diese wieder ihre hofleute in diesen stücken zum muster genommen haben; so kann man nun sagen: *der gute ton und der feine ton bestehen in der fertigen beobachtung der nach den begriffen des französischen hofes modifizirten regeln des guten und schönen in den ausgebreiteteren verhältnifsen des geselligen umgangs.*

Der ausdruck, *welt haben*, umfafst noch mehr, und bezeichnet die kunst die Poufsin für die schwerste von allen hielt, nemlich die, sich in den ton aller leute, mithin auch in den schlechten schikken zu können. Der mann von feinem tone schickt sich selten in einen andern ton als in den seinigen.

Der ton der grofsen welt ist eine modifikation des guten und des feinen tons nach den bedürfnifsen und nach der lage der grofsen eingerichtet und gebildet. Ich weifs zwar wohl, dafs dieser nahme seit einiger zeit nichts weniger als guten und feinen ton bedeutet. Ich weifs, dafs man sich von dem, oft übertriebenen, zwange des letzteren hat losmachen, und im geselligen umgange alles auf das nothdürftige der sicherheit für grobe beleidigungen bei dem genufse gemeinschaftlicher belustigungen hat reduziren wollen. Man ist aber auf der andern seite ausgeschweift; und hat grobheit mit edler ungezwungenheit verwechselt. Seit dieser zeit ist es hin und wieder ton geworden, ein tölpel zu seyn, den weibern zweideutigkeiten vorzusagen und den kopf über andere männer wegzustrekken, die zu viel sinn des schönen und zu viel bescheidenheit haben, sich dem allgemeinen strohme zu überlassen.

Weil nun dieser ton, der im ganzen und auf die länge nie gefallen kann, eigentlich nur für solche personen paſst, die sich vieles erlauben zu können wähnen, für die vornehmen und groſsen, so ist er oft ton der groſsen welt genannt worden. Allein zur ehre des standes der diesem tone den ersten nahmen gegeben hat muſs bemerkt werden, daſs die gröſsten und wegen ihrer geselligen liebenswürdigkeit bekanntesten souverains, die Friedrich, die Joseph u. s. w. die höflichsten zuvorkommendsten männer in ihren staaten waren: und daſs die groſsen am hofe zu Versailles, bis auf die zeit da sie durch die schlechten sitten einiger prinzen vom geblüt verdorben sind, sich durch die aufmerksamste beachtung der regeln der feinen lebensart ausgezeichnet haben, und zum theil noch jetzo auszeichnen. Und gewiſs! das wesen des tons der groſsen welt bestehet blos in derjenigen veredlung des guten und feinen tons, die eine frühere und

und fertigere anwendung natürlicher oder konvenzioneller grundsätze unter besonders günstigen lagen jeder kunst zu geben pflegt.

Der grofse nemlich, der von früher jugend an mit dem bewufstseyn aufwächst, dafs er eine wichtige rolle in den geselligen zirkeln seiner mitbürger spielen soll, früh mit den grundsätzen wodurch man gefällt bekannt wird, und sich diese früh durch würkliche ausübung zu eigen zu machen weifs, erhält dadurch eine zuverläfsigkeit und gewandheit, die sich in spätern jahren vielleich nie, oder nur bei sehr ausgezeichneten anlagen und unter sehr günstigen verhältnifsen erlangen läfst. Vermöge dieser vorzüge wird er nun durh keinen vorfall im geselligen leben in eine verlegenheit gesetzt, die ihn um den freien gebrauch seiner kräfte brächte. Er stellt sich allenthalcen mit dem bewufstseyn seiner würde dar, ohne übermuth, und bezeugt jedem die gehörige achtung und aufmerksamkeit, ohne sich etwas zu vergeben. Er lernt durch seinen häufigen und frühen umgang mit menschen dergestalt die gränzen des schicklichen und unschicklichen, des gefälligen und ungefälligen kennen, dafs er sich nicht allein keines unnöthigen aufwandes, oder einer auffallenden vernachläfsi-

gung von höflichkeit schuldig macht, sondern
dafs er sich sogar gewisse ausschweifungen über
die äusersten linien der konvenzionellen und allgemeinen regelmäfsigkeit erlauben darf, die mit
den vortheilen, die er daraus für das ganze der
kunst zieht, kompensirt werden: das ist der ton
eines mannes aus der grofsen welt, und eine gesellschaft, in der dieser ton der herrschende ist,
ist auf den ton der grofsen welt gestimmt.

Wer nicht die anlagen zu diesem tone hat,
und sich auch nicht in den verhältnifsen befindet,
ihn auszubilden, der suche sich, wenn er doch
durch seinen ton hervorstechen will, *die amoenität* im geselligen umgange zu eigen zu machen.
Sie steht zum tone der grofsen welt, wie die mi-
niatur- oder pastellmahlerei zum all' fresco mahlen. Es kann sie derjenige ausüben, der aus dem
geselligen umgange nicht sein hauptgeschäft
macht, und sie ist vorzüglich bei dem stande
zunächst an dem hofmanne anzutreffen. Sie gehört besonders der katholischen geistlichkeit,
der ehemahligen robe in Frankreich eigen, und
ich habe sie auch oft bei den auswärtigen ministern vom dritten range an einigen höfen angetroffen. Sie unterscheidet sich von dem tone
der grofsen welt durch eine gröfsere bescheiden-

heit und eine höhere aufmerksamkeit auf das, was im geselligen umgange dem sinne des sittlich schönen wohlthun kann. Man darf dieser art sich zu betragen zwar keine steifigkeit, wohl aber die besorgtere ausführung anmerken, zwar keine süfslichkeit, aber doch einen höhern grad von biegsamkeit und freundlichkeit. Ueberhaupt ist der karakter des amoenen tons mehr reizend, so wie der des tons der grofsen welt mehr erhaben.

Es bleibt mir nun noch übrig, von dem *ton bourgeois* zu reden. Es wird dieses wort für den inbegriff von fehlern genommen, welchen diejenige klafse von menschen in ihrem geselligen betragen hauptsächlich ausgesetzt ist, welchen erziehung und lage die gehörige ausbildung für den geselligen umgang versagt haben.

Wollte man durch das wort *bourgeois* den ganzen stand von menschen bezeichnen, welche an einem orte nicht zur ersten klafse der einwohner gehören, so würde dies eine grobe, unverdiente beleidigung für einen haufen von menschen enthalten, unter denen gewifs viele sind, die mehr feinen ton besitzen, als mancher hofmann. Er wäre alsdann allein auf rechnung des schrankenlosen stolzes einiger aristokraten zu setzen. Aber gewifs in einer so gehäfsigen bedeutung ist er unter der guten gesellschaft nicht gebräuchlich!

Man bezeichnet mit dem ausdruck *ton bourgeois* denjenigen ton, der personen eigen zu seyn pflegt, die vermöge ihres gewerbes oder ihrer beschränkten vermögensumstände nur selten zur einnehmung geselliger unterhaltung aufser mit sehr genauen freunden und verwandten zusammenkommen, und deren erziehung auch gar nicht die richtung erhält, ihnen die vorzüge zu geben, mit denen man auf eine vortheilhafte art in häufigen und zahlreichen zusammenkünften auftritt.

Wenn menschen dieser art etwa an sonn- und festtagen sich in zahlreicheren zirkeln mit ihren mitbürgern vereinigen, so wifsen sie entweder beim einnehmen und auslafsen der freude gar kein maas zu halten, oder sie verfallen in steife beachtung unnützer formen, welche alle freude verscheucht. Zuweilen, wenn sie in spätern jahren zu einem gewifsen grade von wohlstand gelangen, maafsen sie sich an den ton der grofsen nachzuahmen, den sie völlig verfehlen. Alles dies beleidigt den guten und feinen ton, die eben so weit von unnützem zwange als gefährlicher ungebundenheit und lächerlicher anmaaſsung entfernt sind.

So rechnet man zum *ton bourgeois* manche an sich unschuldige aber lärmende aeuſserung von frohsinn, deren sich die gute gesellschaft aus dem gültigen grunde enthält, weil sie auf die länge leicht unannehmlichkeiten mit sich führt: gewiſse handlungen, die leicht in familiaritäten ansarten, oder nebenbegriffe von bäurischem anstande, und roher ausgelaſsenheit herbeiführen. So rechnet man zum *ton bourgeois* die ängstliche sorgsamkeit, mit der man über die beobachtung auswendig gelernter höflichkeits- und achtungsbezeugungen wacht, und denjenigen, dem sie widerfahren, und denjenigen, der sie erweiset, in eine gleich gezwängte lage setzen.

Endlich aber und besonders rechnet man zum *ton bourgeois* die verfehlten anmaaſsungen gewiſser spät zu ehren und reichthümern gekommener menschen auf den ton der groſsen welt. Denn da bei diesem, wenn er wohlgefällig seyn soll, beinahe alles auf das feine gefühl und die fertige anwendung des *un poco di piu un poco di meno* (des ein bischen mehr, ein bischen weniger) des schicklichen und schönen im geselligen leben ankömmt, und beides sich schwerlich erlangen läfst, wenn nicht frühe lagen und erziehung es begünstigen; so tritt derjenige, der in spätern jahren sich diesen ton zu eigen machen will, beinahe immer um ein paar schritte über die gränze. Will er leicht seyn, so wird er unbesonnen, will er feierlich seyn, so wird er abentheuerlich, will er ungezwungen seyn, so wird er familiär.

Es sey mir erlaubt, diejenigen unter meinen landsleuten, die erst in spätern jahren ihre gesellige bildung aus Frankreich holen, zu warnen, dafs sie sich in der wahl ihrer dortigen muster wohl in acht zu nehmen haben. In den handelsstädten des südlichen Frankreichs herrscht ein ton von munterkeit, der oft an rohe ausgelafsenheit, *grofse joye*, gränzt, dort freilich viel zum genufs des geselligen lebens beitragen mag, aber so wie jeder lokalton sich nicht gut annehmen, und am wenigsten auf einen fremden boden, unter einen ganz verschiedenen himmelsstrich versetzen läfst. Allein selbst in Paris sind der gute und der feine ton bei weitem nicht mehr allgemein. Die Anglomanie hat darunter vielen schaden gethan.

In welchem verhältnifse steht aber nun der gute und feine ton zum geselligen vergnügen, zur geselligen liebenswürdigkeit, zur eigentlichen unterhaltung?

Da der gute und der feine ton auf gewissen allgemeinen regeln beruhen, die ungefehr auf alle wohlerzogene menschen und ihre lagen im geselligen umgange überhaupt zutreffen; so können sie auch auf alle besonderen verhältnisse, die durch einen längern umgang und individuelle neigung entstehen, nicht in der maaſse angewandt werden, daſs sie unbedingte erfordernisse zum glück solcher näheren verbindungen seyn sollten. Nein! der vortheil des guten und des feinen tons besteht darin, daſs man vor bekannte und unbekannte, kluge und dumme, brey- und starrköpfe unbefangen hintritt, ihnen merkmahle von achtung und aufmerksamkeit bezeugt, mit ihnen geht, iſst, trinkt, spielt, tanzt, unterredungen über alltägliche vorfälle führt, und sie endlich verläſst; alles auf eine art, wobei man nicht nur sicher ist, die gefälligkeiten, ohne welche man nicht gut neben einander seyn kann, wechselseitig ausgetauscht zu sehen, sondern auch durch die formen, unter denen man sich gebärdet und spricht, ein wohlgefälliges gefühl von ungezwungenheit und schönheit zu erhalten und zu erwecken.

Alles dies ist wesentlicher vortheil bei allen verhandlungen von geschäften, welche oft ganz unbekannte oder gar einander abgeneigte menschen zusammenbringen: es ist ferner wesentlicher vortheil bei allen gröfseren geselligen zusammenkünften zum schmaus, spiel, ball u. s. w. Denn vermöge dieses allgemeinen anstrichs wird niemand dem andern, er mag von natur zanksüchtig oder verträglich, dumm oder klug, bekannt oder unbekannt seyn, beleidigend, anstöfsig oder aufser seiner stelle erscheinen. Man hat daher sehr unrecht, gegen diese abgeschliffenheit zu eifern, denn sie ist nach unserer ganzen geselligen einrichtung unumgänglich nothwendig.

In allen fällen also, wo man die menschen ungefehr, wie im evangelio von dem ausbleiben der geladenen gäste zusammenrafft, um viele zusammen zu haben, oder wo man mit ihnen zusammenkömmt, ohne zu wifsen, was man von ihrem moralischen und geselligen karakter erwarten kann: kurz! in allen vorfällen des geselligen lebens, wo man keinen beitrag eigenthümlicher individueller Kräfte zum vergnügen des umgangs fordert, da ist der gute ton ein nothwendiges gut, und wenn er bis zum feinen ton gehoben wird; so ist er sogar ein schöner vorzug.

Hingegen beweiset weder der gute ton, noch der feine ton etwas für den ton der guten unterhaltung im engern zirkel, oder für die liebenswürdigkeit des herzens im genaueren umgange. Man kann bei allen jenen vorzügen weder die gabe im gespräch oder durch die ausübung einer schönen kunst zu interessiren, noch die egalität des humors, die biegsamkeit und sicherheit des karakters besitzen, um derentwillen man sich gerne mit andern menschen zu häufigen zusammenkünften in kleineren zirkeln, oder gar zum ungetrennten beisammenseyn verbindet. Es ist vielmehr gewiſs, daſs mancher gelehrte, mancher künstler von den rohesten sitten, auf die länge unterhaltender sey, als der erste hofmann mit seinen schönen formen, und daſs eine kleine gesellschaft, die sich ohne tafel, ohne spiel und ohne ball unterhalten will, höchst insipide werden müsse, wenn die personen die sie ausmachen, keinen andern beitrag als ihren feinern ton hineinzubringen im stande sind. Ich kann inzwischen dabei nicht unbemerkt lassen, daſs die beobachtung des guten und des feinen tons geselliger freude und unterhaltung eben so wenig wesentlich entgegenstehe, als die beobachtung' vernünftiger regeln einer jeden kunst der verfertigung ihrer meisterwerke.

Wer guten ton, feinen ton und dabei stoff zur unterhaltung und liebenswürdigkeit des karakters besitzt, wird durch jene vorzüge die letzteren noch heben. Man wird es seinen erzählungen, seinem witze, seinen rathgebungen, seinen vertraulichkeiten, ja! sogar seinen schriften und den werken seines talents anmerken, daſs er im geselligen umgange den sinn des schönen ausgebildet hat.

Ich ziehe also das resultat meiner bisherigen ideen dahin: der gute ton und der feine ton, (oder die feine lebensart,) sind nothwendig und schön in allen fällen, wo man keinen individuellen beitrag zur geselligen freude und unterhaltung von dem menschen fordert. Da, wo man diesen fordert, sind sie keineswegs wesentlich, können auch diesen allein nicht ersetzen, aber in manchen fällen verschönern und erhöhen.

Vorzüge Hamburgs für die gesellige unterhaltung.

Ich kenne keine stadt in Deutschland, wo ein so allgemeiner werth auf schöne litteratur, auf talente und auf solche kenntnifse gelegt würde, welche die unterredung eben so unterhaltend als lehrreich machen können. Die gelehrten, die hier leben, sind frei von steifer pedanterie. Die ungelehrten haben sich durch häufiges reisen und durch das genaue verhältnifs, worin ihre hauptbeschäftigung, der handel, mit politik, staatswirthschaft und staatsverfafsung steht, für die genährtere unterhaltung gebildet. Ihre frauen und töchter lesen viel, und sind mit den merkwürdigsten neueren schriften der deutschen, englischen und französischen litteratur bekannt. Mehrere darunter üben schöne talente in einem vorzüglichen grade aus. Dazu kömmt das theater, die affluenz der fremden, die grofse korrespondenz dieser stadt nach allen theilen der welt hin, und endlich die völlige ungebundenheit der zunge. Bei diesen vortheilen für die unterhaltung in engern zirkeln, würde ich, nach meiner überzeugung, den aufenthalt von Hamburg dem jeder andern stadt in Deutschland, (in Berlin und Dresden bin ich nicht gewesen,) vorziehen. Das gröfste glück des geselligen lebens setze ich darin, wenn zwei bis drei menschen zusammen sind die für einander pafsen, und eine vielfältige erfahrung hat mich dahin gebracht zu glauben, dafs wo ihrer zwölf vereinigt sind, das vergnügen sich selten zum dreizehnten bei ihnen einfinde.

Was sehr viel dazu beiträgt, diesen engeren zirkeln leben und interefse zu geben, ist der allgemeine und starke antheil, den die ganze gesellschaft an einer merkwürdigen zeitbegebenheit zu nehmen scheint. Ich bin gewifs, dafs in keiner stadt in Deutschland die französische revoluzion ein so lebhaftes allgemeines, und doch in seiner art ganz verschiedenes interefse erregt hat, als in Hamburg. Der eine erhebt sie als den triumph der menfchlichen würde und gröfse, der andere verlacht oder verdammt sie als das tollste unternehmen, wozu unverstand, übermuth und frevel einiger kurzsichtigen und böfewichter nur immer das schaafartige geschlecht der menschen haben verleiten können.

Ich war am 14ten julius 1790, an dem tage, wie in Paris das jahresfest der französischen revoluzion gefeiert wurde, in Hamburg. Ich war mit bei dem feste, womit eine hiesige gesellschaft diesen, ihr nur durch ferne bewunderung angehörigen, tag begieng. Man kam bereits des morgens zu einem dejeuner zusammen. Die damen trugen bänder und schleifen von der farbe der nazionalkokarde. Die herren trugen zum theil selbst diese kokarde an den hüten. Die besten sängerinnen unter den damen sangen eine kantate zu ehren der französischen revoluzion und der freiheit überhaupt. Die übrigen, nebst den herren, stimmten in die wiederholung der letzten zeilen einer jeden strophe ein. Der enthusiasmus stieg so hoch, dafs ich die rührung der freude, selbst bei männern, in hellen zähren ausbrechen sah die ihnen unwillkührlich über die wangen liefen. „Mein herr," sagte mir einer von ihnen, „ich beneide sie, sie sind noch jung, sie werden „es erleben! Noch 50 jahr gebe ich dem übrigen „Europa, und alle seine einwohner sind so glück-„lich und so frei, als es jetzt die franzosen sind. „Ich war ehemals stolz darauf, ein deutscher zu „seyn; jetzt bin ich stolz auf den nahmen eines „menschen, eines kosmopoliten. Aber verken„nen sie nicht die gegenwärtige ruhe der deut„schen! Es ist die stille, die dem ungewitter vor„hergeht. Es wird sich bald erheben, die luft „von den dünsten des despotismus säubern, und „die strahlen der heitersten frühlingssonne her„vorrufen!"

Ich mufste diese gesellschaft gegen mittag verlafsen, weil ich in einer andern zum eisen gebeten war. Hier fand ich in der denkungsart eine verschiedenheit, die sich nicht größer denken läßt. „Die Franzosen rasen!" sagte der eine. „Sie sind zu bedauern!" sagte der andere; „was „wird man mit ihrem entadelten adel anfangen, „wenn er sich künftighin an fremden orten prä- „sentirt? — Daran sind die bürgerlichen schuld" sagte eine dritte. „Sie mögten allzugern alle ad- „lich seyn. Daß die Franzosen dieses fest feiern, „das muß man dem rausch zu gut halten, in dem „sie taumeln. Aber daß die Hamburger dieses „fest feiern! — Ich mögte wißen" sagte eine vierte im oberdeutschen dialekte und accente: „ich mögte wißen, was selbige davon hätten!"

Ich bin sehr weit entfernt, die denkungsart der einen und der andern partie ganz unbedingt zu der meinigen zu machen, aber ich liebe diesen *choc* von meinungen, so lange er nur dem geselligen leben wärme und nahrung giebt. In andern städten habe ich freilich auch in einzelnen kotterien von einzelnen männern für und wider die französische revoluzion partie nehmen sehn. Aber ich weiß nicht, daß dies anderwärts so allgemein durch alle klaßen geschehen wäre, wie hier.

Ein anderer vorzug, den Hamburg für die gesellige unterhaltung besitzt, ist eine in Deutschland bis jetzt sehr vernachläſsigte kunst, die kunst gut und schön zu sprechen, welche besonders bei einigen der hiesigen negozianten angetroffen wird.

v.
Von dem guten sprecher.

Der gute und schöne sprecher unterscheidet sich sehr von dem schwätzer, der andere mit leeren worten betäubt, und auch von dem geſelligen marktschreier, der mit der mine der wichtigkeit die allergewöhnlichsten wahrheiten an den fingern herzählt.

Der gute sprecher muſs so reden können, daſs der gemischteste haufe von männern, die gehandelt und nicht gehandelt haben, von gelehrten und bloſsen wiſsbegierigen, ihm mit vergnügen auf die länge zuhören und ihm antworten mag.

Ein solcher mann muſs genau wiſsen, welche materien zum reſsort der konversazion gehören. Er muſs einen groſsen umfang von kenntniſsen darin besitzen, und diese im umgang mit männern, die in ihrem fach hervorragen, und aus den klaſſischsten büchern erlangt haben. Er muſs scharfblick genug besitzen, das beste, was gesagt und geschrieben ist, auszuwählen: faſsungskraft genung, um den geist seines autors sich zu eigen zu machen; takt genung, nur dasjenige auszuheben, was für die konversazion gehört; gedächtniſs genung, um es zu behalten; endlich zuverläſsigkeit, gegenwart des geistes, menschenkenntniſs genung, um es jedesmahl in bereitschaft zu haben, und am paſslichen orte anzubringen.

Wenn er mit diesen talenten die gabe eines leichten, faſslichen, bestimmten und geschmackvollen vortrags verbindet, wenn er nicht blos sprechen, sondern auch hören, zuweilen nur die konversazion zu leiten, sie gleichsam nachzuschieben weiſs; — so ist ein solcher mann von dem wesentlichsten nutzen für die gesellige unterhaltung. Er ist allemahl sicher, die aufmerksamkeit des grofsen haufens zu fesseln, den er würklich belehrt, und selbst das interesse des mannes auf sich zu ziehen, der es zum beruf seines lebens gemacht hat, sich der gründlichsten kenntniſs eines einzigen faches zu widmen. Denn dieser, der nicht immer in der gesellschaft eigentliche belehrung aufsucht, wird immer gefallen an der leichtigkeit und schönheit des ausdrucks seines mitsprechers finden und stoff genung bei ihm antreffen, um es der mühe werth zu halten, ihm seine eigenthümlicheren kenntnisse und erfahrungen mitzutheilen; ja! er wird auch durch die vortheile der mündlichen diskussion auf neue ideen oder ihre bestimmtere auseinandersetzung geleitet werden. Ein solcher mann personifizirt ihm denjenigen theil des gröfseren haufens, vor dem er eigentlich handeln und schreiben mögte.

Der gute sprecher hat auch einen vorzug vor dem manne, der viel in der welt gelernt, geschrieben oder gehandelt hat, zum voraus, dafs der zirkel seiner ideen für die konversazion von gröfserem umfange ist, und dafs man ihn folglich länger und allgemeiner interefsant findet. Der held, der staatsmann, der philosoph, dichter, künstler, negoziant, kurz! jeder, der nur für seinen beruf gelebt hat, kann für ein paar tage in engeren zirkeln sehr unterhaltend seyn; aber auf die länge verliert sich dieses. Die mehrsten menschen, die den umgang mit andern aufsuchen, verlangen nicht sowohl gründlichkeit als abwechselung in den ideen die ihnen zugeführt werden sollen, und die art, wie dies geschieht, kann ihnen nicht gleichgültig seyn. Selten aber verbindet der mann, der sein leben nur einer wißenschaft, einer kenntnifs, einer beschäftigung, einem talente gewidmet hat, damit die kunst eines angenehmen mündlichen vortrags.

Büsch und sein haus.

Nichts gütigeres, nichts zuvorkommenderes, nichts zutraulicheres läfst sich denken, als die art, wie man in dem hause des herrn profefsors Büsch aufgenommen wird. Ich bin dort nicht bekannt geworden, gleich bei dem ersten eintritt sah ich mich als theil der familie an. Man verzog mich. Wer mag nicht gerne verzogen werden? Aber eben, weil ich fühle, dafs ich es bin, will ich auch alles gute, was ich von Büsch und seiner liebenswürdigen familie und seinen interessanten gesellschaftern denke, verschweigen. Oh, nehin! Welchem fremden, der nach Hamburg kömmt, oder zu kommen denkt, ist dies haus nicht als das interefsanteste, das er besuchen kann, bezeichnet, und die Büsch, Klopstock, Reimarus, Ebeling, Gerstenberg u. s. w. sind längst dahin gekommen, dafs man sie nicht mehr loben kann, ohne sich verdächtig zu machen, dafs man dem genie die schleppen nachtragen wolle.

Gräfin Bentingk.

Eine der interesfantesten damen, die ich kenne, ist die gräfin Bentingk. Sie besitzt bei dem feinsten weltton ungewöhnliche kenntnifse, grofse unterhaltungsgaben, und eine lebhaftigkeit und munterkeit des geistes, die für ihr alter ungewöhnlich ist. Ihr medaillenkabinet ist sehr ansehnlich. Es ist auffallend, dafs der geschmack einer dame grade auf dieses kunstfach gefallen ist, da es im ganzen dem sinn des schönen nur einen untergeordneten genufs zu geben scheint. Konvenzioneller werth der auf seltenheit beruht, versinnlichung blos gelehrter kenntnifse haben, wie ich glaube, den gröfsten antheil an dem interefse, welches eine medaillensammlung giebt. Die stücke, welche durch innere vorzüge der schönheit in den formen interefsiren könnten, sind selten so gut erhalten, dafs man nicht die einbildungskraft zu hülfe nehmen müfste, um an dem blofsen beschauen einen vollständigen genufs zu nehmen. Der wenige geschmack, den ich diesem kunstfache habe abgewinnen können, hat meine kenntnifse darin gehindert, und ich unterstehe mich nicht, mit zuverläfsigkeit darüber zu urtheilen, ob nicht vieles in der Bentingkschen sammlung willkührlich benahmset, und ohne hinreichende kritik für ächt angenommen sey. Was mir interefsanter schien, war die mustervolle bescheidenheit, mit der die gräfin, als sie die gewogenheit hatte mir die sammlung zu zeigen, kenntnifse an den tag legte, womit drei vierthel ihres geschlechts den gröfsten prunk getrieben haben würden.

Herr Weisbrod, den die gräfin zu sich ins haus genommen hat, hat grofse verdienste um die art, wie er die medaillen in kupfer bringt. Inzwischen völlige treue ist bei diesen arbeiten nicht zu erwarten. Immer drückt der griffel die umrifse bestimmter aus, als das abgeschliffene gepräge sie darstellt: immer sieht der geübte zeichner spuren von formen, die dem gewöhnlichen auge entgehen, und immer giebt die fertige, in Frankreich gebildete hand diesen formen einen gewifsen schwung, welcher der antike fremd ist.

Es ist schade, dafs herr Weisbrod sich zu gut befindet, um anders als blos aus freundschaft arbeiten zu mögen. Sein talent verdiente wohl, dafs er es mehr zum vergnügen des publikum an würklich schönen gegenständen übte. Es ist meiner meinung nach in Deutschland kein kupferstecher, der sich, besonders in landschaften, mit ihm mefsen dürfte. Ich sahe bei ihm eine zeichnung eines meiner bekannten, des herrn Boisleux *Trésorier du Roi* zu Lyon, des geschicktesten zeichners unter den liebhabern, die jetzt leben. Sie stellt eine aussicht der Quais von Lyon, und des schlofses Pierre en Cise vor, und ist mit treue und geist gearbeitet. Einige inkorrekzionen in den figuren werden herrn Weisbrod zu verbefsern übrig bleiben. Es ist zu wünschen, dafs er uns bald diese platte liefere.

Ich habe mich oft gewundert, dafs in Deutschland sich nicht mehrere liebhaber aufs kupferstechen legen. In Frankreich suchen oft personen von stande darin die mittel zu ihrem unterhalt: und wenn bei uns das bücherschreiben für geld zum anständigen erwerbmittel gebraucht wird, warum soll es nicht auch die ausübung der schönen künste seyn? Ich wünschte die refsourcen für die höhern stände möglichst ausgebreitet zu sehn. Der mann, der darin gebohren ist, mufs sich oft blos darum in die unterdrückungen seiner obern, in die schurkereien seiner mitarbeiter fügen, weil er schlechterdings, wenn er seine lage verläfst, ohne brod seyn würde. Besitzt der gute mann zugleich ein schönes talent, das ihn im äusersten falle ernähren mag; so kann er mit mehrerer zuverläfsigkeit in seinem berufe handeln, und seiner überzeugung von ehre, recht und unrecht dreister folgen.

Gegend um Hamburg.

Die gegend um Hamburg ist schön, und erhält ihren höchsten reitz durch das breite bette der Elbe, an dem sie liegt. Am schönsten ist sie daher auch, je mehr sie mit diesem flufse sich nach seinem ausflufse hinschlängelt. Hier liegen Flodbeck und Doggenhude.

Flodbeck.

Flodbeck gehört dem herrn negozianten Voigt, und ist eins der artigsten landgüter die ich kenne. Eigentlich sollte ich sagen, eine der artigsten meiereien. Denn aus diesem gesichtspunkte mufs diese besitzung betrachtet werden. Es ist nur ein bauernhaus, was da steht, aber nett und bequem, und behaglich und wohnlich. Vorn eine diele, auf der man dröschen kann, an deren beiden seiten viehställe befindlich sind. Aber wenn die gäste sich behelfen wollen, so kann da auch eine grofse tafel angerichtet, und im nothfalle getanzt werden. Und wer würde sich um des angenehmen orts und des guten wirths und der interefsanten gesellschaft willen, die sich da versammelt, nicht gern auf einer so reinlichen diele behelfen, nicht immer gern den nothfall annehmen! Hinten im hause sind zimmer, nicht grofs, nicht prächtig meublirt, aber zweckmäfsig, reinlich, simpel und geschmackvoll. Es ist ja nur ein einzelner mann, der es bewohnt, und der sich nicht in der lage befindet, zur repräsentazion menschen aufzunehmen, die sich nicht mit ihm in seine stübchen bequemen! Man bequemt sich gern, man rückt näher an einander, es ist einem doppelt so wohl als in den grofsen landhäusern mit sälen, die nichts füllen kann, als der ennuy der vornehmen gäste, die sich dort versammeln.

Oben im hause findet man eine kleine bibliothek, sehr ausgesucht, sehr pafsend für den gebildeten landmann: Mehrere kammern mit betten. Das alles ländlich, das heifst, nett und simpel und heiter, wie es dem geiste des orts und der gastfreiheit seines besitzers ziemt.

Hinter dem hause fängt aber eigentlich das liebliche an. Nein! es ist nicht möglich, sich

etwas freundlicheres zu denken, als ein mittags-
mahl eingenommen unter dem vordache an dieser seite des hauses! Da hat man die aussicht
auf eine wiese, die rund herum vom walde bekränzt wird: Zur linken gukt unter einer gruppe
hoher eichen ein bauernhäuschen hervor: In
der mitte stehen einige andere gruppen solcher
bäume, um die rund herum schaafe mit ihren glo-
cken weiden, und sich in ihren schatten lagern.
Vielleicht würde es noch schöner seyn, wenn
man zur rechten eine freie aussicht aufs feld geöfnet hätte: aber ich mögte jetzt nicht rathen, daran zu rühren; vielleicht stöhrte die durchsicht
das trauliche des platzes. Lieblicher ort! Hätte
Plato in Hamburg gelebt, zu dir hin hätte er die
szene seines gastmahls verlegt!

Alles ist in Flodbeck in einem geiste gedacht, ein ganzes! Die kunst hat nicht weiter
verschönert, als in so fern sie den gütigen ab-
sichten der natur für diesen ort zu hülfe gekommen ist. Man geht über felder voll der schönsten saaten, umgeben von waldung: nun! hier
sind hin und wieder ein paar bäume ausgehauen,
um eine aussicht zu eröfnen. Gewifs, so wollte
es die natur, die bäume standen ihr selbst im
wege! denn zeigt sie sich nun nicht viel schöner

in dem grofsen becken der Elbe, die sich zwischen den stehen gebliebenen bäumen dem auge darbietet, und auf der, wie im chinesischen blendwerk, ein schiff mit vollen segeln erscheint, und verschwindet! Die gegend wird dadurch noch viel angenehmer, dafs so viel leben in der landschaft herrscht. Denn aufser der schiffarth auf der Elbe geht an ihrem ufer eine heerstrafse her, die von einem bach, der sich in den flufs ergiefst, durchschnitten, und durch eine brücke wieder verbunden wird. Darüber hin reuter, fufsgänger, leiterwagen und kutschen: alles in buntem gewimmel, und aufserdem einige stille fischerhäuser daneben, zum wahren gemählde für die zuschauer, die auf den etwas höher liegenden feldern spatzieren gehn. Bald darauf kommt man auf wiesen; hier weiden die schönsten heerden von gröfserem vieh, und dazwischen ein fleckigter stier, der dem Virgil zum muster seiner beschreibung dieses thiers hätte dienen können. Dann entdekt sich dem auge ein geschmückteres landhaus das einem andern besitzer gehört, und endlich tritt man in die letzte partie dieses landsitzes, in einen wald, durch den ein bach hinrieselt der einen wafserfall bildet, und zur anlegung einer grotte oder einsiedelei in einem hügel die natürlichste veranlafsung gegeben hat.

Mit vergnügen erinnere ich mich an die tage die ich hier zugebracht habe, besonders an einen mittag, wo ich in dem engern zirkel des eigenthümers und zweier aufgeklärten franzosen auf eine sehr interefsante art über die französische revoluzion sprechen hörte, und an einen andern, wo ich mich in gröfserer gesellschaft mit einigen personen, die durch ihre schriftstellerischen talente ausgezeichnet sind, und im ganzen mit lauter solchen, die durch ihre gesellige liebenswürdigkeit von einer andern feder als der meinigen ausgezeichnet zu werden verdienen, dafelbst befand.

Wenn dankbarkeit je die indiskrezion, seine wohlthäter zu nennen, hat entschuldigen können, so ist es hier der fall, indem ich den damen Pauli aus Lübeck, von Windheim, der niece Klopstocks, Sieveking gebohrnen Reimarus, Puhl gebohrnen Büsch, und Hambury, der gemahlin des englischen konsuls, besonders mein opfer für den gesang bringe, mit dem sie das ende dieses mahls krönten. Als wir vom tisch aufstanden, gofs ich einen theil meines weins auf die

erde zur libazion; denn ich glaubte wieder in
die zeiten versetzt zu seyn, wo attisches salz die
speisen würzte, und Apollo und die musen den
Comus in ihre mitte nahmen.

Doggenhude.

Doggenhude ist ein anderer wegen der
schönheit seiner lage sehr gepriesener ort in der
gegend von Hamburg. Ich glaube es lag daran,
dafs meine erwartung zu sehr gespannt war, wenn
ich nicht gefunden habe, was ich erwartete. Es
ist wahr, man sieht hier eine schöne wafserfläche
und ein schönes thal. Dies wird von zwei anhöhen gebildet, die von grofsem umfange sind.
Die zur rechten steigt ziemlich hoch hinauf und
bildet eine art von spitze. Die zur linken läuft
mehr in grader richtung weg. Auf beiden stehen landhäuser, die in einem guten aber etwas
magern geschmack von dem baumeister Hansen
in Altona gebauet sind. In einiger entfernung
zur linken sieht man eine windmühle. In dem
untern thale fliefst ein bach, an defsen beiden
ufern fischerhäuser stehen, und der sich endlich
in die Elbe ergiefst. Dieser flufs hat hier eine
grofse breite, und ist mit mehreren inseln bedeckt. Alles dies würde einen grofsen eindruck

machen, wenn nicht mehrere nebenumstände seine würkung zerstöhrten.

Zuerst ist es die unfruchtbarste gegend, die sich denken läfst. Heyde mit kränkelnden zwergigten bäumen besetzt. Auf die obern anhöhen hat man gebogene alleen von ziemlich weit auseinander stehenden bäumen gepflanzt, die das kahle derselben noch auffallender machen, und die bosquets, die angelegt werden, sind steif gepflanzt und erst im werden. Der bach im thal ist schlammigt, und grün. Dabei gibt es zu wenig mahlerische ansichten: zu wenig mafsen. Man sieht alles einzeln, zerstreut und *à vue d'oiseau*.

Ich bitte alle verehrer dieses orts um verzeihung, dafs ich die bewunderung, die er sonst so allgemein erregt, nicht habe theilen können. Die schuld mag wohl an mir liegen. Es kömmt bei gegenden so gut, als wie bei jedem andern gegenstande, unendlich viel darauf an, in welcher stimmung der seele man ihn grade sieht. Und, ich gestehe es, ich war den tag, als ich diese hier sah, nicht mit der stillen natur allein beschäftigt. Ich hatte gesellschaft bei mir: ich sprach, ich hörte sprechen, vom menschen, von seiner veredlung durch gesetz und sitten, von den vorzügen der republik vor der monarchie u. s. w. da kamen mir die heydhügel in den weg, die man mit krummen alleen und ekigten bosquets hatte verbefsern wollen. Das sollte natur und freiheit und zugleich fülle seyn, und allerwärts war doch zwang und mangel. Den weiteren gang meiner gefühle überlafse ich dem nachdenken meiner leser.

Reise von Hamburg nach Kiel.

Die reise von Hamburg nach Kiel geht durch eine sehr unfruchtbare gegend. Inzwischen fiel mir doch die reinlichkeit der bewohner und der wirthshäuser auf. Holstein sticht darunter sehr von dem Hannöverischen ab, wo selbst in den reichen marschgegenden, wenigstens an der Weser, grofser schmutz in den bauerhäusern, und selbst in den wirthshäusern kleinerer städte herrscht.

Neumünster ist ein artig gebauetes städtchen.

Kiel.

Ich habe in Kiel einige männer lieben gelernt, die ich schon vorher schäzte; andere habe ich hier zuerst schützen und lieben gelernt. Ich würde sie nennen, wenn ich nicht fürchtete, durch auslasung eines einzigen, der genannt zu werden verdiente, mir eher den vorwurf einer undankbarkeit zuzuziehen, als wenn ich keinen nahmentlich anführe.

Ueber den umgang mit profefsoren überhaupt.

Was ich hier sagen werde, trift nicht auf Kiel allein zu. Unter den doktoren, die ich in der welt habe kennen lernen, (und die klafse der lehrenden gelehrten macht gewifs eine eigene gattung von gebildeten menschen aus) unter den doktoren, sage ich, gibt es drei hauptarten. Die eine liebt die wifsenschaften, ihr fortkommen, ihre überlieferung an andere um der wifsenschaft, der wahrheit und ausbildung des geistes selbst willen. Sie haben bei ihren bemühungen, bei ihren nachtwachen keine andere belohnung, keinen andern gewinn vor augen, als ihren affekt des wifsens und des lehrens zu befriedigen. Er wird ihnen zum bedürfnifs und zur leidenschaft, — Diese höchst schäzbare menschenart ist für das gesellige vergnügen beinahe ganz unbrauchbar. Sie suchen entweder die materien, mit deren einsicht sie noch nicht aufs reine sind, im gespräch mit jedermann ohne unterschied zu ergründen, oder sie wollen diejenigen, welche sie anschaulich zu erkennen glauben, einem jeden mittheilen. Sie besitzen dabei selten ein feineres gefühl von demjenigen, was dem größeren haufen interessant seyn kann, und eben so selten das talent ihre kenntnisse so einzukleiden, daß deren mittheilung diesem größeren haufen annehmlich und wohlgefällig werden mag.

Eine zweite art von doktoren behandelt die wissenschaften als schöne künste, als mittel, ihren ruhm als schriftsteller und ihren ruf als schöne sprecher auszubreiten. Es sind virtuosen, die nicht so wohl die ersten grundsätze der wissenschaften auszufinden, als vielmehr diejenigen, welche andere ausgefunden haben, so darzustellen suchen, daß sie der menge auffallend klar, faßlich, leicht zu behalten und anzuwenden scheinen. Wenn diese menschenart nicht zu windbeuteln ausartet, wenn sie mit den entdeckungen und geschmack ihres zeitalters fortschreitet; so ist sie nicht allein sehr schäzbar in rücksicht auf den nutzen, den die studierende jugend aus ihren öffentlichen vorträgen schöpfen kann, sondern sie kann auch in einzelnen fällen für die gesellige unterhaltung wichtig werden. Denn die besorgnifs, dafs ihr verdienst besonders von den vornehmeren nicht anerkannt werden möge, macht sie sorgsam in der wahl der materien, worüber sie sprechen, und in der einkleidung, die sie ihnen geben. Nur mufs man keinen austausch von meinungen in ihrem umgange erwarten. Sie doziren immer, sie halten immer vorlesungen: sie hängen immer an den ideen, mit denen sie sich zu hause beschäftigen, keine fremde darf ihre kettenschlüsse unterbrechen, und die erfahrungen des weltmanns scheinen ihnen sehr unbedeutend, weil sie nicht methodisch gemacht und wiedergeliefert werden. Für mich, der ich gern höre, aber auch gern spreche, für mich ist das sprechen der herren dieser art eine sehr angenehme festtagskost, aber keine nahrung für alle tage.

Die dritte art von doktoren betrachtet das lehren der wifsenschaften als ein berufsgeschäft, und dies gibt ihr im geselligen leben einen ganz eigenen anstrich. Auch unter dieser gibt es männer von talent, welche aber vergnügen, wohlstand, gemächlichkeit, dem gefühl der inneren vollkommenheit des menschlichen wifsens, und dem leeren dunst des ruhmes vorziehen. Inzwischen haben sie zu viel sorge auf ein einzelnes fach zu wenden, um sehr ausgebreitete kenntnifse für die konversazion einzusammeln, und zu viel indolenz, um die einkleidung ihres ausdrucks zu besorgen. Sie gleichen daher den geschäftsmännern, die nach zurückgelegtem tagewerk am abend dem schreibtisch entfliehen, und in gesellschaft mit personen von ziemlich mittelmäfsigen fähigkeiten ihren geist bei einer unterhaltung ausruhen lafsen, die keine besondere anstrengung defselben erfordert. Daher wird man sie viel in klubs, in gemischten gesellschaften antreffen, worin kartenspiel, geschwätz über lokalverhältnifse, und vorfälle des tages zur ressource dienen. Ihre praetension geht dann besonders darauf, die *bonne chere* und das l'hombre spiel zu verstehen, und einen lustigen schwank zu erzählen.

Die erste art von doktoren findet man hauptsächlich unter denen, welche abstrakte wifsenschaften oder solche lehren, die eines allgemeinen interefses nicht fähig sind: unter den dogmatikern in jeder wifsenschaft. Die zweite art findet man besonders unter den lehrern solcher wifsenschaften, die mit der anwendung im gemeinen leben und mit den schönen künsten in näherer beziehung stehen; z. e. der moralphilosophie, der ästhetik, der geschichte, des öffentlichen rechts. Diejenigen, die auf kanzelberedsamkeit anspruch machen, gehören gleichfalls hieher. Endlich ist die dritte art besonders unter denen anzutreffen, welche eigentliche brodwissenschaften lehren.

Der ort, wo die doktoren leben, die mitbewohner desselben, und das bürgerliche ansehen, worin die studierenden stehen, hat einen grofsen einfluſs auf den werth, den der lehrer auf seine bestimmung legt, und auf die art, wie er sich im geselligen umgang zeigt. Daher wird man diejenigen, die aus neigung zu der ausbreitung von kenntnissen selbst lehren, hauptsächlich auf gymnasien antreffen, die an grofsen orten keiner besonderen aufmerksamkeit im publiko sich zu erfreuen haben, und von armen und nicht reichen schülern besucht werden. Hier muſs das interesse des geschäftes selbst für den mangel aller andern vergütung schadlos halten. Die klaſse der virtuosen trift man hauptsächlich auf akademien an, wo die profeſsoren die ersten im orte sind, ihren unterhalt zum theil der affluenz ihrer zuhörer und ihrem beifall zu verdanken haben. Ferner: auf akademien, die fleiſsig von vornehmen und reichen besucht werden, welche die wiſsenschaften als stoff zur unterhaltung ansehen, und sie mit den schönen künsten in verbindung zu setzen suchen. Solche zuhörer schätzen den profesor immer nach dem maassstabe, wie sich ihm gut zuhören läfst. Endlich wird man die geschäftsmänner unter den profesoren besonders auf solchen universitäten antreffen, die reichliche gagen haben, die in städten angelegt sind, wo ein hof oder angesehene fürstliche bediente, oder ein reicher handelsstand sich befinden, und hauptsächlich von landeskindern besucht werden, unter denen viele stipendiaten sind.

Haus des oberpräsidenten.

Der oberpräsident in Kiel hat mit der akademie nichts zu schaffen. Aber da er als der erste königliche bediente an diesem orte zu einem gewissen aufwande verbunden ist, so finden profesoren und studenten in seinem hause einen angenehmen vereinigungsort. Der gegenwärtige, ein herr von Schak, empfängt und bewirthet seine gäste mit anstand, zuvorkommung und gastfreiheit. So sehr ich gegen alles eingenommen bin, was hof auf einer akademie heifst, so sehr glaube ich, dafs ein haus, defsen wirth in keiner unmittelbaren verbindung mit dem personale der universität steht, und deferenz von denjenigen fordern kann, die sich darin versammeln, sehr wichtig zur bildung der sitten der studierenden, und vielleicht selbst zur aufrechthaltung der eintracht unter den lehrern werden kann.

Kieler Juristenfakultät.

Die Kieler juristenfakultät geniefst in den tribunälen meines vaterlandes einer grofsen achtung. Die responsa und dezisionen, die von dort eingeholet werden, zeichnen sich durch gründliche ausarbeitung und zweckmäfsige form auf eine vortheilhafte art aus. Es wird immer eine geschichtserzählung den zweifels- und entscheidungsgründen vorausgeschickt. Mich dünkt, alle andere fakultäten sollten sich diese form zu eigen machen, da es zum beweise dient, dafs der urtheilsverfafser das faktum richtig eingenommen habe: ein umstand, der, leider! nicht unbedingt bei allen theoretikern unter den juristen vorausgesetzt werden darf.

Feldjägerkorps des obristlieutenants von Bindser.

Der obristlieutenant von Bindser hat ein feldjägerkorps errichtet, welches sehr nützlich zu seyn scheint. Die offiziere werden zu general- ober- und flügeladjudanten, generalquartiermeistern u. s. w. angezogen. Die gemeinen aber zu landmefsern, förstern, holzaufsehern u. s. w. Diese vorsicht scheint um so lobenswürdiger zu seyn, da es mir vorkömmt, als wenn die dänischen forsten noch einer grofsen verbefserung bedürften. Es ist unbegreiflich, dafs man auf den weitläuftigen holsteinischen heyden so wenig holzzupflanzungen antrift.

Gegend um Kiel.

Die lage von Kiel ist sehr schön, am ende einer meeresbucht, die zugleich zum hafen dient. An diesem hafen her geht ein sehr angenehmer spaziergang, der in den schlofsgarten und von da in ein sehr reizendes holz am ufer des meeres führt. Diese gegend würde noch schöner seyn, wenn das gegenseitige ufer nicht einen anblick von unfruchtbarkeit darböte. Es sind sandhügel ohne wald, die dem auge etwas zu wünschen übrig lafsen. Der wahre standpunkt, aus dem man die lage von Kiel übersehen mufs, ist auf dem wafser bei der einfahrt in den hafen. Da ist sie unvergleichlich, und selbst mahlerisch.

Hensler, der gute Hensler, der mich mit freundschaft überhäufte, führte mich nach Düsterbrook, einem orte nahe bei Kiel, wo Hirschfeld eine baumschule auf königliche kosten zum besten des landes angelegt hat. Der weg dahin ist aufserordentlich angenehm. Er geht über einen waldigten berg am ufer des meeres hin. Düsterbrook hat eine schöne lage. Von einer anhöhe hart am ufer des meeres übersieht man den gröfsten theil der Kieler buchi, die mündung des Kieler kanals und eine schanze am eingang der bucht. Schade, dafs die stadt durch den vortretenden wald dem auge entzogen wird! die anlage selbst mufs blos von der seite des zweckmäfsigen und nützlichen betrachtet werden; doch ist die partie vor dem hause freundlich. Die baumschule ist ziemlich weitläuftig, aber erst im werden. Mit vergnügen bemerkte ich, dafs man die bäume nicht mit dünger treibt. Ein fehler, der andern öffentlichen baumschulen vorzuwerfen ist.

Kieler kanal.

Ich habe den Kieler kanal an seinem ausflufse gesehen. Es sind dort grofse vorraths- und packhäuser erbauet, die aber zu der zeit, als ich sie sahe, mit korn für königliche rechnung gröfstentheils angefüllt waren.

Die schleusen dieses kanals treiben das wasser acht und zwanzig fufs in die höhe. Es war ein grofses unternehmen, die Ostsee mit der Nordsee zu verbinden, und die ausführung hat dem lande grofse summen gekostet.

Hat der erfolg den plan gerechtfertigt? sind die summen nicht verschwendet? hat nicht privatinterefse das ganze werk ausgedacht und geleitet? so frägt man noch in Kopenhagen, das bejahen viele in Kopenhagen. Hingegen in Holstein und Hamburg ist man bereits allgemein darüber einverstanden, dafs dieser kanal der handlung vortheil bringe, und in der folge noch mehr vortheil bringen werde. Wie kann es anders seyn! mufs es nicht einleuchten, dafs die unbequemlichkeit grofse ladungen getheilt und in mehreren schiffen durch den kanal durchzuführen, gegen die unsicherheit, die mit den transporten zur see, und besonders mit der durchfahrt durch das Kategatt verknüpft ist, gegen die beschwerlichkeit des weiten weges in keinen betracht komme? der gröfste vortheil dieses kanals wird sich aber erst dann äufsern, wenn die Engländer mit andern nationen in krieg verwickelt werden sollten, und die schiffsbedürfnifse alsdann grade aus Norden, ohne die küste von Jütland zu pafsiren, in die Nordsee gebracht werden können. Sollte auch die industrie der holsteiner mehr zunehmen, so läfst sich ein vortheilhafter kommifsionshandel am ein- und ausflufse des kanals erwarten. Im jahr 1789 sind 800 schiffe durch den kanal gegangen, und die Holländer fangen an, ihn sehr stark zu befahren.

Knoop.

Dies gut des grafen Baudifsin des ältern liegt am ufer des kanals ungefehr eine meile ins land hinein. Die lage ist vortreflich. Schon der ganze weg dahin, von Kiel aus, führt durch die reizendsten wiesen zwischen dem kanale und dem muntersten gehölze hin. Knoop selbst liegt auf einer anhöhe, und man hat von dort aus die aussicht auf eine windmühle, auf eine schleuse des kanals, auf verschiedene gebäude, die zum gute gehören, auf wiesen, wald, u. s. w. das alles hätte sehr schön genutzt werden können, um den ort zu einem der interefsantesten gärten zu machen. Man hat es auch versucht, und die dortigen anlagen sind im Dänischen sehr berühmt. Inzwi-

schen mir haben sie gar nicht gefallen. Es sind
einzelne reizende partien da, aber sie machen
kein ganzes aus: die schöne disposizion der gegend ist gleichsam vertändelt. Man sieht hier
steife terrafsen, weinberge, blumenbeete, Englische bosquets, küchengärten, grofse wälder
u. s. w. alles auf eine ganz unzusammenhängende
art durch einander geworfen, und keine einzige
aussicht, die ein landschaftsgemählde ausmachen
könnte.

Seereise von Kiel nach Kopenhagen.

Ich fuhr mit einem packetboote von Kiel
nach Kopenhagen. Die reise war sehr glücklich:
den einen morgen fuhr ich aus und am folgenden
war ich an dem orte meiner bestimmung.

Meine reisegesellschaft bestand aus einigen
deutschen offizieren in dänischen diensten, aus
einem französischen offiziere und einem pagen:
Ich weifs nicht welche veranlafsung ich dazu gefunden habe, aber ich treffe hier in meinem tage-
buche folgende bemerkung an. Es ist auffallend,
wie sich die elegants auf dem dorfe von denen in
landstädtchen und hauptstädten unterscheiden.
Auf dem dorfe ist der Alzibiades ein guter junge

mit sohlerem gesichte, breiten schultern, und starken waden. In der landstadt ist es ein zierlich männchen, sechstehalb fufs hoch, defsen anstand den mann verkündigt, der auf den wink jeder schönen zu fliegen bereit ist. Füfse, hände und kopf haben die beweglichkeit eines gliedermanns, und der rücken besonders hat eine gelenkigkeit und biegsamkeit erhalten, die sich nur durch die häufige übung erklären läfst, jede rede mit einigen bücklingen zu begleiten. Immer munter, immer gefällig und immer verliebt, sieht jedes bürgermädchen in diesem springinsfeld das ideal eines helden aus dem duzzend romanen, womit die Leipziger dachstuben unser vaterland so reichlich beschenken. In der hauptstadt ist der unwidersteblliche überwinder der weiberherzen wieder etwas anders. Sein ganzes wesen zeigt den mann, der sicher ist, dafs man *ihn* aufsuchen werde, und dafs sein ton den in der sogenannten besten gesellschaft seines wohnorts angeben werde.

Der Franzose interefsirte mich unter unserer reisegesellschaft am mehrsten. Der junge page, defsen ich schon erwähnt habe, ward von seinem vater an bord geführt. Beide waren sehr gerührt, als sie von einander abschied nahmen. Lange sah ihm der vater nach, und der knabe erwiederte seine blicke mit thränen in den augen. Wir bemerkten es, wir wurden mit gerührt, wir suchten unsern jungen gesellschafter zu trösten. Aber der knabe, dem früh die verbindlichkeit eingeprägt seyn mochte, seinem schicksale mit standhaftigkeit sich zu unterwerfen, suchte uns seine betrübnifs zu verbergen. Er wandte sich schnell um, trocknete verstohlen die augen und kam uns dann mit erzwungener heiterkeit entgegen.

Niemand nahm an diesem auftritt einen wärmern antheil als der Franzose. „Sehen sie, sagte „er zu mir, wie der vater noch am ufer einsam „steht; den sohn kann er nicht mehr unterscheiden, aber sein blick verfolgt noch das schiff. „Sehen sie den knaben: den interesanten streit „zwischen kindlicher liebe, schmerz der trennung und dem gefühle von misverstandener anständigkeit." Das sagte er mit einer empfindung, der man nicht widersteht, die troz aller erfahrung, die man in seinem leben gemacht hat, dafs solche vorübergehende aufwallungen von liebender theilnehmung nichts für den karakter eines unbekannten erweisen, dennoch zur näheren verbindung einladet.

Nun! ganz betrog der schein diesmahl nicht. Es war doch ein guter narr, dieser Franzose, aber freilich zur näheren verbindung taugte er nicht. Es mangelte ihm an erziehung.

Er besafs das, was man in Frankreich *le mauvais ton de garnison* nennt, und sich durch häufigen gebrauch unanständiger ausdrücke und manieren und rodomontaden von bravour auszeichnet.

Gleich das erste, was er uns zum besten gab, war eine geschichte, die ihn in ein vortheilhaftes licht auf kosten der Deutschen setzen sollte. In Lübeck hatte er an einer *table d'hote* gesessen, und einer der tischgenofsen hatte zu seinem nachbaren gesagt: *cest un françois!* diese schreckliche beleidigung hatte ihn höchlich aufgebracht. Er war von seinem platze aufgesprungen, hatte dem unbescheidenen bemerker das mefser an die seite gesetzt, und mit dem energischen fluche des tristrammischen eseltreibers ausgerufen: ja! ich bin ein Franzose; was wollen sie davon? diese heldenthat hätte die ganze gesellschaft auseinander gesprengt, und so hätte er allein die ganze französische nation unter den Deutschen in respekt gesetzt.

Die pantomime, womit diese erzählung unterstützt wurde, gab ihr noch einen ganz besonderen werth. Einer der dänischen ofiziere hatte die ehre die Lübecker vorzustellen, und auf ihn ward der ganze angriff gerichtet. Zum glück verstand dieser kein französisch. Aber der franzose fuhr in dem augenblick, worin er den angedroheten messerstich darstellte, mit so fürchterlicher miene und gebärde auf ihn ein, dafs er, der eben sein pfeifchen schmauchte, aus furcht dies angetastet zu sehn, den akteur laugsam mit der hand von sich schob, und ihm dabei zwei oder drei züge von dampf unter die nase blies, wovon er schnell zurückprallte. Der ofizier drehte sich hierauf, ohne weiter die geringste veränderung in seiner miene blicken zu lafsen, kurz um, liefs den Hramarbas stehen, und wir übrigen folgten seinem beispiele.

Es ist eine ausgemachte erfahrung, dafs wir gemeiniglich auf andere um der dummen streiche willen zürnen, womit wir sie beleidigt haben. So gieng es auch dem Franzosen. Er hüllte sich in seinen mantel und maafs nicht in der heitersten laune das verdeck mit schnellen schritten.

Es ist eine sichere reːel, dafs ungezogene menschen durch genaue beobachtung der höflichkeit am leichtesten zur erkenntnifs ihres unrechts gebracht werden. Als wir uns mittags zu tische setzten, kamen wir dahin überein, den Franzosen einzuladen, an unserm mahle theil zu nehmen. Diese aufmerkfamkeit machte einen ganz andern menschen aus ihm. „Meine herren" sprach er, als er zu uns in die kajüte kam, „ich „sehe, sie haben nur kalte küche bei sich, ich „will ihnen eine suppe machen. Ein Franzose „weifs sich mit allem zu behelfen, ich bin ein „ausgelernter koch. Ich habe nur salat, kohl „und wurzeln bei mir, geben sie mir von ihrem „fleische und lafsen sie mich sorgen."

Wir wollten das anerbiethen ablehnen, aber ehe wir ausreden konnten, war rock und kamisol herunter, das hemd bis an den elnbogen aufgekrempt, eine schürze vorgebunden, und der so umgeschaffene koch mit dem kefsel in der hand hinunter in die schiffsküche, die suppe zu bereiten.

Ich mögte ihn gemahlt haben, wie er mit brennendem angesichte, und über und über in schweifs, die suppenschaale in der Hand, wieder zu uns in die kajüte trat. Die bedienten wollten ihm helfen; nein! er mufste das selbst thun. Mit welcher bedeutenden miene er einem jeden den teller auffüllete und keinem erlaubte vor dem andern die leckere brühe zu kosten, damit er den anblick unserer allgemeinen bewunderung seiner kunst auf einmahl geniefsen könnte. Sie sollen sehen! sie sollen sehen! rief er während dafs er uns bediente, und als er fertig war, stellte er sich vor uns hin. Aber wie! Falconet, als er seine berühmte statue von Peter dem grofsen vor den augen der erhabenen Katharina und ihres versammelten volkes aufdeckte, hat sich gewifs nicht heischender nach bewunderung und zugleich sicherer sie einzuerndten gebärdet, als unser reformirte lieutenant bei der erwartung des erfolges seiner kochkunst. Wir konnten ihm unsern beifall nicht versagen, die suppe war sehr gut. „O das dacht. ich, rief er „nun! so was ifst man nicht alle tage! hm! nicht „wahr? nur der Franzose weifs sich mit allem zu „behelfen! hm! nicht wahr? o der Franzose! wis„sen sie, dafs wir die bastille bestürmt haben? „hm! wifsen sie, dafs wir frei sind? hm! ist es „nicht eine grofse nazion, die unsrige? hm! o die „erste nazion auf dem erdboden!"

Es war ein ganzes original, dieser Franzose! ein seltsames gemisch von weichheit des herzens und eitelkeit, von scharfsinn und unbesonnenheit, von kultur und ignoranz. Er war bei der rufsischen und schwedischen armee gewesen, und beurtheilte den karakter beider nazionen sehr gut. Er wuſste die besten stellen aus den berühmtesten dichtern seiner nazion auswendig, und hatte dabei nicht die mindeste kenntniſs von der geschichte und der verfaſsung seines Vaterlandes.

Es ist unglaublich, wieviel es die menschenkenntniſs erleichtert, wenn man mit wenig menschen auf eine zeitlang in dem engen raume eines schiffes eingeschloſsen ist, wo man ohne ernsthafte beschäftigung seine unterhaltung nothgedrungen einer an dem andern aufsuchen muſs. Vielleicht mag darin die ursache liegen, warum nach längern seereisen, wie mich erfahrne seeleute versichert haben, die equipage beinahe immer in feindschaft auseinander geht.

Ich hatte bei Genua zum ersten mahle in meinem leben die sonne aus dem meere emporsteigen gesehen, hier sahe ich sie zum erstenmale sich hineinsenken. Wenn die groſse feurige scheibe sich zum saume des waſsers hinneigt, so scheint sie gleichsam von diesem eingesogen zu werden. Nach und nach zerfließt sie in den glühenden fluthen, und verschwindet endlich, wie ein kleines flämmchen.

F

Am folgenden morgen kamen wir auf der rhede von Kopenhagen an. Man fährt zwischen Schweden und Amak durch, und vor sich hat man die stadt mit ihrem schiffreichen hafen. Wir segelten durch eine reihe von sechs linienschiffen durch, die eben damals ausgelegt hatten. Ein grofses holländisches schiff mit vollem winde und ausgespannten seegeln fuhr an unserer seite vorbei. Die natur war mir sehr grofs in der untergehenden sonne am vorhergehenden abend erschienen, aber auch der mensch erschien mir an diesem morgen grofs in seinen werken.

Ueber Kopenhagen.

Ankunft und erster eintritt.

Kopenhagen würde von der seeseite noch schöner ins auge fallen, wenn die stadt auf einer anhöhe läge. Inzwischen bilden die häuser, schifsmasten, thürme, schlöfser eine gute gruppe, die von dem höher liegenden schlofse Friedrichsberg auf eine vortheilhafte art gekrönt wird.

Der erste eintritt in Kopenhagen von der zollbude ab, muſs auf jeden fremden einen vortheilhaften eindruck machen. Es ist aber auch die schönste seite der stadt diejenige, von der man hier eingeht.

Zur rechten sieht man eine küste, deren bald vor bald zurücktretenden saum das auge weit hin verfolgt: auf dem vorgrunde, ein kasteel, etwas weiter hinaus eine kalkbrennerei auf einer erdzunge, landhäuser und kleinere fahrzeuge die daran herumirren. Wendet man den blick hinter sich, so sieht man linienschiffe mit fliegenden wimpeln und flaggen vor anker liegen, kauffartheyschiffe mit vollen segeln einherfahren, und buntverzierte schaluppen unter abgemeſsenen ruderschlägen wohlgekleideter matrosen fortgleiten. Saltholm und Schweden begränzen hier die aussicht.

Zur linken erblickt man den eigentlichen hafen mit seinen bollwerken, abgetakelten kriegsschiffen, eingelegten handelsschiffen, und dazwischen eine menge kleiner fahrzeuge, in denen ein haufen volks aus- und einladet, kauft und verkauft, bewillkommt und abschied nimmt: vor sich die stadt.

Man geht durch eine lange strafse, die breit ist, und gerade fortläuft. An beiden seiten findet man fufsbänke, die häuser alle mafsiv, neu, gut unterhalten: kein einziges schlechtes haus, mehrere, die ein ansehen von pracht haben. Meisterstücke von baukunst fallen nicht auf: vielmehr abweichungen von dem edlen geschmack der Alten und Italiener; inzwischen nichts zerstöhrt den eindruck des schicklichen, netten und wohlgeordneten. Diese strafse führt auf einen grofsen platz. Er bildet ein achteck, von vier unter sich ganz ähnlichen palläsen eingeschlofsen, von vier strafsen durchschnitten, in der mitte durch eine ritterstatue von bronze geziert. Der anblick gleicht einem *coup de theatre*: er frappirt. Man geht weiter, hier und da öfnet sich eine aussicht auf den mastreichen hafen, und bald findet man sich wieder auf einem weitläuftigen platze der den vorigen an gröfse übertrifft, ihm aber an regularität nicht gleich kömmt. Hier zieht ein pallast von solider bauart das auge zuerst an sich, mehrere andere palläste, die einen begriff von wohlstand und reichthum erwecken, umringen ihn; in der mitte wieder die statue eines königs zu pferde. Nun krümmt sich der weg ein wenig, man kömmt über die brücke eines kanals, der mit schiffen bedeckt ist, und steht auf dem vorhofe der burg der könige: Eine ungeheure mafse, die mit allen ihren fehlern durch ihren umfang und ihre höhe in erstaunen setzt!

Ueberall findet man die strafsen ohne leere und ohne gedräng: das pflaster gut und reinlich: und alles zeigt bei der ersten umsicht die stadt an, die nicht ganz handelsplatz und nicht allein residenz ist.

Innere schönheit der stadt bei näherer untersuchung.

Wer eine topographische beschreibung von Kopenhagen verlangt, den verweise ich auf die *beschreibung der königl. dänischen residenzstadt Kopenhagen und der königl. landschlöfser durch* E. C. Hauber.

Die dritte sehr vermehrte auflage, die ich vor mir habe, ist vom jahre 1782.

Was ich über diese stadt sage, betrift hauptsächlich den eindruck, den sie in rücksicht der schönheit auf mich gemacht hat.

Man pflegt Kopenhagen in drei haupttheile einzutheilen, in die Altstadt, in die Neustadt, und in Christianshafen. Jetzt ist diese 'eintheilung auch nicht einmahl mehr historisch richtig, denn die Altstadt, die abgebrannt war, und jetzt wieder aufgebauet ist, ist im grunde neuer, als ein grofser theil der eigentlichen Neustadt. Auch ist sie nicht mehr im gemeinen leben gebräuchlich. Am besten theilt man die stadt ein, in das innere der stadt, in Amalienburg und Christianshafen. Man pflegt in der geselligen unterredung zu sagen, aufser der stadt, wenn man von den beiden letzten gegenden spricht. Christianshafen liegt auf Amak, das centrum der stadt und Amalienburg auf der insel Seeland, und zwar das letzte am hafen.

Man rechnet die zahl der häuser ungefehr auf 5000, die zahl der einwohner zwischen 80 bis 90000, worunter 6 regimenter garnison begriffen sind, die ungefehr 6000 mann ausmachen. Ob dies gleich auf einen ziemlichen unfang der stadt schliefsen läfst, so fällt dieser doch so sehr nicht auf, weil die stadt in die rundung gebauet ist. Ich kenne keine, worin man sich so bald und so leicht zurecht findet. Alles ist in quartiere eingetheilt. Die strafsen und plätze sind an den ecken mit ihren nahmen, und die häuser mit nummern bezeichnet. Eine einrichtung, die man dem Struensee verdanket.

Die innere schönheit der stadt besteht in übereinstimmung ihrer mannigfaltigen theile zu einem wohlgeordneten ganzen. Man würde wenig einzelne partien herausnehmen und als muster der schönen baukunst aufstellen können. In der verbindung machen viele davon effekt. Kopenhagen ist eine handelsstadt. Darum müssen viele ihrer reicheren bürger, die ihr geld auf ansehnliche gebäude gewandt haben, und dabei ihren phantasien gefolgt sind, auf sonderbarkeiten gefallen seyn. Dies hat aber den vortheil gehabt, dafs die stadt von der ermüdenden einförmigkeit frei geblieben ist, wodurch sich so manche residenz eines in seiner stadt allein reichen fürsten auszeichnet. Vielleicht aber hat der kaufmännische geist auch dem guten geschmack in den pallästen der könige und grofsen einigen schaden gethan.

Seit dem letzten brande darf niemand häuser von holz bauen.

Kopenhagen hat zwölf grofse plätze, sieben kanäle, welche die stadt durchschneiden, einen hafen, eine citadelle, zwei ritterstatuen, linienschiffe, arsenäle, schiffswerften, schlöfser, palläste, packhäuser, kirchen, hospitäler, und tausend aneinander liegende matrosenbaracken in seinen ringmauern; und doch liegen diese verschiedenen gegenstände in einer so abgemefsenen entfernung von einander, dafs sie sich weder auf einander häufen, noch auseinander verlieren. Der schönste theil der stadt ist der platz Friedrichs des fünften auf Amalienburg. Der eindruck, den er macht, ist zugleich freundlich und imponirend. Inzwischen mufs man gestehen, dafs er mehr im geschmack einer theaterdekorazion, als eines für die dauer bestimmten architektonischen werkes angelegt ist. Man denke sich ein achteck von vier gleichen pallästen, welches von vier strafsen durchschnitten wird. Eine dieser strafsen verliert sich auf dem hafen, und eine andere sollte von der marmornen kirche begränzt werden, die noch jetzt in ihren trümmern da steht. In der mitte steht die ritterstatue Friedrichs des fünften mit dem gesichte gegen das meer gekehrt. Die idee war grofs, die ausführung hat sie verkleinlicht. Die vier palläste, welche den platz einschliefsen, haben jeder zwei pavillons zu beiden seiten, und glasthüren in der mitte. Sie sind überher mit zierrathen von schlechtem geschmack überladen. Sie gleichen landhäusern und entsprechen nicht der würde, welche dieser platz erfordert. Dafs die kirche nicht ausgeführt ist, sollte, wie mich dünkt, den Kopenhagenern weniger schmerzhaft seyn. Der platz, wohin man sie setzen wollte, ist für ein so grofses gebäude zu eng. Ohnehin scheint die ganze anlage zu verrathen, dafs es ein schwerfälliges von der kuppel zerdrücktes werk geworden wäre.

Die strafsen auf Amalienburg sind lang und breit, und mit steinernen fufsbänken an beiden seiten versehen. Eben dies kann man von den mehrsten in der ganzen übrigen stadt sagen. Die öffentlichen Plätze sind geräumig. Vielleicht dürfte der Königsmarkt zu leer seyn. Die Statue Christians des fünften verliert sich darauf.

Christianshafen hat etwas holländisches. Die häuser sind nett, nur ein wenig bunt verziert. Ich habe sehr gern die matrosenbaracken gemogt, die nicht weit vom hafen ungefehr 1000 au der zahl in mehreren strafsen an einander fortlaufen und sich untereinander ganz gleich sind, nur daſs einige davon eine, andere zwei etagen haben. Sie sehen, wie ein nettes dorf in der mitte einer groſsen stadt aus.

Die ritterstatuen Friedrichs des fünften und Christian des fünften.

Die erste ist das werk des französischen bildhauers Saly, und man darf sie dreist unter allen neueren ritterstatuen oben ansetzen.

Sie thut sehr gut an dem orte, wo sie steht, sie zeichnet sich scharf vom horizonte ab. Man findet das piedestal zu hoch: allein dieser meinung bin ich nicht.

Der vorwurf, den ich diesem werke mache, besteht darin: wenn man sich ihm naht, so sagt man: sieh da, ein schönes pferd! da doch die empfindung, welche das werk hervorzubringen intendirt, diese ist: sieh da! ein schöner mann zu pferde! mit einem worte, der könig verschwindet in vergleichung mit dem pferde das er beschreitet, oder wird wenigstens zum zwerge. Darin bleibt die antike statue Marc Aurels über alle neueren erhaben: man sieht zuerst den reuter.

Zur entschuldigung führt man an: Friedrich der fünfte war klein von person. Aber das ist so gut, wie gar keine entschuldigung: denn immer bleibt der einwurf unbeantwortet: warum ritt er denn auf so grofsen pferden? Ueberhaupt aber ist eine ritterstatue weniger bildnifs als schönes denkmahl, und diesem letzten zwecke mufs die ähnlichkeit immer aufgeopfert werden, wo beide nicht zusammen gehen.

Die stellung des königs ist zu theatralisch repräsentirend, und der sitz hat zu viel von der neueren *manège*. Wie ganz anders sitzt Marc Aurel, er, der unbekümmert um sich selbst die hand ausstreckt, sein volk zu beglücken!

Dagegen darf man dreist sagen: das pferd ist das schönste thier dieser gattung, welches die neuere kunst aufzuweisen hat. Es hat leben und schöne formen. Inzwischen ist meiner einsicht nach der kopf zu klein, (ein fehler, den Preisler in seinem kupferstiche nach diesem werke vermieden hat): die ganze länge hält ungefehr den durchschnitt des halses. Der schwanz sitzt zu tief in der kruppe, und der schenkel des hinteren gestreckten beines ist su dünn und schwach.

Die ritterstatue Christian des fünften auf dem Königsmarkte ist ein ziemlich mittelmäfsiges werk des bildhauers Amonreux, der sie 1688. verfertigt hat. Sie ist von blei, das durch seine eigene schwere zusammensinkt, daher man auch von zeit zu zeit seiner majestät den kopf wieder zurechtsetzen muſs.

Residenzschloſs Christiansburg.

Ich habe mich über die äuſsere architectur bereits erklärt. Das ganze ist eine maſse, deren umfang dem beschauer ein augenblickliches erstaunen abjagen kann: allein eben das ganze kann weder für erhaben noch schön gelten.

Das innere hat gleichfalls seine groſsen fehler. Die distribuzion der zimmer und ihre verbindung unter einander ist verworren und unbequem. Man muſs durch lange korridors gehen, die zum theil des tageslichts beraubt sind, und daher immer einer künstlichen erleuchtung bedürfen. Die haupttreppe ist finster.

Weitläuftig ist das gebäude. Die ganze königliche familie findet hier nebst dem gröſsten theile ihres hofstaats platz zur wohnung, und dennoch bleibt raum für fremde herrschaften übrig. Aber verhältniſsmäſsig zu dem äuſsern umfange ist der platz doch nicht gehörig genutzt.

Rittersaal.

Das schönste stück in diesem schlofse ist der rittersaal. Ich glaube, dafs er unter die gröfsten zimmer in ganz Europa gehört. Er ist 128 fufs laug, 62 breit, 48 hoch, und in der höhe geht eine gallerie herum, die von 44 säulen getragen wird. Das landschlofs des grafen von Bernstorf, zu Bernstorf unweit Kopenhagen, würde nach einer angestellten vermefsung mit seinen dächern in diesem raume platz finden. Die erleuchtung kömmt jeden abend, wenn der saal gebraucht wird, auf drei bis vierhundert thaler zu stehen. Alsdann aber, und wenn er mit menschen angefüllt ist, ist der anblick reich und prächtig.

Die verzierung an bildhauerarbeit ist von dem herrn profefsor Wiedewelt. Die gemählde an den unteren wänden sind vom herrn profefsor Abilgaard. Sie sind noch nicht alle vollendet, und die felder in der höhe, so wie der plafond, werden erst in der folge mit arbeiten von seiner hand geziert werden.

Ich glaube meinen lesern einen dienst zu thun, wenn ich ihnen einige nachrichten über den plan mittheile, nach dem er gearbeitet hat, und nach dem er noch weiter arbeiten wird. Sie sind so zuverläfsig als möglich: denn der liebe gefällige mann hat sie mir eigenhändig mitgetheilt.

Seine absicht geht nemlich dahin, vorstellungen interefsanter begebenheiten aus den merkwürdigsten epochen der geschichte seines vaterlandes, und zwar so viel die neuere betrift, aus den regierungsjahren eines jeden königs zu liefern. Diesemnach soll der plafond einige allgemeinere anspielungen auf den zustand des reichs unter den heidnischen königen enthalten. Die süjets zu den gemählden, womit die felder der wände des obern theils des saals bekleidet werden, sollen aus der geschichte der ersten christlichen könige entlehnt werden. Unter diesen, zunächst am fufsboden, wird man endlich begebenheiten aus der geschichte der könige vom oldenburgischen stamme finden.

Folgende gemählde sind bereits fertig:

1) *Aus der regierung Christian des ersten: Die grafschaft Holstein wird zum herzogthum erhoben.*

Die grafschaft Holstein in weiblicher gestalt, umringt von den grafschaften Oldenburg und Delmenhorst, die gleichfalls als weiber gebildet sind, empfängt kniend vom könige die herzogliche krone. Dem letzteren zur seite sieht man die beiden. Prinzen, Johann und Friedrich: Im hintergrunde einige katholische bischöfe und kirchenräthe. Die szene geht in einer kirche von gothischer bauart vor. Unter den verzierungen derselben sieht man die nordische und dänische fahne: eine anspielung auf die abstammung Christian des ersten von den beiden königen Haquinus in Norwegen, und Erich den fünften in Dännemark.

Ueber diesem gemählde ist ein basrelief angebracht, welches auf die stiftung der Univerfität deutet: die vier fakultäten geben sich die hände.

2) *Aus der geschichte Christian des dritten: der könig stellt den inneren wohlstand wieder her.*

Der staat unter der gestalt einer weiblichen figur liegt unter seinen eigenen ruinen darnieder, und auf diefen steht der thron. Der könig reicht ihr die hand und hilft ihr auf. Hinter ihm stehen Daniel Ranzow und Holger Rosenkranz. Die mittel, welche zur verbeferung des staats am kräftigsten mitgewürkt haben, die gerechtigkeit, der friede, die reformazion und die weisheit sind im Hintergrunde in einem dünnen Nebel vorgestellt.

Das basrelief spielt auf die einrichtung der schulen an. Die religion, die griechische und lateinische sprache unterrichten kinder. Die erste ist durch die bibel kenntlich gemacht: die zweite durch ein schild, worauf man den Hellespont sieht, und durch die handlung, womit sie vier finger aufhebt, als symbol ihrer vier dialekte. Endlich wird die lateinische sprache durch ein schild bezeichnet, worauf Romulus und Remus zu sehen sind: sie hebt nur einen finger in die höhe.

3) *Aus der geschichte Friedrichs des zweiten: die anlegung der festung Kronenburg.*

Der könig sitzt auf einem lehnstuhle und hält die zeichnung des schlofses Kronenburg in der hand. Vor ihm ein bedienter, der sein pferd hält: zu seinen füfsen sein getreuer hund, nach welchem er das symbolum: getreu ist Wilbrecht, gewählt hatte. Ihm zur seite der reichsrath Walkendorf: etwas mehr zurück Tücco Brahe, und der general Daniel Ranzow.

Das basrelief: die errichtung des Convictorii oder der kommunität, worin hundert studenten freie wohnung, kost und unterstützung an gelde geniefsen. Mehrere personen sitzen an einem gedeckten tische, auf dem das bildnifs der Minerva steht: sie disputiren mit einander.

4) *Aus der geschichte Christian des vierten. seeschlacht bei Femern.*

Die scene geht auf einem kriegsschiffe vor. Der könig, defsen linkes auge ausgeschofsen ist, steht auf dem verdeck und kommandirt. Mit der rechten hält er sein schwerdt, und mit der linken das blutige tuch, welches sein auge bedeckt. Rings um ihn her liegen todte und verwundete. Einige andere figuren sind mit abfeurung der kanonen und mit der direkzion des schiffes beschäftigt.

Das basrelief in der höhe: die gründung des asiatischen handels. Ein dänisches schiff läuft in die mündung des Ganges ein: verschiedene asiatische völker nähern sich dem ufer, um mit den schiffsleuten zu handeln.

5) *Aus der geschichte Friedrichs des dritten: die übertragung der unumschränkten souverainität auf den könig.*

Der reichsrath Retz übergiebt dem könige die akte der souverainen regierung. In dem gefolge sind der bischof Svane, der burgermeister von Kopenhagen Nansen, und einige deputirte der stände.

Das basrelief: die stiftung der königlichen bibliothek. Ein büchersaal, in dem verschiedene personen bücher empfangen und wieder ausliefern.

6) *Aus der geschichte Christian des fünften: die verfertigung des dänischen gesetzbuches.*

Der könig sitzt an einem tische im konseil, und unterzeichnet das gesetz. Um den tisch herum sitzen verschiedene minister. Hinter dem stuhle des königs steht der berühmte Griffenfeld.

Das basrelief: die bestimmung der öffentlichen maafse und der gewichte. Themis mit einer waage in der hand, läfst von zwei männlichen figuren maafs und gewicht stempeln.

7) *Aus der geschichte Friedrichs des vierten: die eroberung der festung Tönningen.*

Der könig sitzt auf einem feldstuhle in seinem zelte, und empfängt den schwedischen general Steenbock, der ihm knieend ein verzeichnifs der 14000 mann übergiebt, welche sich als kriegsgefangene ergeben mufsten. Neben dem könige stehen der dänische generalfeldmarschall Schotten und einige dänische offiziere. Zur seite des general Steenbock der dänische generaladjutant Löwenörn, der ihn zum könige geführt hatte. Im hintergrunde die festung Tönningen und die schwedische besatzung, welche anrückt, um das gewehr zu strecken.

Das basrelief: die errichtung der landkadettenakademie. Zwei weibliche figuren, deren attribute die theoretische und praktische Kriegskunst bezeichnen, unterweisen kinder.

8) *Aus der geschichte Christian des sechsten: verbefserung des see-etats und anlegung der docke in Kopenhagen.*

Dem könige wird eine zeichnung der docke von dem schiffsbaumeister Dumreicher übergeben. Er geht mit dem generaladmiral Danskiold, auf defsen schulter er seine linke hand legt, über den plan zu rathe. Im hintergrunde ist etwas vom seearsenal, und ein schiff in der docke liegend zu sehen.

Das basrelief: die brandkafse zu Kopenhagen. Einige personen stehen um einen geldkasten herum, auf dem man den nahmenszug des königs sieht. Einige andere personen, deren häuser abgebrannt sind, kommen mit brandscheinen in der hand, und fordern geld.

9) *Aus der geschichte Friedrichs des fünften: seine apotheose.*

Der könig sitzt in einem sefsel auf wolken. Er ist wie der hyperboreische Apoll vorgestellt mit einer leier in der hand und einem Greif zu seinen füfsen. Ihn umringen allegorische figuren, welche auf die nützlichen einrichtungen seiner regierung bezug haben. Zu seiner rechten sitzt Minerva Medica: der friede, bewafnet, hält den ölzweig neben der keule: die akademie der künste iu weiblicher gestalt hat ihre gewöhnlichen attribute. Hinten ruht Neptun mit der dänischen flagge in der hand. Zur linken sieht man die Juno Lucina mit einem kinde, und vor dem könige den altar der treue mit zwei in einander gefafsten händen, und der Oberschrift: fides publica. Im hintergrunde erblickt man den tempel der natur: ganz auf dem vorgrunde aber Mars, der vom schlafe erwacht.

Das basrelief: stiftung des findelhauses. Faustulus findet den Romulus und Remus.

Dies ist die nackte anzeige der gemählde, welche der herr profesor Abilgaard damahls, als ich in Kopenhagen war, für den rittersaal bereits verfertigt hatte. Ich habe es mir zum grundsatze gemacht, über die werke neuerer noch lebender künstler mein urtheil nicht zu sagen, damit man mein lob nicht auf rechnung persönlicher freundschaft setze, meinen tadel aber mir nicht als anmaafsung auslege. Inzwischen kann ich nicht unbemerkt lafsen, dafs der enge raum, worin die felder, der zwischen stehenden pilaster wegen, ha-

ben beengt werden müfsen, auch die wahl der
sujets und die ausführung hin und wieder haben
beschränken müfsen.

Potentatengemach.

In dem sogenannten potentatengemach, welches jetzt dem kronprinzen zum vorzimmer dient, und nahe am rittersaale liegt, findet man eine sammlung von bilduifsen der mehrsten könige, die zu gleicher zeit mit Friedrich dem fünften in Europa regiert haben. Es sind gröfstentheils kopien, aber nach guten meistern, die vielleicht von ihnen selbst retuschirt sind. In diesem sinne mufs man es nehmen, wenn das bild des königs von Spanien für ein werk des Mengs ausgegeben wird. Interefsant aber bleibt es immer, die stirnen und augenbraunen dieser halbgötter zu untersuchen, von deren winken das schicksal von Europa eine zeitlang abgehangen hat.

In diesem potentatengemache hat der herr profefsor Abilgaard einige thürstücke gemahlt, die eine nähere anzeige verdienen.

1) *Ueber dem eingange zum rittersaale eine allegorische vorstellung des Sundes in beziehung auf die haupteinrée zum dänischen reiche.*

Ein flufsgott, liegend, ruhet mit einem arme auf einer kanone, und hält in der hand, die dazu gehört, einen schlüfsel. Den andern arm streckt er aus, gleichsam um den zoll einzufordern. Auf der kanone liegt die dänische flagge: darunter kriegsammunizion.

2) *Ueber einer andern thür: eine allegorische vorstellung des zustandes der roheit von Europa.*

Ein nacktes frauenzimmer, schlafend, hält eine keule in der hand. Zu ihren füfsen liegt ein bär todt hingestreckt. Im hintergrunde eine wildnifs mit einem wafserfalle.

3) *Wieder über einer andern: eine allegorische vorstellung der oberherrschaft Roms aber die damahls bekannte erde.*

Eine Roma, ruht mit dem einen fufse auf einer blutigen erdkugel mit der innschrift: S. P. Q. R. In der rechten hält sie den zepter, mit einer victoria an der spitze, in der linken eine leyer. Zu ihren füfsen liegen der Euphrat, der Nil, die Donau in ketten geschlagen. Im hintergrunde sieht man das pantheon und das coliseum.

4) *Noch über einer andern: eine allegorische vorstellung der römischen hierarchie.*

Eine weibliche figur kniet mit zugebundenen augen vor einem altare, an den sie gefefselt ist.

Auf dem altare selbst sieht man monstranzen, kruzifixe bei rauchfäsern und päbstlichen tiaren. An der seite brennen bücher auf einem scheiterhaufen. Im hintergrunde eine vorstellung der kreuzzüge.

5) *Endlich noch über einer thüre: Europa in seinem jetzigen zustande seit wiederherstellung der wissenschaften und künste.*

Europa unter der gestalt der Minerva hält in der rechten hand eine wage, und in der linken einen kompas. Zu beiden seiten bücher: eine erdkugel, auf der man die neu entdeckten länder sieht: ein altar, auf dem die aufgeschlagene bibel ruht. Der hintergrund zeigt einen Peruvianer und Kaffer im nebel, wie sie sich einander die hände geben.

Gemählde in einem nebenzimmer des rittersaals.

Ein zimmer neben dem rittersaale ist jetzt mit gemählden behangen, unter welchen mir folgende die merkwürdigsten geschienen haben.

Eine heilige familie, von J. Romano.
Das bild scheint würklich von ihm zu seyn, wenn ich es gleich nicht zu seinen besten stücken rechnen mögte.

NB. Eine heilige familie von Vandyk.
Sehr brav und schön, nur nach gewohnheit ein wenig violett in der karnation.

NB. Der heilige Mathaeus, dem ein engel diktirt, von Perrino del Vago.
Ein braves stück, worin man den schüler Raphaels wieder erkennt.

Die enthauptung Johannis des Täufers.
Das stück hat viel gutes, ist aber verdorben. Es könnte wohl vom Tintorett seyn.

NB. Ein schönes seestück von Simon de Vlieger.

NB. Die schlacht bei Lützen mit Gustav Adolph auf dem Vorgrunde, von Afselyn genannt Crabettie.

Die ehebrecherin von Didrich.

Eine landschaft von Everdingen.

NB. Zwei landschaften von Salvator Rosa.
Sie scheinen schön zu seyn, hängen aber zu hoch, um sie mit zuverläfsigkeit zu beurtheilen.

NB. Zwei ländliche fzenen von Paul Rubens.
Das eine Gemählde stellt ihn selbst, von seiner familie umgeben, in einem garten vor, und ist sehr schön. Das sujet des andern ist ein baurentanz, der besonders der drolligten erfindung we-

gen aufmerksamkeit verdient, denn die ausführung ist eben nicht sehr besorgt.

Apartementszimmer.

In diesem zimmer hängen *ein paar sehr schöne stücke von Carl von Mander.*

Christian der fünfte zu pferde in lebensgröfse, und *eben dieser könig stehend.* Das letzte stück ist in der drapperie von Juel retuschirt.

Man kennt diesen braven künstler wenig aufser Kopenhagen. Aber er hat würklich verdienst. Er stellt seine figuren gut, zeichnet richtig, giebt seinen köpfen ausdruck und kolorirt mit wärme. Karakteristisch ist es, dafs er bei seinen bildnifsen in lebensgröfse, und bei stehenden figuren das eine bein hinter dem andern versteckt.

Plafonds und Thürstücke überhaupt.

Man trift in dem königl. schlofse einige plafondgemählde von *Krok* und *Mandelberg* an.

Dieser Krok, ein hollsteiner, ist einer der fleifsigsten handwerker gewesen unter denen, die jemahls den pinsel geführt haben. Er hatte sich vorzüglich nach Carlo Maratti gebildet, aber auch übrigens viel nach Cignani, Sacchi und Loth studiert. Dadurch hatte er ein alphabet von figuren auswendig gelernt, mit denen er sehr fertig auf einer fläche gemählde hinschrieb. In einiger entfernung sehen die dinger nach etwas aus. In der nähe aber wird es zur sudelei.

Ein anderer künstler, der hier gearbeitet hat, heifst Mandelberg, gleichfalls ein däne, der steifer, aber auch korrekter als Krok ist. Im kopiren hat er eine grofse stärke gehabt, auch einzelne figuren nicht schlecht gemahlt. An gröfsere kompositionen durfte er sich nicht wagen. Er war der erste lehrer Abilgaards.

Unter den thürstücken in diesem schlofse sind gleichfalls viele von Mandelberg: die mehrsten aber von französischen künstlern, als Vanloo, Jeaurat, Boucher, Parrocel, Pierre, le Clerc, Troy, Oudry u. s. w.

Neue königliche bildergallerie.

Man findet im schlofse einen saal mit einem nebenzimmer, die mit gemählden behangen sind. Man pflegt diese sammlung die neue königliche bildergallerie zu nennen. Hier ist das verzeichnifs der gemählde nach der ordnung, wie sie hangen.

Erste grofse wand. Obere Reihe.

NB. Christus vor dem Pilatus von Giuseppe d'Arpino.

Gemeiner ausdruck, niedrige wahrheit. Die figuren stehen jede für sich allein und handeln nicht zusammen. Die farbe aber ist kräftig und das licht pickant.

NB. Eine stierhatze von Rosa di Tivoli.

Ein stück voller leben, ausdruck und vom pickantesten effekt. Uebrigens manierirt und hin und wieder verzeichnet. Aber was verzeiht man nicht einem so wahren ausdruck?

Alexander und Roxane von Peter von Lint.

Der mahler hat die vorstellung defselben fujets von Raphael in der Villa Olgiati zum vorbilde genommen. Dieselbe anordnung, und meistentheils dieselben stellungen und gruppirungen. Aber welch ein unterschied! der ausdruck ist überall verfehlt, oder gar nicht vorhanden. Die personen sind bildnifse lebender zeitgenofsen des künstlers. Aber seine wahl ist nicht glücklich gewesen. Die gesichtsbildungen fallen entweder ins kleinliche, oder gar ins ängstlich dumme. Die zeichnung ist im geschmack des Rubens, doch etwas korrekter. Das kolorit steht weit hinter dem dieses meisters.

Die Tiber, welche einer weiblichen figur mit dem füllhorn in der hand und auf der weltkugel sitzend die personifizirten künste zuführt.

Allegorie von *Liberi*, die, wie die mehrsten von ihm, unverständlich ist. Denn was soll die figur mit dem füllhorn bedeuten? heifst es so viel, als der überflufs zieht die künste Roms an sich? Die anordnung ist übrigens artig. Die figuren sind, sowohl was stellung als gruppirung anbetrift, gut gedacht. Von der ausführung kann man nicht mit eben dem lobe sprechen. Alles ist bei diesem meister manierirt. Er scheint den Luca Giordano zum führer gewählt zu haben.

Nymphen, die das horn der Jo füllen: Argus mit der einhörnigten kuh daneben, von *Jakob Jordaens*.

Einige fleischigte dirnen in einer wohlbeleuchteten gruppe. Die wahl der formen ist so niedrig als möglich. Das kolorit kräftig, frisch und anziehend, aber doch immer falsch: zu gelb in den lichtern, zu blau in den halbtinten, zu roth in den schatten.

NB. Die verspottung Christi von Terbruggen. Ein nachtstück. Die figuren haben, einzeln genommen, ausdrucksvolle gesichter. Aber der ausdruck, den sie im zusammenhandeln haben sollten, ist verfehlt. Die lichter sind zu sehr umhergestreut. Sonst ist der effekt pickant.

NB. Die weiber beim grabe, denen der engel erscheint, von Ferdinand Boll.

Ein grofses stück, das zu den schätzbarsten der galerie gehört. Schönheit der formen darf man freilich nicht suchen. Aber die würkung des lichts und die wahrheit in vielen einzelnen theilen können beinahe dafür schadlos halten. Der gedanke ist folgender: der engel steht an dem rande des grabes und winkt den weibern näher zu treten. Ein anderer engel sitzt bei ihm. Von den weibern sinkt die vorderste vor schrecken zur erde: die andern stehen furchtsam erstaunt. Der ausdruck in den engeln ist weder wahr noch edel: in der zur erde gesunkenen frau ist er übertrieben: in den übrigen kleinlich und ängstlich. Die gestalten sind, wie schon gesagt ist, aus der gemeinen natur genommen, aber treu und wahr, besonders in dem kopfe des sitzenden engels. Der kopf des stehenden ist wahrscheinlich von einer jungen flämischen bäurin entlehnt und es scheint, der mahler habe sich mit dem blonden flatternden haare etwas rechtes gewufst. Dieser kopf ist aber auch ein wahres meisterstück von behandlung; denn er rundet sich sehr gut, ohngeachtet er im höchsten lichte gehalten, mit blondem haare bedeckt, und der körper mit einem weifsen gewande bekleidet ist. Die würkung des helldunkeln ist vortreßlich. Die figuren heben sich ganz vom grunde ab, der eine wahre tiefe zu bilden scheint. Das kolorit ist sich nicht gleich. Die figur des engels ist am besten gemahlt. Dagegen ist die färbung an den weibern konvenzionell. Vom kostume rede ich nicht. Man denkt sich leicht, wenn man nur den meister und seine schule kennt, dafs die kleider aus der trödelbude genommen sind. Besonders sehen die der engel, wie puderhemder aus.

Der Leichnam des dänischen prinzen Sveno, der in einer schlacht im gelobten lande erschlagen war, wird von einem einsiedler bei nachtzeit gefunden, von Carl von Mander.

Das Stück hat sehr gelitten.

Jupiter als Kind unter den nympfen von Karl Loth.

Ein gastmahl im geschmack des Paul Veronese gedacht und angeordnet.

Vielleicht nach diesem meister, gewifs nicht von ihm.

Ein Dianenbad, angeblich von Honthorst.
Unter aller kritik.

Eine wilde schweinehatze von Paul de Vofs.
Pilo hat das stück retuschirt, und an die stelle der bären, die vorher da waren, wilde schweine gesetzt.

NB. Der heilige Sebastian mit zwei engeln von Vandyk.
Schöne akademische figur, die leider nur zu sehr gelitten hat. Der obere zurückgebogene theil des heiligen im schatten ist Tizians würdig. Der untere im lichte hat nachgeschwärzt, und ist jetzt ohne haltung. Der ton der karnazion in den engeln fällt zu sehr ins violette.

Untere reihe derselben seite.

Ein paar blumenstücke von Georg van Son.

Ein Hondekoeter mit pfauen und andern federvieh.

Eine landschaft von Hackert, mit figuren von Lingelbach.

Eine landung mit seetreffen von Adam Vilaert.

Eine landschaft von H. de Hooch.

Gott der vater in einer glorie mit den siebenzig ältesten von Jan de Witt.
Sind lauter stücke, die meiner einsicht nach den platz nicht verdienen, den sie einnehmen, und deren meister zweifelhaft sind.

NB. *Eine bärenhatze von Falkenburg.*
Brav.

Rebecka am brunnen.
Der komposizion, den stellungen und dem faltenwurf nach zu urtheilen, ist das stück von Poussin. Aber es ist zu verdorben, um darüber mit gewisheit zu urtheilen.

Die Jünger zu Emmaus. Kleine figuren, angeblich von Rembrand.
Wenn das stück von ihm ist, so gehört es nicht zu seinen besten. Die würkung des lichts, das vom heiland ausgeht, ist pickant.

Ein blumenstück von Maria von Osterryck, und

Der einzug Christi von Nieuland, und

Diana mit nympfen, angeblich von Rysbraeck, sollten billig hier nicht haugen.

Todtes wild von Weeninx.
Wahrscheinlich nicht von ihm, da die behandlung der haare und federn nicht leicht und weich genug ist.

Hagar und der engel von Franz Millet, einem schüler Poufsins.
Mittelmäfsig.

Eine landschaft von Heusch.

NB. Ein seetreffen zwischen den Franzosen in vereinigung mit den Engelländern gegen die Holländer, von Bakhuysen.
Ein braves stück, von den erben des meisters erhandelt.

Ein englisches landhaus in einer kreidigten gegend, von Peter Wouvermann.

Eine kirche von Nikele.

Eine schlacht von Hugtenburg.

NB. Todtes wild von Weeninx.
Vortreflich.

Zweite wand, dem eingange gegenüber.

Anbetung der heiligen drei könige: imgleichen anbetung der hirten. Zwei thürstücke von Cofsiers.

NB. Moses beim feuerbusche von Nicolaus Poufsin. Figuren halbe Lebensgröfse.
Dies stück gehört unter die merkwürdigsten in Dännemark. Die komposizion ist vortreflich. Gott der vater gestützt auf zwey engeln schwebt

H

über dem busche, aus dem flammen herausschlagen. Dies scheucht eine schlange heraus, die zischend vor Moses vorbeischiefst. Moses sinkt voll schrecken auf die knie, und beugt mit ausgebreiteten armen den körper zurück. Der ausdruck in dem kopfe des Moses ist zu unbestimmt. Die formen des allvaters und der engel sind schön, und ihre figuren bilden eine wohlgeordnete gruppe. Die umrifse scheinen richtig und bestimmt zu seyn. Allein um hierüber mit gewifsheit zu urtheilen, hängt das bild zu hoch. Die köpfe der engel sind im geiste der antike gedacht, so auch der kopf des allvaters. Die figur des Moses ist plump, und, ich fürchte, in dem ausgestreckten beine verzeichnet. Die färbung ist ganz verblichen. Der eine engel im halbschatten besteht aus einer einzigen tinte ohne halbschatten und ohne ründung. Das helldunkle ist völlig konvenzionell. Die flamme des busches giebt den figuren nicht einmahl einen wiederschein. Dieser fehler ist dem Poufsin gewöhnlich. Die figuren mögen ungefehr 3 bis 4 fufs höhe haben.

NB. Bildnifs eines mannes von van der Helst.

NB. Bildnifs einer frauensperson von Ferdinand Boll.

Seefische von Franz Sneyders.

Ein opfer des Apollo von Z. Webber.

Eine bataille von Hugtenburg.

Ein seegefecht zwischen Türken und Maltheserrittern von Lingelbach.

NB. *Zwei schöne landschaften von Sachtleben.*

Zwei stücke mit schaafen von Jacob van der Does.

Dritte wand, beim eingange.

Ein kartenspieler, der von einer buhlerin betrogen wird. Figur in lebensgröfse.
Auf dem gemählde steht der nahme I. V. Palam. Ob dies Palamedes bedeuten könne, weifs ich nicht, da mir so grofse figuren von diesem meister nicht bekannt sind. Der vornahme Anton träfe alsdann nicht zu, und ohnehin hiefs der mahler eigentlich Stevens.

NB. *Gesellschaft, die bei licht in karten spielt, von Gerhard Honthorst.*
Sehr brav.

NB. *Alexander und Roxanens hochzeit von Rubens.*
Man sieht häufige wiederholungen und kopien dieses stücks und ich garantire nicht dessen originalität. Es ist schön gedacht und gruppirt.

Schönheit der formen darf man nicht erwarten.
Der künstler hat zur beleuchtung ein doppeltes
licht genommen: die fackel Hymens und das tageslicht. Der effeckt von beiden ist wahr und pickant. Man weifs übrigens, was man an den stücken dieses meisters aufsuchen mufs: dichterische
erfindung, ausdruck, kolorit und helldunkles.

Die übrigen stücke an dieser wand sind folgende:

Zwei bildnifse von Mierefeld.

Todtes wild von Sneyders.

Loth mit seinen töchtern von Vignon.

Eine landschaft von Afselyn, und eine andere *von Everdingen.*

Paulus vor dem Felix von Knupfer.

Ein allegorisches stück auf einen frieden von Poorter.

Ein strafsenraub von Kuyp.

Endlich eine schlacht von Hugtenburg.

Im ganzen hat man bei dieser sammlung mehr
auf die füllung der wände, und auf die gröfse
der gemühlde, als auf die innere schönheit der
stücke gesehen. Inzwischen sind einige sehr
gute darunter, um derentwillen es sehr schade
ist, dafs sie in einem saale hängen, wo man oft
zu abend ifst, und wo der rauch der wachsker-

zen sie verdirbt. *Der plafond ist von Krok gemahlt.*

In einem nebenzimmer bei diesem saale hängen noch einige interessante stücke.

NB. Das urtheil des salomo von Rubens.
Das gemählde ist nur zum theil fertig. Einige partien sind blos angelegt. Der künstler hat mit recht den augenblick gewählt, wo der könig das kind zu theilen befiehlt. Schrecken und ängstliche erwartung äusert sich in allen umstehenden. Der henker hat das schwerdt aufgehoben, und blickt nach dem auge des königs, um auf seinen ersten wink den hieb zu thun. Die falsche mutter hat ganz das äusere einer leichtfertigen metze, und hebt schon die schürze auf, die abgetheilte hälfte darin aufzunehmen. Ob diese pantomime nicht zu stark sey, lasse ich dahin gestellet seyn. Inzwischen haben alle diese figuren den wahresten ausdruck. Nur die rechte mutter, die hauptperson, diejenige, die dem mahler die schwerste aufgabe seyn mufste, sieht man vom rücken zu, und ihre gebärden drücken die angst über die vollstreckung des urtheils nicht deutlich genug aus. Die gruppirung ist schön. Was fertig ist, ist auch schön kolorirt.

NB. Spieler von G. Honthorst. Brav.

NB. Ein wafserfall von Ruysdael.
Schön.

NB. Eine nordische gegend von Everdingen.
Gleichfalls schön.

NB. Die mutter gottes mit dem christkinde, dem heiligen Johannes und der heiligen Katharina, von Parmeggianino.
Aus seiner hellern etwas harten manier. Allerliebst gedacht und graziös nach des meisters art. Dabei findet man aber auch seine ihm eigenthümlichen fehler wieder. Lange figuren, lange finger, sonderbaren kopfputz, grünliche färbung.

NB. Ein mannsportrait mit einem knaben, von eben diesem meister in seiner dunkeln manier.
Sehr schön und vielleicht eines der besten in der ganzen sammlung.

NB. Eine madonna mit einem kinde von Cignani.
Figur in lebensgröfse. Artig gedacht. Das kind schläft nachläfsig hingestreckt auf der mutter schoofse. Die stellung ist unnatürlich. Das kind müfste in dieser lage herabfallen. Das kolorit ist wie gewöhnlich konvenzionell. Aber das ganze macht doch ein angenehmes bild aus.

Eine annunziazion von Masucci.
Styl des Carlo Maratti.

NB. Zwei der schönsten landschaften von Moucheron.

Ein paar gemählde vom chevalier Troppa. Unbedeutend.

Es sind noch mehrere stücke hier, die mir aber minder merkwürdig geschienen haben: doch bemerke ich noch

Eine dame, die in gegenwart eines alten weibes einen brief lieset.
Man gibt das stück für Rembrandts arbeit aus. Ich glaube aber, dafs es höchstens aus seiner schule sey.

Dekorazion der übrigen zimmer in diesem schlofse überhaupt.

Die zimmer des königs und der königlichen familie sind mit musterhafter simplizität meublirt. Der geschmack ist aber nicht zu loben. Er ist veraltet und schwerfällig. Ueberhaupt ist man in allem, was dekorazion betrift, in Kopenhagen sehr weit zurück.

Das vorzimmer der kronprinzefsin ist mit arabesken ausgemahlt. Verzierungen dieser art gehören überall nicht in königliche schlöfser, sondern in land- und bürgerhäuser. Diesen hier fehlt es aber auch an der leichtigkeit und dem geist, die arbeiten dieser art den höchsten werth geben.

Das schlafgemach der kronprinzefsin ist mit tapeten ausgeschlagen, welche Friedrich der vierte mit aus Italien gebracht hat. Sie stellen groteskén, kartouschen, muschelwerk u. s. w. vor, die zu anfang dieses jahrhunderts gewöhnlich waren, und in seide und gold gewirkt sind. Alles sehr häfslich. Dazwischen sind gemahlte vorstellungen mythologischen und historischen innhalts mit figuren, die ein oder zwei schuh halten mögen, angebracht. Die zeichnung rührt wahrscheinlich von Florentinern her, die zu anfang des vorigen jahrhunderts gelebt haben. Ich würde dieser tapeten nicht erwähnen, wenn man in Kopenhagen nicht glaubte, sie wären nach zeichnungen von Raphael verfertigt. Daran thut man sehr unrecht.

Die schönsten zierden dieser gemächer sind für den kunstliebhaber die bildnifse von Pilo, Erichson, Als und Juel.

Nebengebäude des schlofses, worin die gemähldegalerie und die kunstkammer befindlich sind.

Auf der kopenhagener kunstkammer sind ein langer saal und ein paar zimmer daneben mit gemählden angefüllt. Man nennt das die königliche gemähldegalerie. Aber wie die bilder da hängen, ohne auswahl des schlechten und guten, ohne rücksicht darauf, was dem auge näher oder ferner gebracht werden muſs; — so wie sie da hängen zum theil im schlechtesten lichte, an der seite einer raritätenkammer, nicht einmahl allo gehörig inventirt; — kann diese sammlung mehr für ein *garde meubles* von gemählden, als für eine bildergalerie gelten.

Eine gemähldegalerie muſs nicht unter dem schloſse eines aufsehers seyn, der zwei thaler für das besehen sich geben läſst und dann den besuchenden liebhaber schnell durch sie hintreibt. Zu einer galerie muſs man nicht in einem abgelegenen winkel auf einer windeltreppe gelangen. Sie muſs einen bequemen, leichten und angenehmen zugang haben, damit die gute gesellschaft sie oft besuchen könne und möge. Eine galerie muſs, wie eine bibliothek, jedermann zum freien gebrauch offen stehen. Will der könig einen besondern genuſs davon haben, so wechsele er mit den gemählden in seinen zimmern ab, nehme dann und wann eins herein und laſse es, wenn er deſsen anblicks müde geworden ist, wieder an seine vorige stelle hängen.

Hier sind diejenigen stücke, die mir am meisten aufgefallen sind:

Im ersten zimmer hängen:

NB. Zwei landschaften von Rubens. Schäferszenen, allerliebst gedacht und dreist hingeworfen. Sie sind falsch von farbe, zu emaillenmäfsig im ton. Aber man mufs auf den geist sehen, der das ganze belebt.

NB. Eine heilige familie, vor welcher ein mönch kniet, ein einsiedler scheint diesen niederzudrücken.

Das stück besteht aus zwei ehemahligen altarthüren, die jetzt zusammengefügt sind. Der styl in dem theile rechterseits, wo die jungfrau Maria mit dem kinde, dem heiligen Joseph und dem heiligen Johannes sitzt, zeigt die hand des Vandyks an. Dieser theil ist sehr schön kolorirt, und hat vorzüglich gute köpfe. Die hände der jungfrau Maria sind aber inkorrekt. Der mönch und der einsiedler linkerseits sind sehr bestimmt gezeichnet, aber hart in den umrifsen, und von kräftiger aber monotoner färbung. Der faltenschlag ist eckigt und steif: die perspektive vernachläfsigt. Kurz! alles zeigt einen früheren meister an. Ich rathe auf Holbein, und vermuthe dafs Vandyk diese letzte tafel in Engelland gefunden, und die erste dazu gemahlt hat.

Ein grofses stück mit dem heiligen abendmahl von einem niederländischen meister, der sich in der schule des Carravaggio gebildet hat, verdient wenig aufmerksamkeit.

Eine landschaft mit zwei hineingemahlten stehenden figuren, wahrscheinlich bildnifsen, voller wahrheit und leben. Ich mögte dieses stück, (wenigstens die landschaft) dem Salomon Ruysdael, einem bruder Jakobs beilegen.

Eine marine nach Vernet.

Eine Galathea nach Poufsin.

NB. Eine schöne perspektive von Hinz. Domkirche in Harlem von der sonne erleuchtet. Der effekt des lichts wahr und pickant.

Lukrezia wahrscheinlich von Cambiasi.

NB. Elisa mit der wittwe und ihren knaben, die brennholz suchen. Ein artig komponirtes stück mit guten köpfen. Es wird von einigen dem Bloemaert, von andern dem Abraham Nieuland beigelegt.

Ein paar Cranachs.

Grofse gallerie.

Das bildnifs einer dame in reicher kleidung.

Man legt es dem Tizian bei, und Preisler hat es unter diesem nahmen gestochen. Aber so grasgrün hat Tizian nie gemahlt.

Eine nackende Venus und bei ihr ein Amor. Man sagt wieder: von Tizian. Aber das bild ist von Paul Veronese. Sehr übermahlt, sehr verdorben. Man erkennt den pinsel nur hin und wieder an einigen schönen fleischtinten, und dennoch stehe ich für die originalität nicht ein.

Kopf eines philosophen von Ditmarsen, einem dänischen meister.
Brav behandelt.

Eine landschaft von Glauber.

NB. Eine andere sehr schöne von Ruysdael. Kühe waten durchs walser.

Joseph und Potiphars frau nach Cignani von Krok.

NB. Schöne Rheingegend mit herrlichen fernen von Sachtleben.

Eine gute alte kopie der florentinischen Venus von Tizian.

NB.. Ein fisch- und küchenmarkt mit drei figuren lebensgröfse von J. Jordaens.
Diese figuren sind entweder stark retuschirt, oder nicht von den besten des meisters. Das stilleben ist dagegen sehr wahr, sehr dreist behandelt, und

von der kräftigsten farbe. Es scheint von einer andern hand zu seyn: man nannte mir Boel, einen schüler Sneyders. . -

Christus, der einen blinden heilt, von Nicolaus Poufsin.
Sehr verdorben.

NB. *Laban nimmt dem Jakob die Götzen ab, von Bourdon.*
Es gibt schön gezeichnete partien in diesem bilde. . Aber die färbung ist widrig.

NB. *Cadmus, der den drachen getödtet hat:* ein hauptstück in dieser gallerie von *Salvator Rosa*. Minerva befiehlt dem helden, gegen die riesen, seine saat, zu fechten. Der drache liegt todt auf dem vorgrunde. Dieser drache mit seinem zähnenlosen schlunde ist hingezaubert: und überhaupt zeigt sich die sonderbare aber bewundernswürdige imagination dieses dichterischen künstlers in der ganzen komposizion. Diese, die dreiste behandlung des pinsels, die würkung des helldunkeln, und der kräftige farbenauftrag sind die stücke, worauf man bei diesem bilde sehen mufs.

NB. *Schöne landschaft von Peter de Hooghe und Lint.*

Die gegend stellt einen wald in der gegend des Haags vor. Der ton fällt zu sehr ins schwarze, aber er ist sehr pickant. Die durchsicht durch den wald, und das waſser mit kraut bedeckt, sind sehr wahr.

NB. Marine von Dubbels.
Schönes stück eines wenig bekannten meisters, deſsen nahmen man auf der tonne findet.

NB. Austheilung des abendmahls von Tiepolo.
Sonderbar komponirt, unbestimmt gezeichnet, falsch kolorirt, aber kek hingeworfen und pickant im effekt.

Kreutzigung Christi angeblich von van Eckhout.
Wenn dieser meister nichts beſseres hätte machen können, so verdiente er nicht unter die vorzüglichsten schüler Rembrands gerechnet zu werden.

Eine landschaft, die man dem Claude le Lorrain beilegt.
Man findet das anagram d'J. ge. darauf. Das bild hat viel von seiner art zu komponiren: es mag aber von ihm seyn oder nicht, so ist es allemahl keines seiner besten, und sehr verdorben.

NB. Eine schöne groſse landschaft von Johann Hackert, staffirt von Lingelbach.

Sie stellt eine italiänische gegend vor beim untergang der sonne. Ein grofser steindamm mit bäumen besetzt führt am ufer eines flufses her, und theilt diesen von einem andern gewäfser ab, das den fufs hoher felsen spühlt. Die komposizion ist reich und grofs: der effekt des lichts unvergleichlich, vorzüglich an den bäumen auf dem steindamm. Die ferne ist wahr und schön, der baumschlag leicht und doch bestimmt. Der ton der farbe dürfte zu sehr ins bräunlichte fallen.

NB. Eine andere landschaft von Johann Both. Sie gehört unter die schönsten, die ich in meinem leben gesehen habe: ist eins der hauptstücke der galerie und den mehrsten Claude Lorrains dreist an die seite zu stellen.

Es ist morgen. Die sonne erhellt schon mit ihren strahlen die spitzen der erde, aber sie selbst ist noch nicht zum vorschein gekommen. Im hintergrunde berge, dann ein thal, von dem man aber nur ein hervorragendes dorf sieht, weil der nebel, der in der tiefe ruht, das übrige noch verhüllt hat. Am himmel ziehen unterdefsen noch wolken umher, wahrscheinlich überbleibsel einer stürmischen nacht. Auf dem vorgrunde theilt eine gruppe hoher ehrwürdiger eichen die aussicht von einander. Auf der einen seite sieht

man einen landweg, der von einem berge herab-
kömmt, und das auge bis zu reisenden führt, die
eben die anhöhe erstiegen haben, mithin ihre
kontouren scharf an dem gelbrothen horizont
abzeichnen: auf der andern erblickt man felsen,
einen alten wartthurm darunter, und ein bach,
durch welchen vieh getrieben wird.

Die wahrheit in diesem stücke scheint mir
sehr grofs zu seyn. Jeder gegenstand hat die
farbe, die er haben soll und doch herrscht in
dem ganzen die schönste haltung. Der effekt
der beleuchtung ist aber besonders unvergleichlich. Es ist wahres sonnenlicht, was diese gegend erhellet.

NB. Jupiter und Antiope von Bloemaert.
Die Nymphe schläft. Jupiter, indem er sich zu
ihr schleicht, gibt einem satyr, der bei ihr lag, einen tritt in den hintern, und wirft ihn damit
vom bette. Sonderbarer gedanke! Bloemaert
übertrift sonst alle Niederländer, die ins grofse
gemahlt haben, an richtigkeit der zeichnung und
wahl guter formen. Diese vorzüge trift man
auch hier an. Das kolorit ist in den stücken dieses meisters ungleich und immer konvenzionell.

Christus wird verrathen.

Man legt dies stück dem M. A. Carravaggio bei, dem es aber nicht gehört: eher dem Gherardo della Notte (Honthorst)

Cato von Carl Loth.

NB. *Hieronymus von Spagnolett.*

Einige Türkenbildnifse in lebensgröfse, von Carl von Mander.

NB. *Eine carnevalslustbarkeit auf dem Pont neuf zu Paris, von Peter Wouvermann.*
Reiche komposizion voller geist, feuer und leben.

Kreutzabnehmung von Bartoletti.

Triumph des Bacchus von Nieuland.

NB. *Die heilige Katharina von Leonardo da Vinci.*
Ich halte das stück für ächt. Das gesicht ist unbedeutend, aber lieblich, und die hände sind schön. Schade, dafs das bild gelitten hat! es ist so, wie mehrere andere, aus dem nachlafse des römischen kardinals Valenti, der in Amsterdam verkauft ist, hieher gekommen.

Eine heilige Magdalena von Pordenone.
Nicht aufserordentlich.

Venus, Minerva und Juno von Poelenburg.

NB. *Schöne landschaft von van der Neer.*
Nachtstück.

NB. *Eine andere von M. A. Amerizi.*

NB. Ein todter hase von Bilzius.
So schön wie ein Weeninx.

Todte vögel von demselben. Minder gut.

Ruth und Boas, imgleichen Jakob der die götzen vergraben läfst, von Jan Viktor, einem schüler Rembrands.

NB. Eine landschaft von Everdingen.
Sie stellt, wie man mir sagt, die gegend mit dem schlofse Konstvinger in Norwegen vor. Die komposizion ist für eine rauhe romantische gegend vortreflich. Im hintergrunde ein hoher berg mit dem schlofse auf der höhe, und zu seinen füfsen nordische hütten. Tiefer herunter stürzt der strohm herab, rollt einige felsstücke mit sich fort, und bricht sich an andern, auf deren einem der mahler selbst einen platz gefunden hat, diese grofse szene zu zeichnen. Hohe tannen bedecken den berg, und an seinem nackten fufse suchen schaafheerden ihre sparsame nahrung.

Das ganze macht einen treflichen effekt. Vielleicht ist der ton zu düster und zu gelbbraun. Aber eben dies verstärkt den eindruck der wildheit und rauheit der gegend. Der schaum des wafsers ist sehr kek und mit wenigem gemacht, aber wahr und natürlich.

NB. Das bildnifs Albert Dürers. Aecht und schön.

NB. Eine skizze zu einem altarblatt: wahrscheinlich von *Vandyk*. Man kann nur von der komposizion urtheilen. Diese ist schön.

NB. Noch ein Nachtstück von van der Neer, von einer feuersbrunst und dem mondlicht erleuchtet. Schön.

NB. Eine schöne skizze.
Sie hat viel vom styl des Andrea Sacchi.

Fulvia durchsticht die zunge des hauptes des Cicero mit einer gabel bei einem gastmahl, woran Antonius theil nimmt, von Rubens.
Die originalität garantire ich nicht. Aber der geist des meisters in der erfindung und anordnung ist unverkennbar. Wie ausdrucksvoll sind alle diese figuren!

Kain, der den Abel erschlägt, Adam und Eva, die über den erschlagenen trauren. Zwei stücke von *Luca Giordano* in der manier des *Guido*.

NB. Das urtheil des Paris von demselben meister in seiner ihm eigenthümlichen manier, und in dieser sehr gut.

Der sabinenraub. Ein pendant zu dem vorigen, von demselben.

NB. Fall der Giganten von Cornelius von Haerlem.

Grofse figuren. Ich weifs nicht, ob ich den meister annehmen darf. Stücke von dieser gröfse habe ich von seiner hand nicht gesehen. Aber von seiner gewöhnlichen manier hat es gar nichts, nicht einmahl in der farbe. Es herrscht eine wilde extravagirende einbildungskraft in diesem stücke. Wie die figuren über einander herpoltern! welche abwechselung in den stellungen. Welche dreiste verkürzungen! alles ist voll leben, handlung und feuer. Brave köpfe: höchst keke behandlung des pinsels. Hin und wieder laufen inkorrekzionen mit unter durch: aber im ganzen kann man die fertige sichere hand nicht verkennen.

NB. Ein todter christ zwischen engeln von Andrea Sacchi.

Ein sehr seltenes, aber gewifs ächtes stück von dem lehrmeister des Correggio, mit seinem nahmen.

Eine darstellung im tempel, von einem niederländer Fabrizius; der nahme steht darauf mit der jahrszahl 1668. Es hat viel vom styl des Rembrands in ansehung des kostume und der beleuchtung.

NB. Christus vor dem Pilatus von Houbraken, ganz im styl des *Luirefse*.

Die figuren sind ungefehr einen fufs hoch. Die anordnung, der ausdruck, die abwechselung in den köpfen sind lobenswerth. Die zeichnung ist nicht korrekt. Dagegen sind wieder beleuchtung und ton der farbe sehr gut. In dem christ sind schöne fleifchtinten. Der hintergrund gleicht einer theaterdekorazion. Dies kleine stück verdient einen ansehnlichen platz in dieser sammlung.

Eine Rheingegend von Lingelbach.

NB. Eine flucht nach Egypten von Albano. Man kann dies stück dreist für ein original ausgeben, ob ich gleich gern gestehe, dafs es sehr gelitten hat.

NB. Christus am kreutze von Rubens. Es ist nicht völlig ausgeführt, sondern eine fleifsig behandelte skizze, nicht ohne schönheiten. Man sagt, die landschaft sei von Momper. Aber das ist nicht glaublich; sie ist von der nehmlichen hand. Nacht, daher der ton so bräunlich.

Landschaft von Wynants.

NB. Ein geizhals, der geld am fenster besieht, der tod gukt herein, von Steen. Brav.

NB. Spieler im streit vom Carravaggio. Ein hauptstück in dieser galerie. Wenn es völlig erhalten wäre, so würde ich es den berühmten

spielern im pallast Barberini zu Rom vorziehen.
Der eine spieler hat den andern betrogen, einen
jungen feurigen menschen, der aufspringt, den
andern beim zopf fafst und den degen auf ihn
zukt. Vergebens schreit dieser, vergebens bittet
der dritte für ihn um gnade, vergebens hält ein
vierter die hand vor: er soll sterben ohne barm-
herzigkeit, das sagt stellung und miene des an-
greifers unverkennbar. Ein alter Lazeroni, eine
Sclavonerin mit ihrem manne sehen dem auftritt
zu, und nach der denkungsart des landes (das
weib trägt ihr gewehr an der seite) mit mehr
freude als misvergnügen über diesen auftritt.
Welche wahrheit in allen köpfen, stellungen und
mienen! alles das hat man schon gesehen; alles
das mufste so zugehen: alles lebt und handelt in
dem bilde!

Bacchus mit nymphen.

Den meister habe ich vergefsen. Styl des Rubens.

NB. Schöne *winterlandschaft von J. Beer-
straaten* 1668.

Ein altes schlofs mit einem graben umgeben und
darüber eine brücke. Alles ist mit schnee be-
dekt. Die luft ist schneeschwanger. Aeuserste
wahrheit! mich friert: geschwind über die

brücke in das schlofs. Man geht hinein: der eingang ist würklich offen.

NB. Niobe mit ihren kindern von Bloemaert. Grofse schöne komposizion mit vortreflichen akademischen figuren.

Marine von Johann Maas,

NB. Landschaft von Pynaker.

Wachtstube von Palamedes.

Landschaft von Wouvermann.

NB. An der thür zu dem dritten zimmer hängt *ein stück von Lairesse,* das schön ist. Ich erinnere mich des sujets nicht. Ich glaube, es stellt Roxanens hochzeit vor.

An der linken seite dieser galerie sind mir noch aufgefallen:

Eine heilige familie: höchst wahrscheinlich von *Tizian,* obgleich keines seiner besten stücke.

Friesische bauerbataille von Lochmann. Fürchterlicher, aber wahrer ausdruck!

Ruth und Boas von Gerritz Kuyp.

NB. Annunziazion von Federico Baroccio. In seiner bekannten falschen aber lieblichen manier.

NB. Schöne winterlandschaft von Bakhuysen.

NB. Ein seesturm von demselben.

Zwei stücke mit thieren von Rosa di Tivoli.

Mehrere schöne landschaften von Moucheron, Hobema, Berkheyden, u. s. w.

NB. *Eine allmosenaustheilung vor einem kloster.* Eins der schönsten stücke von *Schidone.*

Die gruppe des weibes, welches liegend die kleine hand des kindes hinreicht, das allmosen zu empfangen, ist besonders schön. Das angenehme der tinten, der kräftige auftrag der farben und der liebliche ton des ganzen machen dies stück der aufmerksamkeit der kenner werth.

Es können hier noch viel andere gute sachen hängen. Aber man ist nicht im stande sie in dem unvortheilhaften lichte gehörig zu beurtheilen.

Einige grofse akademische figuren.
Man hält sie für Spagnoletts arbeit. Sie sind eher von Carl Loth.

Drittes zimmer.

NB. *Eine herrliche Rheingegend von Sachtleben.* Sehr reiche gegend mit einem dorfe und vielen figuren im vorgrunde. Man mögte reisen, so liegt die ferne vor einem. Die haltung ist vortreflich.

NB. *Eine heilige familie,* die man für Raphaels arbeit ausgibt, aber sicherlich nicht von ihm ist. Mir ist es am wahrscheinlichsten, daſs es das werk des Garofalo sey. Das zeigt die fehlerhafte zeichnung, die frische farbe in den gewändern, das zeigen die eckigen kontouren und die klunzmäſsigen hände. Der heilige Johannes ist brav und hat viel ähnlichkeit mit dem Johannes in der Madonna della Sedia.

Ein kopf, der gleichfalls für Raphaels arbeit ausgegeben wird; man sagt, es sei das bildniſs seines apothekers. Ist es von ihm, so hat er es in doloribus gemahlt.

NB. Ein quaksalber, den eine alte frau consulirt, von Gerhard Dow mit seinem nahmen. Indem der arzt das uringlas besieht, fertigt er sie mit der andern hand ab und sie hört mit gefalteten händen andächtig ihr urtheil an. Wahrheit und ausdruck, die eigenthümlichen vorzüge dieses meisters, werden auch hier angetroffen. Dow wählte aber auch seine formen gut und zeichnete richtiger, als die mehresten seiner landsleute. Die hand des quaksalbers ist sehr schön.

NB. Carl der erste und seine gemahlin. Man schreibt diese beiden bildniſse dem Vandyk zu, von dem sie aber sicherlich nicht sind. Er hat kräftiger gemahlt und beſsere hände gezeichnet. Inzwischen sind die drapperien ziemlich in seinem geschmack. Diese stücke sind eher von *Petrus Leli.*

NB. Maria hält ihre abendandacht. Ein nachtstück von Shulken. Der effekt ist pickant. Die köpfe vorzüglich des engels, der das licht hält, sind wahr und voller ausdruck. Inzwischen ist der mahler auch hier in seinen gewöhnlichen fehler verfallen: er hat den effekt des lichts zu roth gemahlt.

NB. Eine junge frauensperson mit dem hute auf dem kopfe in jüdischer tracht, von Rembrand. Dasselbe stück ist von Schmidt in Berlin gestochen und er hat es als in Berlin befindlich angegeben. Das stück hängt zu hoch, als dafs ich es hätte untersuchen können: allein der professor Juel, der es in der nähe betrachtet hat, versichert mich, es sey original.

NB. Noch ein kopf einer älterlichen frau von demselben.

Einige Cranachs, unter andern Luther und seine frau.

NB. Eine schöne kleine landschaft von Ruysdael.

NB. Ein paar Mieris. Ein kleiner Philipp Wouvermann.

Ein kopf von Lievens.

NB. Ein schöner *Heinrich Roos.*

NB. Drei männer bei der laterne, der eine trägt eine kelle, von *Gerhard Honthorst.* Figuren voller ausdruck.

NB. Ein artiger kleiner mannskopf mit der innschrift M. 1650. Man nennt Maytens als den verfertiger.

NB. Eine götterversammlung von *Poelemburg.* Sehr schön.

Mehrere stücke vom *Gerhard Hoet* im geschmack des *Lairefse* u. s. w.

Eigentliche kunstkammer.

Da ich kein kenner der naturgeschichte und kein liebhaber von künsteleien bin, so muſs ich diejenigen, welche eine nähere nachricht von den seltenheiten, die hier aufbewahret werden, zu haben wünschen, auf Hauhers beschreibung von Kopenhagen s. 109 u. f. verweisen. Ich hebe nur folgendes heraus, was in das fach der schönen künste gehört.

Ein gewiſser *Magnus Berg*, ein Normann, hat hieher verschiedene proben seiner geschicklichkeit in elfenbein zu schneiden, geliefert. Die sujets sind gröſstentheils allegorisch, aber von mittelmäfsiger erfindung. Im grunde ist auch an dieser arbeit nichts merkwürdig, als dafs sie von einem Normann gearbeitet ist, der nie aus Dännemark herausgekommen war; denn die zeichnung ist unrichtig, die wahl der formen plump und der geschmack erbärmlich.

Einige andere halb erhobene arbeiten aus elfenbein hat der könig Friedrich der vierte mit aus Italien gebracht, und diese sind in ansehung der zeichnung und komposizion den übrigen weit vorzuziehen. Die beste darunter ist eine kreutzabnehmung. Ich glaube, sie sind aus der schule des Algardi. Von dem jetzigen kunstverwalter, herrn justizrath Spengler, sieht man einige arbeiten, die eine bewundernswürdige kunst, den elfenbein zu behandeln, verrathen.

Nachricht von einem kopfe aus elfenbein, der für antik ausgegeben wird.

Man zeigt auf der königl. kunstkammer in Kopenhagen einen weiblichen kopf, der ungefehr drei viertelmaafse der gewöhnlichen lebensgröfse ausmacht und aus elfenbein verfertigt ist. Er wird für antik ausgegeben, soll nach dem inventario die schöne königin Helena vorstellen,

und ist dadurch bekannter geworden, daſs mein
würdiger freund und lehrer, der herr hofrath
Heyne in Göttingen, in seiner sammlung antiqua-
rischer aufsätze im fünften stück, deſselben auf
eine rühmliche art erwähnt hat.

„Ich kann, sagt dieser schriftsteller, liebha-
„bern des alterthums ein stück bekannt machen,
„das zur zeit das beträchtlichste überbleibsel der
„alten werke in elfenbein seyn dürfte. Es befin-
„det sich in der königl. kunstkammer zu Kopen-
„hagen. Durch herrn Spenglers gütigkeit be-
„sitze ich einen gypsabguſs, welcher mich einen
„der schönsten weiblichen köpfe erkennen läſst.
„Herr Spengler (seinen nachrichten folge ich auch
„in dem folgenden) versichert gleichwohl, und es
„läſst sich ohnedem voraussetzen, in elfenbein sei
„alles ungleich weicher, zärter und feiner. Die
„arbeit sei unnachahmlich. Man sehe tief in den
„mund hinein; dieser sei inwendig erweitert,
„welches sich in der form nicht hat thun laſsen;
„die zähne stehen daher ganz frei, ja! man sehe
„selbst die zunge in dem munde liegen. Alles dies
„verräth wenigstens groſse kunst. Auſserdem,
„das der kopf aufs feinste gearbeitet ist, ist er
„auch aufs künstlichste polirt. Durch ein selte-
„nes glück ist er vollkommen gut erhalten, hat

„nicht das geringste gelitten, und sieht so neu aus,
„als wenn er erst gestern aus der hand des künst-
„lers gekommen wäre. Uebrigens ist er aus ei-
„nem einzigen stück elfenbein; hinten am schei-
„tel sizt noch zu beiden seiten die rinde des zahns;
„so gut hat der künstler seine materie in der
„gröfse zu schonen gewufst; hinten am kopfe und
„oben auf demselben, unten und hinten am halse
„sind die stellen kennbar, wo die übrigen theile
„der figur angepafst gewesen sind. Man sieht die
„striche der säge oder raspel ganz deutlich. Auf
„eben dieser oberfläche wird man verschiedene
„mit fleifs eingehauene vertiefungen gewahr, die
„auch auf dem gypsabgufse zu erkennen sind.
„Diese hat offenbar der künstler in der absicht
„angebracht, damit sie den kitt oder leim zwi-
„schen beiden theilen, die an einander gefügt
„wurden, desto bequemer und leichter aufneh-
„men sollten. Es bestätigt sich also hiedurch die
„vorhin bei den grofsen werken des alterthums
„vorausgesetzte zusammensetzung und verkittung
„der klötzchen. Was der kopf vorstelle, wozu
„er ehemals gedient habe, und wo er her sey, ist
„alles so gut als unbekannt. Man weifs blos so
„viel, dafs er schon über 80 jahr auf der kunst-
„kammer vorhanden gewesen ist. Der mangel

„dieser art nachrichten ist im ganzen studium der
„antike der unangenehmste. In dem inventar ist
„er als das ebenbild der schönen königin Helena
„verzeichnet. Das griechische profil läfst sich
„am kopfe nicht verkennen.

„Keine Venus, kein ideal kann es gleich-
„wohl nicht seyn: es ist, so viel ich einsehe, of-
„fenbar portraitfigur, aber eine der schönsten.
„Der mund ist ein wenig geöfnet, so wie an ei-
„nigen Apollen, welche singend vorgestellt sind.
„Ein schöner rundlichter schnitt am kopfe, eine
„kleine stirn, über die sich zu beiden seiten die
„längst dem halse herunterfallenden locken ver-
„breiten. Die augenbraunen scheinen etwas stark
„angedeutet zu seyn. Auch die augäpfel sind es;
„der sanfte umrifs der wangen, das rundlichte
„kinn, die ein wenig aufgeworfene lippe, alles
„gibt der figur einen reiz; aber durch die nase er-
„hebt sich das ganze zu einem gewifsen edlen,
„das sich nicht verkennen läfst. Unauflösliche
„schwierigkeiten setzen sich dagegen, wenn man
„es für das werk eines neueren künstlers halten
„wollte. Aber als altes werk ist es doch auch
„unbegreiflich, wie es so unbekannt kann geblie-
„ben seyn. Kam es aus Italien: wie konnte es
„als das einzige stück in seiner art noch am ende

„vom vorigen jahrhunderte so wenig bekannt
„seyn? ward es aus der erde gegraben: wie hat
„es sich auch über der erde seitdem so schön
„erhalten? ward der kopf so, wie er ist, gefun-
„den, ohne tronk und weitere anfügung der
„theile? Er kann sehr wohl als zierrath ange-
„bracht gewesen seyn, wie auch herr Spengler
„nicht unwahrscheinlich findet.

„An den kleinen haustempelchen waren an
„den thürpfosten und an den wänden, wie an gros-
„sen gebäuden hermen als pfeiler, köpfe, halbe
„figuren; so wie an den ecken des fronton her-
„vorspringende thiere aus bronze und anderm
„metall, und auch aus elfenbein angebracht. An
„dem heiligen oder sonst kostbaren geräthe, ti-
„schen, schränken, kisten, stühlen, leuchtern,
„rauchfäsern, dreifüssen, aren, wie gewöhnlich
„waren da zierrathen! Es konnte also wohl ein el-
„fenbeinerner kopf so angebracht seyn, als wenn
„er etwas tragen sollte. Er kann aber auch als
„eine herma oder terme mit einem tronk verse-
„hen gewesen seyn, und eben so gut läfst sich
„glauben, dafs er auf einer ganzen figur gestanden
„hat; und dies mufs freilich eine sehr schöne
„kleine statue gewesen seyn. Wollte man sich
„der einbildungskraft überlafsen, so könnte man

„leicht die schönste und prächtigste figur schil-
„dern, in der alle mögliche schönheiten vereinigt
„gewesen seyn müſsten."

Man sieht aus dieser stelle meines freundes,
daſs er selbst zweifel gegen das alterthum dieses
kopfes hegt. Er findet es unbegreiflich, wie ein
solches stück, als das einzige in seiner art, noch
am ende des vorigen jahrhunderts so wenig bekannt seyn können. Er wirft die fragen auf:
ward es aus der erde gegraben? wie hat es sich
auch über der erde seitdem so schön erhalten
können? kurz! was bei ihm der meinung, daſs
der kopf antik sey, allein das übergewicht gibt,
ist — was er blos nach dem gypsabdruck beurtheilte form — und styl der antike.

Allein grade diese form, dieser styl der antike fehlen dem originale. Die ganze physiog-
nomie ist ächt florentinisch. Sie zeichnet sich
besonders durch die länglichte nase mit dem kleinen schwunge in der mitte aus, welche den meistern aus dieser schule eigenthümlich ist. Ferner
durch die länglichten etwas gekniffenen augen,
die dicht an der nase liegen, und nur durch einen geringen zwischenraum von einander getrennt
sind. Kurz! wenn man nur ein wenig mit den
weiblichen köpfen des Della Porta und anderer

K

florentiner bekannt ist, so muſs die ähnlichkeit sogleich auffallen. Dazu kömmt *zweitens* dies, daſs die augen nicht einmahl eine richtige lage haben, ein fehler, worin die alten nie gefallen sind. *Drittens* sind nicht blos die augenbraunen mit sehr starken einschnitten ausgedrückt, sondern sogar die augenwimpern, welches beinahe ohne beispiel bei den alten ist. Eben so ungewöhnlich ist, *viertens*, der ganz unzweckmäſsige fleiſs, womit der mund inwendig ausgehöhlt und die zähne einzeln ausgedrückt sind. *Fünftens* endlich ist der wurf der haare ganz und gar nicht im geschmack der antike, vielmehr ächt florentinisch: denn diese liegen wie strippen am kopfe und fallen auf der schulter herunter.

Dieser kopf nun ist nicht allein ganz unversehrt, sondern auch noch ziemlich weiſs. Und doch ist es bekannt, daſs alle überbleibsel von elfenbein aus dem alterthume, wenn es unter dem schütt gefunden wird und an die luft kömmt, auf die länge sich kalzinirt oder wenigstens eine sehr dunkle farbe bekömmt.

Es ist höchst wahrscheinlich, daſs Friedrich der vierte dies stück mit mehreren andern aus Italien hieher gebracht hat. Es ist höchst wahrscheinlich, daſs es bestimmt gewesen ist, auf einen metallenen rumpf gesetzt zu werden, und eben einen solchen hauptschmuck zu erhalten. Man sieht mehrere solche figuren in Italien, die theils zu girandolen, theils zu andern geräthschaften, als verzierungen gedient haben.

Der herr profefsor Abilgaard und andere gelehrte kenner in Kopenhagen sind in so fern ganz meiner meinung, dafs das stück nicht für antik ausgegeben werden könne.

Das palais.

Ein königliches schlofs nahe bei Christiansburg. Es war ehemahls die wohnung der kronprinzen. Jetzt logiren der prinz von Würtemberg und einige hofbediente daselbst. Die bauart ist simpel. Für den kunstliebhaber enthält es nichts interefsantes, aufser dem attelier, welches man hier dem herrn profefsor Juel eingeräumt hat.

Mich dünkt, es wäre hier der platz, die hauptgemählde aus den königl. sammlungen aufzuhängen und sie dadurch dem auge des publikums näher zu bringen. Nicht, dafs es gerade der vortheilhafteste ort seyn würde, der sich denken liefse, sondern nur, dafs er vortheilhafter ist, als derjenige, wo sie jetzt befindlich sind.

Vielleicht fände aber die ausführung dieser idee schwierigkeiten, die ich aus mangel an lokalkenntnifs, nicht zu beurtheilen vermag.

Das Rosenburger schlofs.

Das gebäude, von einem graben umgeben, ist von gothischer bauart, aber ehrwürdig. Ob es gleich schmal ist, so ist die innere einrichtung doch bequem. In dem obern saale ist ein guter plafond von Krok, der viel vom styl des Carlo Maratti hat. Die gewirkten tapeten von dänischen künstlern stellen kriegesthaten Christian des fünften vor. Sie haben sich für die länge der zeit ziemlich erhalten. Sonst ist die arbeit mehr fleifsig als schön.

Die reichsinsignien und übrigen kleinodien, die hier aufbewahrt und gezeigt werden, findet man beim Hauber: (beschreibung von Kopenhagen, edit. von 1782 s. 46 u. f.) sie verdienen gesehen zu werden. Ich bin aber zu wenig kenner und liebhaber solcher kostbarkeiten, um mich lange dabei aufzuhalten. Interefsanter als alle diese edelsteine war für mich das blutige schnupftuch Christian des vierten, das man hier zeigt. Es ist dasjenige, womit er die wunde bedekte, die er erhielt, als ihm in einer seeschlacht ein auge ausgeschofsen wurde. Es ist bekannt, dafs er sich durch den schmerz, den er dabei empfand, nicht abhalten liefs, das kommando seiner flotte fortzusetzen und die seeschlacht zu gewinnen. Es war für mich eine wahre reliquie.

Merkwürdig ist auch der thron der könige von Dännemark, welcher hier aufbewahrt wird: ein altes gothisches kunstwerk, defsen säulen aus nahrvals oder einhorn mit vieler kunst verfertigt sind. Die kapitäler, schaftsgesimse, und übrigen bildwerke sind von silber in feuer verguldet, und vorn an dem himmel sitzt das modell des schönsten und gröfsten amethysts, der in der welt bekannt ist. Der stein selbst wird bei den reichsinsignien verwahrt.

In einem kabinette hängen unter vielen unbedeutenden stücken

NB. Zwei nachtstücke von Gerhard Dow, die aber durch einen scharfen firnifs sehr gelitten haben.

Eines der untern zimmer ist ganz mit landschaften und historischen stücken aus der älteren antwerpischen schule angefüllt. Die ersteren scheinen von Vinkenbooms, die leztern aber aus der schule der Franken zu seyn.

Man hat in diesem schlofse einige zimmer zu einem münz- und medaillenkabinette eingerichtet, imgleichen zur aufbewahrung der geschnittenen steine. Ueber die sammlung selbst konnte ich nicht urtheilen, da sie noch nicht in ordnung war. Aber die dekorazion des zimmers ist musterhaft, und macht dem geschmack des herrn Wiedevelt, der die zeichnung dazu verfertiget hat, ehre.

Der garten bei diesem schlofse dient zum öffentlichen spatziergange. Man sieht daselbst eine statue von *Johann Baratta* (*) einem florentiner, der sie 1709. verfertiget hat. *Sie stellt den Simson vor, der den löwen zerreifst.* Der styl hat etwas vom Bernini, dessen schüler dieser bildhauer war. Die natur ist gemein, die stellung gezwungen und die zeichnung inkorrekt. Die augen liegen zu tief; der ausdruck stimmt mit der handlung nicht überein. Ueberhaupt hat sich der meister bei dem entwurf seines werks weit mehr nach den regeln des contrapostes als nach der natur gerichtet. Die glieder der finger sind theils zu lang, theils zu kurz, und die be-

(*) Fuefsli nennt den bildhauer Franziskus, hingegen seinen bruder den baumeister Johann Maria. An der kopenhagener statue steht der nahme Johann mit der jahrzahl.

handlung des marmors ist hart, besonders an den
beinen. Inzwischen macht das ganze doch effekt,
vorzüglich in einiger entfernung.

Das schlofs Charlottenburg.

Die architektur an diesem schlofse ist simpel, aber edel, und es dürfte dies gebäude unter
die besten in Kopenhagen gehören. Es ist ganz
von backsteinen aufgeführt, wie es scheint von
einem italienischen meister. Es dient jetzt zur
wohnung für verschiedene künstler und zur versammlung der akademie der künste. Hinter
demselben ist der botanische garten.

Es ist hier der ort, von der akademie der
künste zu reden. Sie ist von Friedrich dem fünften gestiftet, und man darf dabei des antheils
nicht vergefsen, welchen der graf Adam Gottlieb
von Moltke an ihrer errichtung genommen hat.
Sie hat zu verschiedenen zeiten verschiedene privilegien und reglements erhalten. Im jahr 1754.
wurden ihr die ersten gesetze ihrer fundazion gegeben. Eine konfirmazion und ausdehnung ihrer
privilegien ertheilte ihr Christian der siebente im
jahr 1767. Endlich ist ihr im jahr 1771. das neue-
ste reglement gegeben worden.

Nach diesem besteht sie aus sieben profeſsoren der künste, deren einer als direktor die oberaufsicht führt, aus einem profeſsor in der anatomie, einem in der geometrie, einem sekretair, acht ehrenmitgliedern und einer unbestimmten zahl von auswärtigen ehrenmitgliedern. Der direktor wird alle zwey jahr aus der zahl der sieben profeſsoren der künste erwählt. Die sieben profeſsoren wählt die akademie gleichfalls aus ihren mitgliedern, und schlägt sie dem könige zur bestätigung vor. Fünf darunter müſsen historienmahler und bildhauer seyn, doch können sich auch darunter portraitmahler und kupferstecher befinden, wenn sie fähig sind der modellschule vorzustehen. Die beiden übrigen sind architekten. Die fünf ersten lehren in der modellschule und wechseln darin monatlich um. Sie führen zugleich die aufsicht über die gyps- und kleineren schulen. Der eine profeſsor der baukunst trägt die grundsätze der perspektive vor. Der profeſsor der anatomie und der der geometrie unterrichten jeder zweimahl die woche ihre schüler theils theoretisch, theils praktisch. Die besoldung eines jeden profeſsors ist von 50 thaler (*).

(*) Es versteht sich von selbst, daſs diese profeſsoren als künstler noch besondere gratifikazionen genieſsen. Die

Die profefsoren der anatomie und der geometrie
bekommen aber 200 thaler.

Aufser den profefsoren sind einige informa-
toren in den anfangsgründen angesetzt, wozu
junge künstler gewählt werden. Der sekretair
muls ein künstler oder wenigstens kenner der
künste seyn, und aus den gliedern der akademie
gewählt werden. Aufserdem ist ein verwalter
für die ökonomischen angelegenheiten angesetzt.

Zwei modelle werden von den profefsoren
für die modellschule ausgesucht, und tragen, so
lange sie in der akademie diensten sind, die
kleine hoflivree, um sie gegen den spott des pöbels zu sichern.

Jetzt ist noch ein besonderer profefsor der
kunsthistorie und mythologie, herr Abraham Kall,
der zugleich ordentlicher profefsor der historie
und geographie bei der universität zu Kopenhagen
ist, bei der akademie angesetzt. Präsident ist
der erbprinz Friedrich.

Die akademie versammelt sich monatlich
zweimahl. Die schlüfse werden nach mehrheit
der stimmen gefafst, und der direktor giebt im
fall der gleichheit ein entscheidendes votum. Die

funfzig thaler sind blos eine belohnung für die lehr-
stunden.

ehrenmitglieder haben auch ein votum, doch darf
ihre zahl nie die zahl der anwesenden profefsoren
der künste überschreiten. Wären von ersteren
mehr zugegen, so sollen nur die ältesten von ihnen nach ordnung ihrer aufnahme votiren.

Alle dänische unterthanen besuchen die
akademie unentgeltlich, besonders auch die handwerker, welche sich in Kopenhagen aufhalten.
Jeder, der diese akademie besuchen will, erhält
ein billet von einem profefsor der künste oder
mitgliede der akademie. Der sekretair schreibt
ihn ein, und der profefsor, der den monat hat,
weifst ihm seinen platz an.

Alle vierteljahr wird in den untern schulen
ein wettstreit angestellet und die geschickten
schüler werden weiter befördert.

In der modellschule wird jährlich um den
besten platz gezeichnet und modellirt. Der profefsor, welcher im monat die aufsicht führt, stellt
zu dem ende im anfang eines jeden jahrs eine
figur, und am ende des monats werden die darnach gemachten zeichnungen und modelle nach
ihrem verdienste geordnet. Der verfertiger der
besten hat das ganze jahr hindurch das recht, jedesmahl, wenn das modell gestellt wird, sich nach
denen, so den grofsen preis der medaille gewon-

nen haben, den besten platz auszusuchen, und die andern folgen in der ordnung, welche die akademie nach ihren zeichnungen festsetzt. Alle vierteljahr sollen zwei silberne medaillen, nemlich eine grofse und eine kleine, den lehrlingen, welche nach dem lebendigen modell die beste zeichnung geliefert, zwei gleiche medaillen denen, welche darnach am besten poufsirt haben, und zwei solche medaillen denen, welche die beste architektonische zeichnung verfertigen, in der versammlung der akademie zuerkannt werden. Jeder profefsor stellt zu dem ende in seinem monat eine figur, und der profefsor der architektur gibt jeden monat eine preismaterie auf; beide unterzeichnen die zeichnung, das modell und die rifse, welche, ehe darüber geurtheilt ist, nicht aus der akademie kommen dürfen. Den 31sten märz werden die gewonnenen medaillen von dem direktor in der versammlung ausgetheilt.

Alle zwei jahr wird ein grofser wettstreit um goldene medaillen angestellt, von denen eine für die mahler, eine für die bildhauer, eine für die architekten, und eine für die kupferstecher bestimmt sind. Der konkurs fängt am ersten junii an und wird acht tage vorher durch plakate in der akademie bekannt gemacht. Der direktor schlägt zwei sujets aus der älteren geschichte für die lehrlinge der mahlerei, bildhauer- und kupferstecherkunst, wie nichts weniger zwei sujets für die architekten vor, und die akademie beschliefst, welches ausgeführt werden soll. Die so um den grofsen preis arbeiten wollen, bleiben einer von dem andern abgesondert in der akademie, um einen entwurf dieses sujets zu verfertigen, und der profefsor, welcher im monat die aufsicht führt, unterzeichnet solchen. Nachdem die akademie diese entwürfe beurtheilt hat, so sollen diejenigen, welche man zum konkurse fähig findet, in besondern dazu gebaueten logen, ohne fremden rath oder beihülfe, bei strafe ihr recht zum konkurs zu verlieren, den entwurf im grossen ausführen. Den mahlern, bildhauern und architekten sind zwei monath, den kupferstechern aber sechs monath zur ausarbeitung verstattet. Diejenigen probestücke, welche die akademie dazu würdig erkennt, werden alsdann öffentlich ausgesetzt. In der nächsten versammlung darauf soll der preis den besten zuerkannt, und dieser von dem direktor am 31sten märz des folgenden jahrs in der versammlung ausgetheilt werden. Die preisstücke bleiben in der akademie.

Niemand wird um den grofsen preis zu arbeiten zugelafsen, der nicht vorher eine grofse silberne medaille in der modell- und architekturschule gewonnen hat.

Fremde können zu diesem konkurs nicht zugelafsen werden.

Unter denen, welche den grofsen preis in vorgemeldeten künsten gewonnen haben, wählt die akademie einige mit vorzüglichen talenten begabte, eingebohrne junge männer, aus, die auf des königs kosten auswärtige akademien und kunstwerke besuchen sollen, und hohlt darüber des königs bestätigung ein. Jedoch dürfen nur jedesmahl zwei künstler auf einmahl abwesend seyn, und es soll dahin gesehen werden, dafs unter den künsten eine beständige abwechselung beobachtet werde. Sind es bildhauer, historienmahler oder architekten, so sollen sie sechs jahr reisen. Die portraitmahler, wenn die akademie einige eleven als solche reisen zu lafsen für gut findet, und die kupferstecher oder andere künstler reisen nur drei jahr. Die akademie gibt den reisenden einen nach ihrer fähigkeit eingerichteten plan ihrer studien mit, und diese müfsen jährlich ein stück ihrer arbeit einsenden, oder sie sind ihrer pension verlustig. Nach ihrer zuhausekunft melden sie sich bei dem direktor, und können als mitglieder aufgenommen zu werden suchen. Sollten aber einige nach vollendung ihrer reisejahre gelegenheit finden, sich anderwärts niederzulafsen, so müfsen sie bei der akademie um vergünstigung dazu anhalten, welche ihnen denn nach vorheriger anfrage bei dem könige, und dem befinden der umstände, ertheilt wird.

Alle, so den grofsen preis gewonnen haben, sollen, wenn sie anders nicht die hofnung zu reisen verlieren wollen, monathlich, falls sie gegenwärtig sind, eine figur nach dem modell zeichnen oder modelliren, und jährlich der akademie ein stück ihrer arbeit sehen lafsen, auch sich an die profefsoren der künste, welche sie ausüben, ferner halten, und sich ihren unterricht zu nutze zu machen suchen.

Die bildergalerie auf Christiansburg soll allen jungen künstlern, welche entweder den grofsen preis oder eine grofse silberne medaille in der modellschule gewonnen haben, vom ersten may bis den letzten september jeden jahrs, alle tage in der woche, sonntag und feiertag ausgenommen, vormittags von acht bis ein uhr, offen stehen, und ihnen vergönnt seyn, nach denen darinnen befindlichen gemählden sich zu üben. Sie melden sich zu dem ende mit einem billet vom direktor bei dem kunstkammerverwalter (*).

Aus dem fond der akademie soll jährlich die in solcher angefangene sammlung von nützlichen büchern, gypsfiguren und zeichnungen fortgesetzt werden. Geübte schüler können sich derselben mit einwilligung des direktors bedienen, jedoch soll nichts davon aus der akademie zu bringen erlaubt seyn.

Alle künstler, so im königl. dienste employirt werden wollen, und alle diejenigen, so bedienungen suchen, zu welchen kenntnifs der künste nöthig ist, sollen entweder ein zeugnifs der akademie vorzeigen, oder das departement, so die vorstellung deswegen hat, soll der akademie vorschlag und meinung über die besetzung einer solchen stelle einholen.

Alle künstler mit einem zeugnifs ihrer geschicklichkeit von der akademie versehen, sind befugt, ohne irgend eine hinderung zu befürchten, ihre kunst in Dännemark zu treiben.

(*) Obgleich meine anwesenheit in Kopenhagen in diese zeit fiel, so erinnere ich mich doch nicht, einen einzigen jungen künstler in der galerie arbeitend gefunden zu haben.

Zu mehrerer beförderung des guten geschmacks sollen alle, welche in den profesionen und handwerken, so der zeichnung bedürfen, in Kopenhagen meister werden wollen, den rifs ihres meisterstücks und endlich das meisterstück selbst der akademie zur approbazion vorzeigen, die solche schriftlich und umsonst ertheilt, und darauf sieht, dafs nützliche und keine kostbare stücke verfertiget werden. Der magistrat soll keinen dergleichen profesionisten, der nicht dieses zeugnifs aufweisen kann, als meister einschreiben lafsen. Da hingegen diejenigen unter vorgedachten handwerkern, welche den grofsen preis in der akademie gewonnen haben, nach genommenen bürgerrecht, ohne verfertigung eines meisterstücks, gleich andern meistern ihre erlernten profesionen in Dännemark zu treiben berechtigt seyn sollen.

Der akademie sollen zu ihren versammlungen und schulen die nöthigen zimmer auf Charlottenburg eingeräumt bleiben.

Der kafsirer empfängt aus der königl. kafse den zur unterhaltung der akademie bestimmten fond. Derselbe wird aus der zahl der profesoren, der ordentlichen ehrenmitglieder oder mitlieder gewählt, und jede zwei jahr umgewechselt. Er liefert der akademie alle vierteljahr einen extrakt der ausgabe und des behalts, und überreicht alle jahr seine hauptrechnung, die von zwei stimmfähigen und eigends dazu gewählten mitgliedern revidirt, und von der akademie durchgesehen, unterschrieben und genehmiget wird. —

Die würklichen mitglieder sind: herr Niclas Abilgaard, historienmahler und damaliger direktor.

Johann Martin Preisler, kupferstecher.

Johann Wiedevelt, bildhauer.

Andreas Weidenhaupt, bildhauer.

Karl Friedrich Stanley, bildhauer.

Jens Juel, portraitmahler.

Kaspar Friedrich Harsdorf, architekt.

Peter Meye, gleichfalls architekt.

Kornelius Hoyer, miniaturmahler.

Unter diesen akademisten habe ich besonders die herrn Juel, Abilgaard, Wiedevelt und Hoyer genauer kennen lernen, und sie eben so interessant im umgange als geschickt in ihrer kunst gefunden.

Juel gehört wohl unstreitig mit unter die besten portraitmahler, die jetzt in Europa leben. In dem talent, ähnlichkeiten zu treffen, gehen ihm wohl wenige vor. Er hat aber aufserdem ein entschiedenes talent zu landschaften, und es

L

wäre zu wünschen, dafs er sich auf dieses fach noch mehr legen mögte. Er ist dabei ein höchst biederer und im umgange sehr gefälliger mann, dem ich, die gröfsten verbindlichkeiten und einen guten theil der annehmlichkeiten meines aufenthalts in Kopenhagen schuldig bin.

Man findet in seinen zimmern einige gute köpfe von seiner hand, unter denen sein vater und seine mutter von vorzüglicher wahrheit und ausdruck sind. Ferner einige landschaften von ihm: und endlich den kopf einer heiligen voll anmuth, wahrscheinlich von Romanelli.

Die zimmer des herrn Abilgaard kündigen zugleich den mann von geschmack und kenntnifsen an. Er ist einer der gelehrtesten künstler, die ich kenne. Seine bibliothek enthält eine schöne auswahl der kostbarsten werke über kunst, alterthümer und münzen. Er besitzt von diesen eine schöne sammlung. Aufserdem findet man bei ihm die besten dichter aller kultivirten nazionen, ihre geschichtschreiber, ihre philosophen. Er zeigte mir eine landschaft, die er für ein werk des Kaspar Poufsin hält; aber ich kann sie nicht dafür halten. Orizonte mögte mehr anspruch daran haben. Befser gefielen mir einige originalzeichnungen, die er von der hand eines Raphael d'Urbino, Raphael Mengs, Nicolaus Poussin und Paul Veronese besitzt. Diese sind ein wahrer schatz.

Es ist sehr angenehm, mit diesem künstler zu sprechen. Man verläfst ihn gewifs nie, ohne an kenntnifsen bereichert zu seyn.

Herr Hoyer ist längst als einer der ersten miniaturmahler bekannt. Es würde unbescheiden seyn, etwas zu seinem lobe zu sagen. In seinem geselligen tone hat er viel von einem französischen künstler. Sein witz ist gut, aber beissend. Er hat viel gesehen und grofse einsichten in seiner kunst. Er hat einige gemählde gesammlet, worunter sich ein alter kopf, der wohl vom Tintorett seyn könnte, ein anderer von Hyacintho Brandi und eine schöne landschaft von Moucheron besonders auszeichnen. Herr Wiedevelt hat einen guten styl. Seine figuren sind simpel gestellt, ohne ziererei und mit natürlichem ausdruck. Der faltenschlag ist im geschmack der antike gedacht; und die behandlung des marmors brav und kek. Es würde schon allein sein lob machen, dafs er der lehrer Trippels ist.

Die akademisten, die auf Charlottenburg wohnen, sind befser logirt, als die französischen im Louvre.

Ein saal ist zur aufstellung von gypsformen antiker statuen bestimmt. Die sammlung ist ziemlich ansehnlich. Neu war für mich ein abguſs des Fauns aus dem pallast Rondinini in Rom, deſsen original ich während meines aufenthalts daselbst nicht sehen konnte, weil der pallast während der abwesenheit des besitzers verschloſsen war. Nach dem abguſse zu urtheilen, ist die natur ziemlich gemein, und die kontouren sind hart.

Man hat vor einiger zeit mehrere gypsabgüſse aus Rom kommen laſsen, welche gut sind. Die älteren sind übermahlt und dadurch verdorben.

Die beleuchtung ist gut, und man kann sie ziemlich regieren. Das licht fällt von oben an mehreren seiten herein.

In diesem saale steht auch ein antiker Sokrateskopf von schlechter arbeit. Ein andrer antiker kopf einer römischen dame mit einem diadem und einem modernen brustgewande ist besser. Ausdruck und arbeit sind gut.

Das versammlungszimmer der akademie ist mit den werken der akademisten geziert, die sie zu ihrer rezepzion geliefert haben. Man zeigt darunter ein historisches gemählde von dem verstorbenen Paulsen, welches aber diesen vortreflichen landschaftsmahler als einen höchst mittelmäfsigen historienmahler darstellt.

In einem nebenzimmer sind die bildnifse verschiedener akademisten befindlich. Ein kopf von Nattier ist brav gestellt und gezeichnet, aber matt von farbe. Einige köpfe von dem verstorbenen Als zeigen diesen meister von einer vortheilhaften seite.

Unsere lieben frauenkirche.

Man sieht hier mehrere monumente, die von seiten der kunst mehr oder minder aufmerksamkeit verdienen. Das beste darunter ist das monument des admirals Adler, der sich im kriege wider die Türken berühmt gemacht hat. Eine Fama krönt seine liegende statue, und zu den füfsen des sarkophags stehen zwei Türken angeschmiedet. Der eine davon ist eine gute akademische figur. Die arbeit ist von Arthus Quellinus, aber verstümmelt und unrecht zusammengesetzt.

Das monument des feldmarschalls Urup hat gleichfalls verdienst, besonders in der liegenden figur auf dem sarkophag.

Das monument des feldmarschalls Güldenlöwe Laurwig ist eine grofse komposizion, aber ohne geschmack und von mittelmäſsiger ausführung. Herr Wiederelt hat kürzlich ein monument für den konferenzrath Suhr hieher verfertigt, welches voll edler simplizität ist.

Uebrige kirchen in Kopenhagen.

Die übrigen kirchen in Kopenhagen sind weder von seiten der baukunst, noch der werke der mahlerei und bildhauerkunst, die sie enthalten können, merkwürdig. Die Kristianshafener hat inzwischen ein nettes ansehn, und wird für die beste in Kopenhagen gehalten. In der Nikolaikirche ist eine kreutzabnehmung, die einzelne gute partien hat. Man legt sie dem Tintoretto bei, von dem sie aber sicherlich nicht ist.

Ueber die besten gebäude in Kopenhagen.

Die besten gebäude in Kopenhagen sind: das Charlottenburger schloſs, die stallmeisterwohnung, das landkadettengebäude und die chirurgische akademie.

Im ganzen ist aber der geschmack in der architektur in Kopenhagen nicht rein. Man trift häuser an, von denen ein fenster in der mitte, oder die beiden fenster an den ecken verzierte

einfaſsungen haben, und die übrigen nicht. An
andern sieht man auf einander gebackene pilaster,
säulen ohne gesimse, oder ohne fuſsgestell, ungewöhnlich hohe rüstiken, auf denen plumpe
pfeiler stehen, und dann wieder säulen, die sich
in den wolken verlieren. An fenstern ist ein
solches übermaaſs, daſs man dreist sagen kann,
in keiner stadt von der welt, einige deutsche
reichsstädte ausgenommen, herrsche von dieser
seite so viel aufklärung, wie in Kopenhagen.

Der pallast des grafen von Moltke.

Dieser pallast macht eines der vier gebäude
aus, welche die statue Friedrichs des fünften umringen, und ist von seiten der architektur unbedeutend, aber er enthält gute sachen.

In dem zimmer der naturalien: einen plafond von Carl von Mander. Bauern und bäurin-
nen, die musiziren, und einige andere gewöhnliche vorwürfe der niederländischen schule. Die
figuren plafonniren sehr gut.

In der eigentlichen bildergalerie findet man:
Eine landschaft von Salvator Rosa.
Zwei köpfe von Rembrandt. Er selbst und
seine frau. Sind sie von ihm, so gehören sie

nicht zu seinen besten stücken. Sie hängen aber auch zu hoch, als daſs man sie beurtheilen könnte.

Die arbeiter im weinberge, die mit ihrem herrn abrechnen, angeblich *von Rembrandt.* Ob sie von ihm sind, wird immer zweifelhaft bleiben, weil die farbe zu sehr ins gelbrothe fällt. Sonst ist es sein styl und seine beleuchtung. Diese ist vortreflich.

Schönes stilleben von Theodor Valkenburg.

Ein anderes von David de Heem: von groſser Wahrheit.

Zwei köpfe von Denner, in seiner feineren manier, und

Zwei andere von demselben meister in seiner minder gelekten.

Ein groſser Schalken: nachtstück, tochter des Herodias.

Jäger, der in einem wirthshause einkehrt, von Franz Hals.

Eine landschaft mit italienischen bauern, von Bamboccio.

NB. *Ein schöner Teniers,* mann und frau, die spinnen.

NB. *Ein gröſserer,* der eine küche mit mehreren figuren vorstellt. Diese beiden gehören unter des meisters schäzbare stücke.

Ein dritter, der ein schweinschlachten vorstellt. Das aufgehenkte geschlachtete schwein ist von großer wahrheit: die übrigen figuren sind retuschirt.

NB. Man bringt kranke zu Christo, von Dieterich.

NB. Petrus heilt die kranken mit seinem schatten, von demselben. Zwei stücke, an denen die wahl der köpfe, der ausdruck und besonders die mahlerische komposizion, gruppirung und wahl der lichter sehr zu loben sind. Das kolorit ist falsch und ohne harmonie. Die behandlung des helldunkeln und des pinsels überhaupt sind vortreflich. Sonderbar ist an Dietrichs stücken, daß sie beinahe lauter Pasticci, oder im styl anderer künstler gearbeitet zu seyn scheinen.

NB. Ein schlafendes apfelweib, der ein knabe einen apfel stiehlt, von Franz Mieris. Sehr brav. Es sind von diesem meister noch mehrere schöne stücke hier.

Eine dame mit einem papagoy im käficht, von Peter van der Werft.

NB. Ein schöner stall, von Philipp Wouvermann. Das stück ist auch gestochen und gehört mit zu seinen besten bildern. Es ist aus Paris hieher gekommen.

I. 5

Von eben diesem meister sind noch hier: *ein feldlager, eine pferdetränke und ein pferdebespringen.*

Ein betender einsiedler. Man sagt von *Gerhard Dow.* Die authentizität der angabe des meisters mögte inzwischen sehr zweifelhaft seyn.

Ein satyr. Man sagt von *Rubens.* Ich vermuthe eher von Jacob Jordaens. Inzwischen das stück sei von dem einen oder von dem andern, so gehört es nicht unter die vorzüglichen.

Perspektive von Heinrich van Vliet.

Ein paar lustige gesellschaften, angeblich von *le Duc.* Auf der einen ist der ausdruck eines lasziven kufses sehr wahr.

Eine holländische stadt, von van der Heiden. Mit einem unglaublichen fleifse gemahlt. Jeder stein der mauern ist ausgedrückt. Der vorgrund ist wahr und von guter beleuchtung. Der hintergrund weicht hingegen nicht genug zurück und ist hart.

Ein paar Poelemburgs. Gehören nicht zu den besten des meisters.

Mönch von Rubens. Kopf voller charakter.

Ein alter philosoph, der für einen Rembrandt gehalten wird, kann ihm aber nicht gehören.

Ein paar Breughels, für denjenigen schätzbar, der sich an den arbeiten dieses meisters nicht müde gesehen hat.

Ein winterstück von Griffier.

Ich übergehe einige andere, um mich bei den drei hauptstücken der galerie etwas länger zu verweilen.

NB. Das erste ist ein *Lairefse*, und stellt Rom vor, auf einem throne sitzend, dem ein feldherr drei überwundene welttheile zuführt. Ein stück, das von seiten der mahlerischen komposizion grofse achtung verdient. Man sieht selten stücke von diesem meister mit figuren von der gröfse derjenigen, die man auf diesem bilde antrift.

NB. Das zweite stück ist ein *Didamias*, der *sein testament diktirt, und darin seinem freunde die unterhaltung seiner frauen und tochter legirt*, von *Poufsin*. Unstreitig ächt; von guter anordnung, wahrem ausdruck und richtiger zeichnung. Das kolorit ist ganz verblichen.

NB. Das dritte ist einer der schönsten *Adrians van der Werft*, die ich jemahls gesehen habe. Es stellt dies gemählde *Adam und Eva im stande der unschuld* vor, wie sie die himmlische stimme, welche ihnen von der frucht zu efsen verbietet, vernehmen. Van der Werft hat auf eine sehr weise art die stimme durch einen blofsen blitz

angedeutet, der am firmament erscheinet, und
auf den unsere ersten eltern schüchtern aufschauen. Man kann zwar den ausdruck nicht
völlig billigen, denn er ist kleinlich und in der
Eva zu theatralisch. Inzwischen sieht man doch
immer, daſs A. van der Werft poetisches gefühl
hatte. Seine ideen sind meistens gut gewählt
und der ausdruck ist selten ganz falsch. Dabei
muſs man die ausführung in anschlag bringen,
die an sorgsamkeit und sauberkeit alles übertrift,
was man ähnliches kennt. Das gemählde ist ein
guſs. Die zeichnung ist unrichtig. Der körper
Adams ist sehr verdreht. Das kolorit weniger
elfenbeinern, als sonst, und die rundung, wie
man sich denken kann, auſserordentlich. Die
beiwerke sind sehr fleiſsig ausgeführt. Die köpfe
sind nicht schön gewählt, und die figuren zu lang.

In den übrigen zimmern verdienen einige
thürstücke von Pierre und Boucher, imgleichen eine nach letzterm gewirkte chinesische
tapete einen blick.

Kabinet des herrn profeſsor Tresko.

Der herr profeſsor Tresko hat eine sehr artige sammlung von gemählden. Ich zeichne darunter folgende aus:

Einige schöne bildnisse von Hollbein, Miere-feld, Lely, Kneller, Denner (einer der schönsten köpfe dieses meisters in der freieren manier) *und von Wuchter.* Von diesem letzten ein *originalportrait von Griffenfeld*, woraus man den feinen kopf dieses berühmten mannes ahndet.

Ein paar schöne köpfe, wahrscheinlich von Vandyk, oder aus defsen schule. Sie stellen fürstliche personen vor.

Einige kleine gemählde in öl von bewundernswürdiger behandlung und grofser wahrheit, wahrscheinlich von *Gonzales Coques, oder dem kleinen Vandyk.*

Isaaks opfer, ein grofses stück, wahrscheinlich aus der neueren venezianischen schule. Der effekt ist sehr pickant. Der liegende Isaak, eine gute akademische figur. Die zeichnung ist nicht ganz richtig und das kolorit konvenzionell, aber frisch und wohl behandelt. Die beleuchtung ist gut.

Die zeit, welche dem Amor die flügel beschneidet, ungefehr anderthalb fufs hoch. Eine wiederholung des grofsen gemähldes in Hamptoncourt, von Vandyk. Das gegenwärtige trägt grofse kennzeichen der originalität und eigenthümlichkeit des meisters an sich.

Ein Philipp Wouvermann. Gehört nicht zu seinen besten.

Saul mit der hexe zu Endor, welche den geist erscheinen läſst. Kleine figuren. Wahrscheinlich von *Tintoretto.* Es ist ein nachtstück.

Ich erinnere mich hier auch einen *Elzheimer* gesehen zu haben, aber ich habe das sujet vergefsen.

Gemähldekabinet des herrn justizraths und kunstkammerverwalters Spengler.

Von naturalien verstehe ich nichts, also erwähne ich auch kaum des reichen schatzes, den herr Spengler davon besitzen soll.

Seine arbeiten in elfenbein sind für denjenigen sehenswürdig, der diese art von kunstsachen liebt. Ich liebe sie nicht.

Unter seinen gemählden ist viel gutes. Meine zeit erlaubte mir nicht, alles zu bemerken, was bemerkungswerth in dieser sammlung ist. Das folgende ist mir noch im gedächtnifs geblieben.

Erstes zimmer.

Ein viehmarkt von Simon Dou. Der seltenheit wegen merkwürdig; der nahme findet sich nicht beim Fuefsli.

Mars und Venus von Cornelius von Haerlem.

Schöne skizze von Tintoretto. Der heilige Rochus bittet um abwendung der pest.

NB. Zwei sehr schöne marinen, höchst wahrscheinlich von *Salvator Rosa.* Sie haben die gröfste ähnlichkeit mit ein paar andern, die im pallast Pitti zu Florenz hängen. Von den unsrigen stellt die eine den aufgang der sonne vor, die andere mondschein. Die beleuchtung ist herrlich. Die figuren sind mit vielem geist behandelt.

Pan lehrt den Apollo auf der zyther spielen, von J. Jordaens.

Ein kleiner van der Neer. Verwaschen.

Alter, der einem knaben eine strafpredigt hält, von Wilhelm Mieris.

Zwei köpfe von Denner.

Eine landschaft von Alexander Thiele.

Ein Molinaer.

Ein Peter Breughel.

Zweites zimmer.

Ein gemählde von Grasbeck, defsen sujet ich mich nicht mehr erinnere; so wie mir der nahme des meisters unbekannt ist. Fuefsli schreibt ihn

Craesbeke. Seine manier ist kräftig und hat viel von Brouwer.

Eine landschaft von Bredal, mit einer menge von figuren.

Eine landschaft, angeblich von Adrian von Kros: einem meister, den ich nicht kenne. Fueßli giebt einen Johann de Kros als schüler des Claude le Lorrain an. Die manier in dem bilde, das wir vor uns haben, hat aber mehr vom van der Goyen.

Mehrere Querfurths.

Eine landschaft von Cantone.

NB. Karl der erste und seine gemahlin, beide zu pferde, von allegorischen figuren umgeben. Ausgeführte skizze von Vandyk.

Landschaft von Feissenberger in Wien.

Eine himmelfahrt. Ausgeführte skizze von Vanloo.

Eine landschaft von Wutzer, einem mir unbekannten meister.

Drittes zimmer.

Geflügel von Hamilton.

Ein anderes von Orient.

NB. Hermaphrodit und Salmacis, von Elzheimer. Die figuren sind sehr gut gezeichnet.

Ein allegorisches gemählde von Liberi.

Loth mit seinen töchtern, von Oeser.

NB. *Eine heilige familie in einer landschaft,* angeblich von Correggio. Aber wahrscheinlicher aus der schule der Caracci. Sie ist schön.

Einsiedler von Dieterich.

Landschaft von Brand.

Eine andere von Roland Savari.

Ein stilleben von Boel.

Eine marine von van Catellen. Ein meister, der mir wieder unbekannt ist.

Ein bauernstück von Jan Mil.

Eine landschaft von Orient.

Zwei apostelköpfe, studien von Rubens.

Zwei andere, von David Richter.

Noch zwei andere, von Dieterich.

Eine spielergesellschaft in der manier des Piazetta.

Viertes zimmer.

Zwei landschaften von van der Neer.

Feuersbrunst und mondschein. Scheinen nicht ächt zu seyn.

Die geburt christi von Jan de Wett, imgleichen Salomon opfer.

Das goldene alter von Abraham Bloemaert.

Landschaften vom jüngern Brand und Feistenberger.

Noah geht mit seiner familie und einer menge von thieren in die arche, von Engelbert. Mit der lächerlichen Innschrift: ergo fecit.

Einige stücke von Trautmann, in der manier von Rembrandt.

Ein Querfurth in der manier von Wouvermann. Beſser wie gewöhnlich.

Zwei schöne landschaften von van der Goyen.

Ein markt von Matthias Neveu.

Ein fastnachtsspiel von Amerizi.

Ein anderes von Jan de Lint.

Der barmherzige samaritaner, von Antonio Arrigoni.

Zwei landschaften vom jungen Schütz.

Bildniſs des Jan Varin, von ihm selbst gemahlt, brav gezeichnet aber schwach kolorirt.

Adonis und Venus, von Sylvestre.

NB. *Ein arzt, der einem kranken frauenzimmer nach dem puls fühlet, von Jan Steen.* Das mädchen scheint von liebe krank zu seyn, und der ausdruck ist vortreflich.

Ein zahnarzt, der einem bauern einen zahn auszieht, angeblich von demselben: scheint aber nicht ächt zu seyn.

NB. Ein sehr hübscher kleiner Wouvermann.

Schöne aussichten aus der Schweiz von Schütz.

Zwei konversazionsstürke von Platzer.

NB. Eine landschaft mit vieh, angeblich von Berghem.

NB. Ein neger, angeblich von Rembrandt. Die beiwerke sind vortreflich behandelt.

Eine landschaft, von Johann van der Ulft.

NB. Schöner kopf eines jungen mannes, von Vandyk.

Zwei schöne köpfe in seiner manier, wahrscheinlich von Hoffmann.

Fünftes und letztes zimmer.

NB. Moses schlägt wasser aus dem felsen, von Rottenhammer. Ein hauptstück in dieser sammlung, sowohl an zeichnung als farbe.

Eine heilige familie mit engeln, von van Balen und Breughel.

Ein opfer der Iphigenia von le Moine.

Ein zahnbrecher von Staveren.

Susanna mit den alten, von Anton Franchi.

Zwei schöne landschaften von Vallert.

Kleine knabenstücke von Seekatz, nebst noch einigen andern von demselben meister.

NB. Die vier tageszeiten von Schütz. Schön.

NB. Eine feuersbrunst von van der Poel.
Ein Molinaer.
NB. Zwei kleine landschaften von Wynants. Allerliebst.

Die werkstatt eines portraitmahlers und die werkstatt eines bildhauers: beide von Busch.

Ueberhaupt ist diese sammlung sehr reich an stücken neuer deutscher meister, unter denen ich aufser den bereits angeführten noch *Mettenleiter* und *Brinkmann* nenne.

Kabinet des herrn leibchirurgus Bodendieck.

Bei dem herrn leibchirurgus Bodendiek findet man eine kleine, aber artige sammlung von gemählden. Am interefsantesten darunter sind wohl *zwei köpfe alter weiber von Gerhard Dow*, die gröfser wie gewöhnlich (denn diese hier sind acht zoll hoch) in der manier seines meisters Rembrandt gemahlt sind. Der eine stellt des meisters mutter vor.

Aufserdem besitzt er:
Einen schönen Franz Mieris.
Einen Albano.
Einige hübsch gedachte Glaubers, mit figuren von Lairefse.

Einen kopf von Vandyk.

Ein paar Ferchs, und einige andere landschaften von Vinkenboom u. s. w.

Ich lernte hier einen quodlibetmahler kennen, der mir bisher unbekannt gewesen war, und der sich Ebert nennt. Er hat mit äusserster sorgsamkeit gearbeitet.

Man sieht hier auch einige *Geltons*. Von diesem meister sieht man sehr häufig stücke in Kopenhagen. Er hat in Poelemburgs manier gemahlt, hinter dem er inzwischen sowohl an erfindung als ausführung weit zurücksteht. Seine landschaften dienen oft zum deckel anderer gemählde, deren sujets dem anblick aller zuschauer ohne beleidigung des anstands nicht ausgesetzt werden dürfen. So habe ich in Kopenhagen einige von diesen bedeckten gerichten gesehen, die von Vandyk, Adrian van der Werft und andern Niederländern mit bewundernswürdigem kolorit nach zeichnungen von Giulio Romano ausgeführt zu seyn schienen.

Nachricht von dem Collsmannschen kabinette.

Dies kabinet ist zu meiner zeit verkauft worden. Es war nicht viel sonderliches darunter. Man sprach viel von einer Danae, die man für das werk des Tizian hielt. Aber aufserdem, dafs es sehr retuschirt war, liefs sich gar kein italiänischer pinsel darin erkennen. Mir schien es, dafs ein Niederländer es als einen Pasticcio in Tizians geschmack verfertigt hatte.

Ueber die porzellainfabrik.

Das porzellain steht um der formen willen in einigem verhältnifse mit den gegenständen der bildenden künste. Daher will ich von der fabrik, die es hier verfertigt, gleich mit reden.

Diese fabrik besteht erst zwölf jahr, und wenn man dies in betracht zieht, so wird man über ihre fortschritte erstaunen. Der geheimerath Holmskiold und der justizrath Müller, der jetzige direktor dieser fabrik, haben die gröfsten verdienste um dieses institut. Beinahe zu gleicher zeit ward in Stockholm ein ähnliches errichtet, welches sich nicht erhalten konnte. Die Kopenhagener wirft dem könige jetzt schon jährlich vierzigtausend thaler ab. Wenigstens erzählen dies die aufseher.

Der hauptgrund, warum die letzte fabrik sich so gut erhält, ist wohl darin zu suchen, dafs sie von seiten ihrer innern ökonomie so vortreflich eingerichtet ist.

Der justizrath Müller hat die kunst des brennens so weit gebracht, dafs ihm von demjenigen, was zur zeit gebrannt wird, kaum 3 bis 4 procent verloren gehen: aufserdem hat er sich bei der zubereitung der mafse und farben viel chemische vortheile zu verschaffen gewufst. Der ofen wird blos mit holz geheizt.

Die eigentliche porzellainerde wird aus der insel Bornholm gezogen. Fayence wird hier gar nicht gearbeitet, und das biskuit, besteht nicht aus einer besondern mafse, sondern ist blofses ungeglättetes porzellain.

Unter den farben hat mir besonders das blau gut gefallen, welches aus kobolt von dem justizrath Müller und zwar so zubereitet wird, dafs die kontouren der formen, die man damit anlegt, nicht auslaufen. Das roth ist minder gut. Dagegen gibt es gute abwechselungen von grün.

Im ganzen darf sich die fabrik in ansehung der mafse, der farben und besonders der formen und mahlerei mit der berliner nicht mefsen.

Die mündungen ihrer gefäfse sind beinahe alle schief, und die mafse ist zu blasicht. Besonders aber trägt man nicht sorge genug für geschmackvolle formen, richtige zeichnung und wahrheit des kolorits. Es ist dies um so mehr zu verwundern, da die hiesige akademie der künste ihr darunter so leicht die hand bieten könnte.

Dagegen muſs man aber in anschlag bringen, daſs das Institut neu und der preis der waaren so wohlfeil ist, als von wenig andern fabriken. Ein dejeuner, das in Seve auf fünfhundert thaler zu stehen kömmt, kann hier nachgemacht für dreihundert thaler geliefert werden.

Man macht groſse gefäſse von vier bis fünf fuſs höhe. Jetzt wird an einem tafelservice gearbeitet, auf dem die ganze flora danica mit auſserordentlicher treue abgebildet wird. Dies sujet, welches dem schönheitssinn so wenig genuſs darbietet, scheint dem zweck keineswegs angemessen zu seyn. Denn eigentlichen unterricht mögte man bei den tafeln der groſsen wohl am wenigsten suchen.

Ehemals war die fabrik in den händen einer gesellschaft. Diese wollte sich blos auf gegenstände des eigentlichen bedürfniſses einschränken. Der könig hingegen und das königliche haus, welche die stärksten mitinteressenten waren, verlangten, daſs man weiter gehen und auch für die lüsternheit des luxus arbeiten sollte. Darüber entstanden uneinigkeiten und der könig übernahm die fabrik allein. Sie wird jetzt auf seine rechnung administrirt, und er fährt gut dabei. Es werden oft vasen, dejeuners, tafelservicen von drei bis fünfhundert thaler von reichen partikuliers erkauft. Inzwischen da der absatz sich blos auf das land einschränkt, und die liebhaberei nach anfüllung der häuser der reichen gar leicht abnehmen kann, so glaube ich, dafs man sehr behutsam mit der ausbreitung des umfangs dieses instituts verfahren müsse.

Allgemeine blicke über die schönen bildenden künste in Dännemark überhaupt.

Aus demjenigen, was ich bisher angezeigt habe, und noch in der folge anzeigen werde, wird man sehen, dafs Dännemark zwar ziemlich reich an schönen gemählden aus der niederländischen schule, aber ziemlich arm an hauptstücken aus der italiänischen sey. Von merkwürdigen bildhauerwerken des alterthums hat es gar nichts aufzuweisen, und von der neueren skulptur, wenn ich die ritterstatue von Friedrich dem fünften ausnehme, nicht viel besonderes. Von den werken der lebenden dänischen künstler rede ich nicht. Inzwischen muſs doch so viel gesagt werden, daſs diese bis jetzt sich hauptsächlich an den italiänischen oder niederländischen styl gehalten haben, und eine eigenthümliche dänische schule noch keineswegs ausmachen können.

Volksgeschmack an den schönen bildenden künsten kann man bei den Dänen noch gar nicht annehmen. Der gemeine mann in Norwegen beschäftigt sich viel mit holzschnitzen, aber dies wird bis jetzt als bloſse mechanische arbeit getrieben, der sinn des schönen hat daran keinen antheil. Einige brave dänische künstler zeigen, daſs die nazion allerdings anlagen zu den künsten hat. Aber dies beweiset nichts für die allgemeinheit und die ausbreitung des geschmacks an denselben. Die akademie hat brave baumeister, aber auſser dem hofe läſst niemand auf eine art bauen, wobei sie ihre talente deployiren könnten.

Man findet in Kopenhagen nach verhältniſs der gröſse und des reichthums der stadt wenig zimmer, die mit gemählden dekorirt wären, und diejenigen, die es sind, sind gröſstentheils mit bloſsen bildniſsen behangen. Historische gemählde und landschaften von neuern dänischen künstlern sind in privathäusern sehr selten.

Hin und wieder läfst wohl ein partikulier einem seiner verstorbenen anverwandten oder freunden ein denkmahl von stein setzen. Aber dies geschieht nicht häufig genug, um es als sitte anzusehen. Die historienmahler und die bildhauer müfsten hungers sterben, wenn der hof ihnen nicht arbeit gäbe.

Die akademie der künste ist noch als eine orangerie zu betrachten, worin zum vergnügen des fürsten und einiger grofsen ausländische gewächse gezogen werden. Die handwerker lernen zwar dort zeichnen, aber es ist zu verwundern, dafs dies zur ausbreitung des guten geschmacks nicht so viel beigetragen hat, als man erwarten sollte. Die tischlerarbeit hat weder die edle simplizität und zweckmäfsigkeit der englischen, noch die eleganz der französischen. Dasjenige, was eben über die porzellainfabrik angeführt ist, zeigt, wie wenig man noch begriff von schönen formen hat. Die dekorazionsmahlerei, sowohl in häusern als auf dem theater, ist schwerfällig und ohne effekt.

Der gröfste beweis, wie eng bis jetzt die begriffe über den werth sind, den man auf die schönen talente legen mufs, liegt in der art, wie die künstler geschäzt werden. Ihre persönliche liebenswürdigkeit, ihre sittliche aufführung kömmt dabei mehr in betracht, als ihr verdienst um die kunst. Je nun! wer diese geniefsen will, der mufs die launen des genies zu ertragen wifsen, der mufs sich schlagen lafsen, um nur eine zeichnung von ihm zu haben, und in dem virtuosen keinen Kato aufsuchen.

Wie der bildhauerkunst aufzuhelfen sey, das sehe ich nicht ab. Es müfste denn die ganze nazion regenerirt werden, worüber ich mich in dem zweiten theile dieses werks erklären werde.

Der mahlerei steht schon eher zu helfen. Sie müfste sich mehr mit gesellschaftsstücken, mit vorstellungen dänischer und norwegischer gegenden abgeben. Ihre künstler müfsten die natur, unter der sie aufgewachsen, die sitten, unter denen sie erzogen sind, mit den verschönerungen darstellen, welche dem geschmack ihrer nazion angemefsen sind. Dies würde ihren werken den karakter von individueller wahrheit geben, der allgemein geliebt und gesucht wird. Juel und Paulsen haben darin einige glückliche versuche gemacht.

Ablaufen der schiffe vom stapel.

Ich bleibe vorerst noch bei gegenständen stehen, womit man die blofse neugierde der reisenden zu befriedigen sucht, und die selbst von den einwohnern zur unterhaltung aufgesucht werden.

Da ich nicht bestimmt bin in einer seestadt zu leben, und da die wenigsten unter meinen landsleuten diese bestimmung haben, so ist das ablaufen der schiffe vom stapel für mich, der ich schreibe, und die mehresten von denjenigen, wofür ich schreibe, eher etwas schönes, als etwas gutes und nützliches, und blofs von jener seite betrachte ich hier die sache.

Ich sah ein paar grofse schiffe vom stapel laufen. Ein majestätischeres schauspiel läfst sich kaum denken. Es ist bekannt, dafs der körper des schiffs am ufer des wafsers in einer herabgesenkten richtung auf stützen steht. Diese werden eine nach der andern weggenommen. Nun steht das schiff frei da, bis auf ein paar keile nach, die es noch von vorn aufzuhalten scheinen. Endlich werden auch diese weggeschlagen. Man erwartet, es werde nun sogleich herabgleiten. Man fürchtet für den ausgang. Denn jedes ablaufen

eines schiffes ist immer mit würklicher gefahr
für das schiff selbst, und mit anscheinender für
den nicht unterrichteten zuschauer verbunden.
Der geringste nagel, der sich in der rinne, worin
das schiff herabgleitet, befindet, ist im stande
es umzuwerfen, und den körper desselben zu be-
schädigen. Man glaubt, es müste alsdann den
haufen, der sich zum zusehen hinzudrängt, zer-
schmettern. Diese betrachtung vermehrt die
spannung, womit man den augenblick der bewegung erwartet. Aber er tritt nicht sogleich ein,
wenn die stützen weggeräumt sind. Erst durch
winden, welche die stricke anziehen, die das
schiff umfaſsen, kömmt es zum gleiten. Nun
glaubt man, es fange an sich zu beleben! erst
rückt es sehr langsam fort, dann schreitet es
stolz einher, sein gang wird immer schneller,
flamme und dampf schlagen hinten und zur seite
heraus, und endlich senkt es sich ins waſser, aus
dem die wellen hoch aufschlagen, und sich in
wolken von waſserstaub zerstieben. Das schiff
scheint versinken zu wollen, aber bald hebt es
sich stolz wieder empor, und das neue element
nimmt den fremdling freundlich in seinem schouſse
auf. Dazu das jauchzen des schiffvolks auf dem
verdecke, ihr schwänken der hüte, ihre ruhe bei

anscheinender gefahr, der allgemeine antheil der umstehenden: — wahrlich! ich wüste nichts auf erden, was in ansehung des eindrucks, den es auf mich gemacht hat, sich so sehr mit dem hervorgehen der sonne aus der see vergleichen liefse, als dies ablaufen eines kriegsschiffs vom stapel.

Besuch auf einem kriegsschiffe.

Auch dies gehört für den reisenden, der kein seemann ist, zu gegenständen der unterhaltung.

Es lagen damahls, wie ich in Kopenhagen war, fünf oder sechs kriegsschiffe auf der rhede. Einer meiner anverwandten war auf einem derselben als kapitain im dienst. Er lud mich zu sich ein, und für den bewohner einer landstadt ist es kein gleichgültiges vergnügen, mit einem sachverständigen das meisterstück des menschlichen geistes, ein kriegsschiff, etwas im detail zu sehen.

Die schaluppe, die mich abholte, war mit zwölf matrosen besetzt. Sie trugen runde hüte, an denen das wappen des kommandeurs des schiffs auf einer silbernen platte eingegraben zu sehen war. Im halse tücher von rothem kattun dabei oberkleider von weifsem leinen, die ermel mit rothen bändern aufgeschürzt, und eine schärfe um den leib von eben der farbe.. Diese kleidung, die unter allen matrosen gemein ist, welche in den schaluppen der schiffskommandeurs zu bootsmännern ausersehen sind, nimmt sich sehr vortheilhaft aus. Diese hier waren lauter Normänner: schöne leute, einer darunter zum mahlen schön. Die präzision, mit der sie alle zugleich ihre langen rothen ruder auf und niederschlagen, der schwung, den sie dieser bewegung geben, ist ein sehr unterhaltendes schauspiel für denjenigen, der nicht daran gewohnt ist. Der steuermann kommandirt sie mit einer pfeife.

Die dänischen kriegsschiffe sollen zu denen gehören, welche die zweckmäfsigste innere einrichtung haben. Selbst Engländer lafsen ihnen diese gerechtigkeit wiederfahren. Ich hatte bisher blos venezianische kriegsschiffe von innen gesehen, und diese dürfen denn freilich die vergleichung nicht aushalten.

Es ist doch sehr etwas grofses, ein solches kriegsschiff! es enthält in seinem ziemlich engen raume mehr menschen, als manche kleine stadt, ohne unbequemlichkeit vereinigt. Aeuserst interefsant ist denn aber auch die innere ökonomie, die sparsamkeit, sorgfalt und weisheit, mit der jeder kleine fleck genutzt ist. Obgleich das merkwürdigste von allem, die mechanik, von der ich nichts verstehe, für mich verlohren ging, so blieb mir doch, indem ich blos form und angegebene bestimmung einer jeden sache en gròs betrachtete, stoff genug zur bewunderung.

Die kajüte für die offiziere ist so geräumig, dafs achtzig bis hundert personen darin efsen können. Die des kommandeurs, die grade darüber ist, ist sehr geschmackvoll meublirt, mit seidenen vorhängen und mahagony meublen. Keine ecke ist ungenutzt gelafsen, allerwärts sind kleine bequemlichkeiten angebracht.

Der obere theil des schiffs enthält die masten, die seegel, die taue, die kompafse, die uhren, das ruder mit seiner winde, den stall fürs vieh und ein aufgespanntes seegel, dafs zum fang dient, um den wind in den untertheil des schiffs zu bringen, und die luft vor der korrupzion zu bewahren. Der untere theil enthält die vier und zwanzig pfündigen kanonen, die ungeheuren ankerthaue, die sprützen, die ventilators um das wafser zu verbefsern, die pulverkammer, das arsenal, die vorrathsmagazine, und das hospital. Dies letzte liegt ganz tief unterm wafser, und ist daher schufsfrei! eine vortrefliche und den Dänen allein eigene einrichtung, die besonders darum so zweckmäfsig ist, weil die blefsirten während der bataille hier mit der gröfsten sicherheit verpflegt und verbunden werden können.

Die vorsicht, mit der man sich der pulverkammer naht, ist aufserordentlich. Man zieht die schuh aus, ehe man hineingeht, und das licht wird von aufsen in eine laterne gesetzt, die in der wand angebracht ist, und die kammer erleuchtet. Die thätigkeit, worin man die kleine welt, die hier eingeschlofsen ist, antrift, ist sehr interessant. Die einen haben angewiesene geschäfte auf dem schiffe, die andern treiben handwerke, wieder andere spielen karten, und unter den Normännern giebt es viele, die sehr künstlich in holz allerlei figuren schnitzen, so dafs wo nicht schöne, doch freie künste hier in ausübung gebracht werden.

Die ganze equipage wird auf kosten des königs gespeiset. Eine sehr gute einrichtung, welche den deprädazionen der kapitaine, auf deren rechnung unter andern marinen die equipage unterhalten wird, vorbeugt.

Die matrosen bekommen zweimahl die woche suppe und fleisch, dreimahl grütze, zweimahl erbsen mit speck. Gesalzene fische werden ihnen nicht gegeben, wegen des gestanks, den ihre aufbewahrung auf dem schiffe unvermeidlich mit sich führt.

Die geschicklichkeit der schiffsjungen, die für ein geringes trinkgeld die spitze des mastes ersteigen, sich auf die wimpelstange setzen, das kleid aus- und anziehen, und sich dann an einem seile herunterrollen, macht mich noch jetzt schwindeln, indem ich dieses schreibe.

Es war ein schöner abend, an dem ich wieder zurückfuhr. Die sonne war im begriff unterzugehen. Ihr feuer röthete den himmel und emaillirte die meeresfläche. Sie war wie ein spiegel von perlenmutter, auf dem sich nur hin und wieder eine welle etwas emporhob, den glanz der sonne stärker aufnahm, und in ihrer sanften schwingung dem spiel eines attlasenen stoffes ähnelte. Am ende des horizonts flossen meer und firmament in die sanfteste harmonie der röthlichen perlfarbe und des silberblaues zusammen. Eine menge von schiffen, die von fern wie schwarze punkte erschienen, bezeichneten allein die gränze zwischen beiden. Die sonne selbst verbarg sich hinter einer dunkelblauen wolke, die höherer purpur verbrämte, aber dicht unter ihr glühte das meer. Rund um uns herum waren schiffe von verschiedener größe, von denen die stimmen des schiffvolks, welches betstunde hielt, zu uns herüberkamen. Mein geist feierte mit ihnen und der ganzen natur.

Von den Holmen und denen zum see-état gehörigen gebäuden.

Zum lokal von Kopenhagen gehören die Holme, daher ich hier davon rede.

Fremde, welche die erlaubniß erhalten wollen, die Holme zu besehen, müssen sich dazu die erlaubniß von dem admiralitätskollegio erbitten, das sich dieserhalb immer erst an den staatsrath zu wenden hat. Seit der entdeckung des komplotts von Benzelstierna hat man diese strenge vorsicht für nothwendig gehalten.

Die gebäude, welche zum see-état gehören, liegen meistens auf verschiedenen kleinen inseln, die auf dänisch Holme heißen.

Man kömmt zuerst zu dem alten Holm. Er hängt mit der stadt durch eine brücke zusammen, die über den kanal geht, der ihn umfließt. Der eingang geht durch das admiralitätshaus. Dieser alte Holm enthält nun die werkstädte der künstler und handwerker, welche beim schiffsbau gebraucht werden, nebst den wohnhäusern der kommandirenden offiziere auf dem Holme, eine schule für die matrosen vom Handwerksstock, dem seekriegsgerichtssaale, und das behältnifs eines vorraths mathematischer und physischer instrumente. Meine aufmerksamkeit ward besonders durch das zimmer mit modellen von schiffen gereizet, die von der zeit Christian des dritten an bis auf die jetzige erbauet sind. Es war mir sehr interefsant, die fortschritte, welche die kunst seit jener zeit an innerer zweckmäfsigkeit und äuserer form der schiffe gemacht hat, von jahren zu jahren zu verfolgen.

Nicht minder wichtig ward mir das lange gebäude, worin die ankertaue verfertiget werden, und gleichfalls zum alten Holm gehört. Hier sieht man, wie die ersten hanfenen fäden zum seil, und diese seile zu ankertauen zusammengedrehet werden. Eine arbeit, die in erstaunen setzt, allein zur ehre menschlicher erfindsamkeit und gedult hinreichen könnte, und doch nur einen so geringen theil der schiffsbedürfnifse ausmacht.

Zum alten Holme wird noch gerechnet das haus, worin die böte der kriegsschiffe aufbewahrt werden, an einem kanale. Es enthält unter andern auch eine neuerbauete und mit geschmack dekorirte schaluppe für den könig.

Zum alten Holme gehört ferner das haus, worin mastbäume zusammengesetzt werden. In einem abgetheilten gewäfser liegen die bäume, welche erst auslohen müfsen, ehe sie gebraucht werden. Man verbindet mehrere zusammen und fugt sie in der breite ineinander, um ihnen die gehörige dicke zu geben. Diese fällt hier, wo man sie vor sich sieht, dem auge mehr auf, als wenn sie bereits auf dem schiffe mit dem ganzen körper defselben ins verhältnifs gesetzt sind.

Obgleich der alte Holm nur für eine insel gerechnet wird, so ist er doch durch mehrere kanäle durchschnitten, über welche brücken gehen. Er hat auch einen ausgang, der in die stadt auf den königsplatz führt.

Der Christiansholm ist das zweite quartier dieser dem see-état gewidmeten gegend. Es besteht hauptsächlich aus zwei gegen einander über liegenden inseln, die durch eine brücke zusammenhängen. Auf jeder stehen zwei gebäude, die durch portale mit einander verbunden sind. Alle viere liegen gegen einander über in einer reihe, und sind sich der äusern form nach völlig gleich. Dies macht, in einiger distanz gesehen, einen schönen und wahrhaft grofsen effekt. Die bauart ist übrigens nicht rein und mit zierrathen überladen.

Der überflufs und die ordnung, welche man hier in allem antrift, was zur equipirung eines schiffs erfordert wird, macht das gröfste vergnügen. Ich hatte vorher das venezianische arsenal gesehen, wovon man so viel wesen macht, aber das ist eine wahre erbärmlichkeit in vergleichung mit dem Kopenhagener. Das gebäude, was besonders zur aufbewahrung der armatur der kriegsschiffe bestimmt ist, hat die allerzweckmäfsigste einrichtung. Es besteht aus zwei etagen. In der untersten liegen die kanonen und die grobe ammunizion. Die obere ist für das kleine gewehr, defsen zubehör und ladung, (jedoch mit ausschlufs des pulvers) bestimmt. Sowohl oben als unten hat jedes schiff seinen angewiesenen und durch seinen nahmen bezeichneten platz, wo die ihm gehörigen geräthschaften aufbewahrt werden, wenn es nicht ausgerüstet ist. In der mitte der obern etage sind behältnifse befindlich, in denen das papier zu den patronen und andere dinge dieser art aufgehoben werden. Sie sind mit latten verschlagen, an denen von aufsen flinten, pistolen, degen, säbel, piken u. s. w. in der geschmackvollesten ordnung hängen.

Zum Christiansholme wird auch noch das haus gerechnet, worin die anker liegen, u. s. w. Man sucht diesen Holm durch einteichen ins meer noch zu erweitern.

Das schönste quartier der Holme ist aber der neue Holm. Er ist durch einteichungen ins meer entstanden, und liegt an der äusersten extremität der stadt nach dem hafen zu. Dieser ort enthält die eigentlichen schiffswerfte, oder die unmittelbaren einrichtungen zur erbauung der schiffe. Hier sind eine menge von kostbaren gebäuden befindlich, die auf eine sonderbare art mit den karkassen der schiffe, die noch auf dem stapel liegen, mit magazinen, krahnen, brücken, batterien und bereits fertigen schiffen abwechseln. Eine allgemeine thätigkeit unzähliger arbeiter belebt diesen platz. Man rechnet allein auf sechzehnhundert zimmerleute und tischler. Das auge bleibt in beständig gespannter aufmerksamkeit. Aber wie soll ich den anblick der rhede, den ich von hieraus genoſs, beschreiben? es war das schönste wetter: es hatte einige tage hinter einander geregnet: die kriegsschiffe, die dort vor anker lagen, hatten alle ihre seegel aufgespannt, um sie troknen zu lassen. Der effekt, den die sonne durch beleuchtung dieser weifsen massen machte, war bezaubernd. Dabei denke man sich das meer mit kleineren fahrzeugen übersäet; die aussicht auf einen theil der stadt, auf den hafen, auf die citadelle, weiter hin auf die küste von Seeland, an der die weisse kalkbrennerei einen so treflichen effekt macht, und endlich auf die küste von Schonen gegenüber. Es ist nicht möglich, sich etwas interessanteres und abwechselnderes zu denken!

Man führte mich in ein gebäude, worin die zeichnungen zu den schiffen, die erbauet werden sollen, auf dem boden eines ungemein langen saales zuerst entworfen werden. Der saal hält die länge und breite eines kriegsschiffs. Der umfang fällt um so stärker auf, als hier keine abtheilungen, wie auf dem schiffe, dem auge ruhepunkte gewähren. Die leere des saals verstärkt den eindruck der größe. Man zeigt hier auch ein schönes modell zu einem kriegsschiffe nach der neuesten einrichtung, die man in der dänischen marine angenommen hat. Es ist sehr sauber und mit der äusersten genauigkeit gearbeitet. Man kann es auseinander nehmen, und alle seine theile einzeln untersuchen.

Auf diesem neuen Holm steht auch ein artiger pavillon, aus dem die königliche familie dem ablaufen der schiffe vom stapel zuzusehen pflegt. Von hier nach Christianshafen hin, hat man eine der interefsantesten wafserfahrten durch den hafen durch. Er ist in zwei theile getheilt. In dem einen liegen die abgetakelten kriegs- und übrigen königlichen schiffe, in dem andern die schiffe der partikuliers. Man fährt zwischen beiden durch. Hier wird man einen anblick geniefsen, der an keinem andern orte in der welt sich so wieder darbieten kann. Die schönsten und gröfsten schiffe auf der einen seite, eine schöne wohlgebauete stadt auf der andern. Eine wahre theaterdekorazion macht der Friedrichsplatz mit der ritterstatue aus. Aber man hat sich noch mehrerer interefsanter ansichten auf dieser herrlichen wafserfahrt zu erfreuen, die man bis zur Amaker knüppelbrücke hin verlängern kann. Das auge findet hier hundertfältige nahrung.

Auf Christianshafen liegt die Docke oder der ort, wo die kriegsschiffe ausgebefsert werden. Das schadhafte schiff wird den kanal hinauf bis an den platz bogsirt, wo im ufer ein platz für dafselbe mit wafser gefüllt, zum behälter aptirt und mit bohlen ausgeschlagen ist. Man läfst es durch die geöfneten schleusen hinein, worauf diese hinter ihm geschlofsen werden, und das wafser herausgepumpt wird, so dafs das schiff aufs trockne zu stehen kömmt. Diese operazion geschieht durch eine mühle, welche von wenig pferden getrieben wird, und ein meisterstück der mechanik seyn soll. Damit es nicht falle, wird es mit stützen an den seiten versehen. Es lag grade ein schiff in der Docke, als ich sie sahe. Man konnte in den trockenen behälter hinabsteigen. Welch eine mafse, dieses schiff von unten hinauf gesehen! ein haus erscheint daneben wie eine hütte.

Wenn man für die kräfte des menschen respekt haben will, so mufs man die Holmen und die Docke in Kopenhagen sehen.

Remifsion auf den zweiten theil.

Ich könnte hier noch von den gebäuden reden, die zu öffentlichen erziehungsanstalten und zur erleichterung des elends dienen. Aber um nicht durch einförmigkeit der materie zu ermüden, will ich lieber davon im zweiten theile reden, wo ich ohnehin wegen des zusammenhangs mit meinen bemerkungen über die sachen selbst, zu deren beförderung sie dienen, eine bequeme gelegenheit dazu finde.

Gegend in der nähe von Kopenhagen.

Die gegend um Kopenhagen herum hat fast alle schönheiten, die ein plattes land liefern kann. Es fehlt an einem strohme, aber dafür hat es das meer, dessen arm zwischen Amak und Kopenhagen für einen fluss gelten kann, und landseen in der nähe. Die schönen chausseen und nebenwege, die sämmtlich mit bäumen bepflanzt sind, durchschneiden das land auf eine sehr angenehme art, und geben einen reizenden anblick von nettigkeit und ordnung. Dazu kommen die verschiedenen land- und gartenhäuser, die kleinen städtchen in der nähe, und andere gegenstände, welche abwechselung in die aussicht bringen: besonders aber die grosse fruchtbarkeit, welche allenthalben aus dem erdboden entgegenlacht. Kurz! wenn berge den horizont bekränzten, so könnte man die lage von Kopenhagen zu den schönsten in der welt rechnen.

Friedrichsberg.

Unter den königlichen landschlössern ist dies im reinsten geschmack gebauet. Es gehört zu den schönsten gebäuden in und um Kopenhagen herum. Die aussicht aus demselben ist vortreflich, und nächst der zu Helsingör eine der reichsten in Seeland. Kopenhagen mit seinen thürmen und dem hohen schlosse Christiansburg liegt gleichsam auf einer erdzunge ins meer hinein. An beiden seiten sieht man dasselbe, und zwar auf der linken die schiffreiche rhede: welter zur rechten bildet die insel Amak einen meerbusen, dessen bucht sich hart an Kopenhagen mit seinen gärten anschliefst. Aufserdem durchschneidet noch der panbelinger see die landschaft. Im vordergrunde liegt das städtchen Friedrichsberg mit seiner kapelle, der königliche garten u. s. w.; im äusersten Hintergrunde die küste von Schweden.

Das innere des schlosses verdient gesehen zu werden. Das zimmer, worin der künig billard spielt, ist mit gemählden behangen. Ich bemerke darunter die vorzüglichsten:

Ein lautenspieler, angeblich von *Spaniolet*: scheint nur eine kopie zu seyn.

Die unbeständigkeit: oder eine andere allegorische weibliche figur von *Honthorst*. Sie hält einen halben mond und einen krebs.

Ein altes weib und ein jüngling, von *Pietro della Vecchia.* Es ist ein nachtstück und hat viel von der manier des Giorgione. Es ist wahrheit in den figuren.

Salomon, der den götzen opfert, von Amiconi. Die figuren sind ungefehr zwei fuſs hoch. Das stück ist ziemlich mittelmäſsig.

NB. Venus, die den Adonis mit hülfe eines Amors aufhält, als er zur jagd gehen will, von Bloemaert. Die figuren haben keinen ausdruck. Die formen sind nicht schön. Aber die farbe ist sehr frisch und kräftig, die beleuchtung gut, und der ton des ganzen sehr angenehm. Es bleibt immer ein sehr hübsches stück.

Ein alter mit frau und kind, von van Vliet.

Eine heilige familie, von Franz Floris. Die zeichnung hat viel von der manier des Pietro Perugino. Die farbe hat sich sehr frisch erhalten.

Die geographie: eine allegorische figur, die man dem Domenichino beilegt, aber sicherlich nicht von ihm, sondern dem ton der farbe und der behandlung nach von Guercino da Cento ist.

NB. Antonius und Kleopatra, von Gerhard Lairesse. Sehr schön. Die figuren haben ungefehr drei fuſs höhe. Die komposizion ist vortreflich: der hintergrund, wie gewöhnlich, sehr reich und sehr geschmackvoll: die wahl der formen nicht beleidigend und die zeichnung ziemlich richtig. Der ton der farbe ist harmonisch und angenehm.

Zwei stücke von Manfredi. Gesellschaften von spielern voller ausdruck und leben. Figuren lebensgröfse.

Die drei grazien von Varottari: sehr verdorben.

NB. *Eine korallenfabrik:* figuren etwas unter lebensgröfse. Der angabe nach von M. A. Carravaggio, aber sicherer vom *Valentino*. Dies bild ist voller wahrheit und von dem pickantesten effekt.

NB. *Johannes der täufer und ein evangelist:* zwei bilder mit kleinen einzelnen figuren. Man hält sie für die arbeit des Annibale Carraccio, aber von dem sind sie nicht. Der ton, die behandlung und die farben haben viel vom Salvator Rosa. Man nennt auch Sebastiano Ricci als den verfafser: für den sind sie zu harmonisch kolorirt und zu züchtig gedacht. Sie haben sehr gelitten. Preisler hat sie gestochen.

Schöner mannskopf mit der innschrift: J. van Mur 1660. Ein meister, den ich nicht kenne.

NB. *Ein chirurgus, der einem bauer am ohre operirt, von Lucas von Leyden.* Aecht und gut.

Bildniſs eines frauenzimmers von Mierefeld. Die farbe ist schwach.

NB. Eine italiänische bauerngesellschaft von D. Helmbreck. Voll von geist und von kräftiger farbe.

Susanna im bade, von van Eckhout.

Ich übergehe einige Niederländer, z. e. du Chatel, Rykkaert, Tilhorgh, Peter de Hoeg, Camphuysen. Das bauernhaus von diesem letztern ist gut erleuchtet.

In mehreren zimmern sieht man plafonds von Benedikt Coiffre, einem Franzosen, der in Kopenhagen Kuffre genannt wird, und den Friedrich der vierte mit aus Italien brachte. Er hat auf leinen gemahlt, aber die mahlerei hat sich nicht gehalten. Sein pinsel war leicht und die farbe muſs anfangs pickant gewesen seyn. Uebrigens hat er sich nicht hoch über den tapetenmahler geschwungen.

Krok hat auch hier viele plafonds gemahlt. Die thürstücke sind beinahe alle von *Mandelberg*.

In einem saale hängt Friedrich der fünfte zu pferde, von Pilo. Es ist dies das beste stück, was ich von diesem meister kenne. Es ist sehr kek gedacht und von pickantem effekt. Sein kolorit ist übrigens unwahr, und fällt gemeiniglich ins graugrüne. Man sieht allen arbeiten dieses meisters genie an. Es wäre nur zu wünschen, dafs er die natur mehr zu rathe gezogen und diese mehr studiert hätte. Er scheint sich Vanloo zum modell genommen zu haben.

Die zimmer des kronprinzen sind im guten geschmack meublirt. In einem derselben sieht man *illuminirte zeichnungen von du Cros.* In einem andern hängt *die königinn Louise, erste gemahlin Friedrichs des fünften, von Pilo:* eines seiner guten stücke, und *des königs portrait, lebensgröfse, von Juel,* im königlichen ornat. Es war anfänglich für den kaiser von Marocco bestimmt.

Ein anderes zimmer ist ganz mit gemählden von einländischen künstlern behangen. Man wird darunter mit vergnügen einige *nordische gegenden von Paulsen* bemerken. Der ton ist wohl im ganzen zu blau, und der baumschlag zu unbestimmt. Aber sie sind mit feuer zusammengesetzt, und mit leichtigkeit ausgeführt. Und dann sind die gegenstände so interefsant! wafserfälle und felsen hat dieser meister sehr gut dargestellt.

In dem zimmer der kronprinzefsin ist ein marmornes bad sehr gut angebracht und eingerichtet.

O

Der schlofsgarten, der noch im alten französischen geschmacke angelegt ist, wird sonntages sehr viel von der kopenhagener bürgerschaft besucht.

Hart am schlofse, rechter seits nach Amak zu, liegt ein holz, der Sundermerk genannt. Es hat schöne partien, denen man nachzuhelfen gesucht hat. Es ist darin zu viel auf einander gehäuft. Aber einige anlagen sind sehr glücklich. Unter andern ist die aussicht von dem hügel, der mit einem chinesischen hause besetzt ist, in ein thal, worin man wiesen, ein kleines gewäfser, und ein dorf von gehölz umgeben, erblickt, sehr reizend. An einen andern orte hat man eine bergigte gegend aus Norwegen darstellen wollen, und sogar ein norwegisches haus dahin gestellt. Der gedanke wäre zu loben, wenn der platz sich zu defsen ausführung schickte. Aber er ist zu klein und die anhöhen sind zu niedrig. Dadurch wird das ganze zur spielerei.

Bernstorf und Jägersburg.

Man fährt von Kopenhagen nach Bernstorf aus dem osterthore. Der ganze weg dahin ist äusert reizend. Dicht vor den thoren der stadt liegt der paebellinger see, der sie mit wafser versieht, und an dem einige artige landhäuser liegen. Man fährt durch eine schöne allee bis zum königswege, oder zur heerstrafse, die nach Helsingör führt. Von beiden seiten gehen nebenwege nach verschiedenen kleinen örtern in der nähe der hauptstadt ab, die mit bäumen bepflanzt, die fruchtbarsten felder und wiesen durchschneiden.

Das ganze gleicht einem grofsen garten. Hier und da liegt ein einzelnes landhaus, oder man erblickt ein paar bauernhäuser von gehölz und buschwerk umgeben. Die gebäude, die hier mehrestentheils von steinen aufgebauet sind, haben ein nettes und fröhliches ansehen.

Ungefehr in der entfernung einer halben meile von der stadt kömmt man auf eine anhöhe, wo die bauern dem grafen Bernstorf dafür, dafs er sie von der leibeigenschaft befreiet hatte, eine säule von norwegischen marmor haben aufrichten lafsen. Sie könnte von befserm geschmack seyn, aber man beachtet das kaum um der that willen, die das denkmahl veranlafset, und der gesinnungen, die es aufgerichtet haben. Von der anhöhe herab, auf der sie steht, hat man eine der schönsten aussichten auf die stadt, und das schiffreiche meer herab, und auf eine gruppe von bauerhäusern und bäumen zur seite.

Nicht weit von hier beugt man rechts von der heerstrafse ab, um nach Bernstorf zu fahren.

Bernstorf gehört dem staatsminister grafen dieses nahmens. Das wohnhaus ist von Jardin gebauet. Der geschmack ist nicht völlig rein; im ganzen gehört es jedoch mit zu des meisters besten gebäuden. Es ist nett und bequem eingerichtet. Die baustellung dieses hauses halte ich für die musterhafteste unter allen denen, welche ich an den landhäusern in Seeland bemerkt habe. Es liegt auf einer anhöhe, die sich allmählig in die höhe hebt, und in der mitte eines amphiteaters, welches der schönste wald einschliefst. Die weite fläche nehmen die fruchtbarsten kornfelder ein, die gegen das gebäude zu mit einem grasanger abwechseln. Dies giebt der ansicht etwas grofses, das sich schon von weitem ankündigt. Es ist schade, dafs der hintergrund zu sehr beschränkt ist, und dafs man nicht von dieser seite eine aussicht auf die stadt und die rhede hat menagiren können. Diese aussicht hat man aus dem hause nach süden zu. Vor demselben steht eine statue des Harpocrates von Wiedevelt. Der garten nahe am hause besteht aus bosquets von ein-

ländischen und ausländischen gewächsen, die mit
küchengärten untermischt sind. Der wald, der
nach westen zu liegt, unberührt von künstelei,
deren er nicht bedurfte, bietet die angenehmsten
spaziergänge dar. Unter andern findet man
darin zwei seen, welche eine erdbrücke trennt,
über die ein breiter fahrweg geht. Dieser fleck
ist besonders schön. Die simplizität des ganzen
scheint mir nachahmungswürdig.

Ich bin diesen wald in gesellschaft der beiden
gebrüder grafen Stollberg an einem morgen durch-
gegangen, der mir unvergefslich seyn wird.

Von Bernstorf führt der wald nach Jägersburg. Dies war ehemals ein königliches jagd-
schlofs. Jetzt ist es zu kasernen für die husaren
eingerichtet, deren chef, der obriste von Berger,
mein onkle, hier im quartier liegt. Es liegt sehr
tief und der boden ist sehr sumpfigt: sonst giebt
es schöne partien in diesem walde.

Genthof, Lingbye, Neu- und Alt-Friedrichsthal.

Wenn man die königsstrafse von dem Bern-
storfischen monumente ab weiter verfolgt, so
kömmt man vor Genthof vorbei. O der allerlieb-
sten lage dieses städtchens! ein wahrer blumen-

strauſs! das ganze ruht auf einem hügel am ufer des sees. Unten am see gebäude und gärten, ein wenig hinauf wieder gebäude und gärten, und dann ein wenig höher wieder so, und ganz zu oberst ein thurm, an den sich die untern partien pyramidalisch anschliefsen. Die rothen und blauen dächer, und die weifsen mauern der häuser stechen von dem grünen grunde der bäume ab, und bilden zusammen vermöge der terrafsen von verschiedener höhe und richtung eine sehr mahlerische gruppe, die sich in dem untern see spiegelt. In einiger entfernung sieht man Jägersburg in einem tieferen thale, mitten im gehölze liegen.

Der weitere weg bis Lingbye ist eine fortdauernde abwechselung von fruchtfeldern, wiesen, einzelnen landhäusern und wäldern, welche an hügeln liegend in verschiedenen formen bald vor bald zurücktreten, und den horizont begränzen.

Lingbye liegt wieder sehr schön an einem see, der mit wald umgeben ist.

Jenseits oder diefseits Lingbye, das will ich wahl haben, kehrt man sich westwärts, und kömmt nach Neu-Friedrichsthal, einem guthe des grafen Schulin. Das haus liegt auf einer anhöhe, von der terrafsen in ein thal führen, durch welches sich ein kleines gewäſser durchschlängelt, das eine mühle treibt; und jenseits des thals, dem hause grade gegenüber, liegt ein ziemlich hoher hügel, der in Seeland mit gutem rechte für einen berg gelten kann. Diese ganze partie wird links von einem groſsen see begränzt, an dem in der entfernung landhäuser und dörfer herumliegen, und rechts von einem groſsen walde.

Eine zauberruthe könnte das nicht glücklicher schaffen, und was hat die kunst dabei gethan? Nichts von dem, was sie hätte thun können, und alles, was sie nicht hätte thun sollen. Wo man öfnungen erwartet, da hat man sie muthwillig zugepflanzt: z. e. die aussichten auf den schönen see sind durch eine wand von bäumen gesperrt. Wo man hätte anpflanzen sollen, da ist es nicht geschehen: z. e. der berg, dem hause gegenüber, thut jetzt in seiner kahlen gestalt bei weitem nicht den effekt, als wenn er mit gehölz bedeckt, und allenfalls in der mitte mit einem obelisk oder mit einem pavillon besetzt wäre. Die ausgeschnitzelten hainebüchen hecken im garten paſsen gar nicht in diese gegend, welche die natur mit zu vielen reizen begabt hatte, als daſs man sie mit künsteleien hätte verunstalten sollen.

Mit der architektur des hauses kann man zufrieden seyn. Das innere desselben ist in dem geschmack verziert, der in der mitte dieses jahrhunderts gewöhnlich war. Man findet darin einige gemählde *von le Pierre, eine kleine landschaft von Ruysdael*, und einen kleinen wiewohl mittelmäsigen *Ludowico Caraccio* auf schiefer.

Alt - Friedrichsthal liegt nicht weit von Neu-Friedrichsthal in einer gleichfalls sehr reizenden lage am ufer eines sees, den dörfer, bauernhäuser wald und felder bekränzen, und der daher sehr abwechselnde und schöne ansichten darbietet. Verschiedene partikuliers aus Kopenhagen haben hier landsitze.

Sorgenfrei und Selleröd.

Dicht hinter Lingbye liegt Sorgenfrei, ein schlofs, mit einem park, das dem prinzen Friedrich gehört. Die stellung des gebäudes ist gut, aber da ich blos in der absicht, dem prinzen aufzuwarten, darin gewesen bin, so habe ich so wenig die inneren verzierungen beachtet, als die äuseren anlagen besehen.

Die bäume haben in dieser gegend einen vortreflichen wuchs. Da sie sumpfigt ist, so kommen buchen, eschen und weyden hier besonders gut fort, und ihr abwechselndes grün trägt viel zur verschönerung der landschaft bei.

Etwas weiter hin durchschneidet der königsweg einen schönen wald, der nach Selleröd gehöret. Wenn man nach diesem orte hin will, muſs man sich nordwärts von der heerstraſse abwenden.

In Selleröd sind wieder verschiedene landsitze, unter andern eines, welches dem würdigen kammerherrn Suhm gehöret. Man findet an diesem orte eine anhöhe, welche einen vortreflichen prospekt in ein thal gewährt.

Als *vue d'oiseau* betrachtet, gehört diese aussicht mit zu den schönsten von seeland, besonders in dem innern des landes, das von der meerküste entfernt ist. Man übersieht eine menge von landhäusern, dörfern, seen, weiden, fruchtbaren feldern und waldigten hügeln. Das ganze aber wird in der ferne von einem dichten walde bekränzt, der bald in schlängelnden biegungen zurücktritt, bald in eckigten keilen vorschlieſst, und mit seiner finstern farbe gleichsam zum grunde dient, worauf die näheren und helleren gegenstände abstechen.

Dromigaard.

Ungefehr zwei meilen von Kopenhagen biegt man auf dem wege nach Helsingör links von der königsstraſse ab, und fährt nach Dromigaard.

Dieser landsitz gehört dem herrn etatsrath de Coningk, einem der reichsten negozianten in Kopenhagen, der viel geld daran gewandt hat, ihn zu verschönern. Er ist sehr berühmt in den dortigen gegenden. Man kann ihm auch einzelne sehr schöne partien nicht absprechen, aber das ganze gefällt mir nicht.

Das geschenk, welches der ort von der natur erhalten hat, besteht in einem landsee, der sich dergestalt schlängelt, daſs er eine halbinsel bildet. Auf dieser halbinsel liegt das gut, und an manchen stellen ist die erdzunge so schmahl, daſs man sich zwischen zwei seen zu befinden, und an jeder seite einen zu haben glaubt. So glücklich nun diese lage durch sich selbst ist, so sehr sie durch die abwechselnden hügel und thäler, die mit wald und fruchtfeldern bedeckt sind, an dem gegenseitigen ufer des sees unterstützt wird, so herrscht doch in dem total eine gewiſse einförmigkeit, eine gewiſse, ich weiſs nicht welche, unbestimmtheit, im karakter der gegend, die mir den ort auf die länge verleiden würden. Um feierlich zu seyn, fehlt es ihm an grofsen gegenständen; um zu zeitlichen empfindungen einzuladen, ist er nicht sanft und traulich genug, und um unterhaltend zu seyn, hat er nicht genug leben. Dazu kömmt nun, dafs die anlage nicht in einem geiste gedacht ist, und kein ganzes ausmacht.

Das hauptgebäude hat von vorn die aussicht auf den see. Diese partie ist schön. Gleich hinter dem hause ist ein garten im holländischen geschmack, und der pafst nicht, hieher. Nicht weit davon liegt ein so genannter englischer garten von ausländischen stauden und gewächsen: ein holländisch englischer bastard, dem man allen zwang anmerkt, den man sich gegeben hat, ihm einen freien schwung zu geben. Darauf kömmt man in einen wald und darauf in einen blumengarten mit einem chinesischen lusthause. Das alles ist flickwerk und wie man deutlich sieht, nach keinem zusammenhängenden plane entworfen. Die partie des chinesischen lusthauses ist sonst gut. Unter allen nachbildungen dieser fremden gebäude ist dieses hier unstreitig eine der wahresten. Die maublen sind alle würklich chinesisch und mit äuserster feinheit gearbeitet. Es liegt auf einer insel im see, von deren äusersten spitze ab man eine schöne aussicht hat. Die haushaltungsgebäude, die man in einiger entfernung rechter hand liegen sieht, nehmen sich sehr gut aus. Diese landschaft hat sogar etwas mahlerisches.

In dem walde sahe ich eine sonderbare erfindung: ein gebäude von lauter unbehauenen holzknüppeln aufgeführt, und mit knollen und borken bekleidet, die architektonische verzierungen von allerhand formen bilden. Das ganze ist ohne zweck und geschmack. Aber man könnte den kunstgriff zu etwas besserm nutzen, zur nachahmung von ruinen gothischer gebäude.

Weiter hin kömmt man auf ein kleines vorgebürge, auf dem man zwei ringer, statuen in blei, gegen einander über gestellt hat. Die aussicht auf eine windmühle, auf gebäude, holzung, wafser, wiesen, fruchtfelder, ist schön, aber das hat man schon gesehen, und sieht es wieder. Immer die nehmliche szene, nur aus andern gesichtspunkten.

Einige säulen, gebäude von mittelmäfsigem geschmacke, übergehe ich. Die schönste partie dieser anlage ist die einsiedelei. Sie liegt ziemlich weit vom wohnhause ab auf einem hügel, zu defsen füfsen ein anmuthiges thal befindlich ist, in defsen gebüschen kleine bäche rieseln, die einer quelle, welche aus einer grotte hervorsprudelt, ihren ursprung verdanken. Zwischen diesen bächen sind verschiedene lauben angebracht, in denen die fremden, die diesen ort besuchen, ruheplätze finden und erfrischungen einnehmen können. Dieses pläzchen ist sehr reizend. Nur mögte es in die nähe einer einsiedelei nicht allzugut passen.

Hirschholm.

Die reise von Hirschholm ab über Helsingör, Friedensburg, Friedrichsberg bis Sophienberg, habe ich in gesellschaft des profefsors und doctor theologiae Münter, und des herrn profefsors Juel gemacht, und sie ist mir dadurch doppelt interessant geworden. Wenn man die heerstrafse nach Helsingör weiter verfolgt, so kömmt man nach Hirschholm.

Dies königliche lustschlofs ist von sonderbarer architektur. Auf dem dache steht ein thurm in form eines obelisks. Dies scheint mir keine nachahmungswürdige idee zu seyn. Das innere ist ziemlich prächtig, aber im veralteten geschmacke meublirt. Der rittersaal hat einen plafond von

krok, der von unten ab gesehen, illusion über seine
güte machen kann. Da aber in der höhe eine galerie herumgeht, und man sich mittelst dieser den
mahlereien nähern kann, so findet man, dafs die
ideen gröfstentheils gestohlen sind, und dafs die
ausführung höchst mittelmäfsig ist.

In den zimmern trift man einige bildnifse an,
von prinzen des hauses und einigen auswärtigen
souverains aus diesem jahrhunderte. Merkwürdig war mir ein gemählde, worauf der könig Christian der sechste mit seinem hofstaate in jagdklei-
dern vorgestellt wird, wie er ein konzert vor sich
aufführen läfst. Die wahre darstellung einer hof-
belustigung, worin alles lächelt, als wenn es am
drathe gezogen würde! flötenspieler und sänger
und klavezinspieler, alles liebäugelt der allergnädig-
sten herrschaft zu. Es fehlt nichts, als dafs das
todtgeschofsene wild, was zu ihren füfsen liegt,
gleichfalls süfslächelnd vorgestellt wäre.

Das wetter war zu schlecht, um den garten
zu besehen. Er soll nichts merkwürdiges enthalten.

Weg von Hirschholm nach Helsingör.

Die gegend jenseits Hirschholm bis Helsingör ist sehr sumpfigt und hat viele torfmoore.

Doch findet man auch viel wälder, wiesen und kornfelder: an einigen orten heyde. Hügel und flächen wechseln ab. Berge sieht man gar nicht, dörfer und bauernhäuser sehr selten. Eine viertheilmeile von Helsingör entdeckt man von einer anhöhe eine schöne aussicht über diesen ort, das schloſs Kronenburg und das meer hin auf die schwedische küste.

Helsingör.

Helsingör ist nicht schön gebauet, doch hat es einzelne hübsche häuser. Es liegt mit dem schloſse Kronenburg auf einer erdzunge, die in der gestalt eines dreiecks ins meer geht. Die aussicht von der brücke am hafen, vorzüglich wenn die untergehende sonne das schloſs erleuchtet, ist unvergleichlich.

Schloſs Kronenburg.

Das schloſs Kronenburg ist von schöner gothischer architektur und ehrwürdigem ansehen von auſsen und innen. Man sagt, die festungswerke wären seit einiger zeit sehr verbeſsert. Man hat einige batterien *à fleur d'eau* angelegt, die von solcher würkung seyn sollen, dafs sie das schlofs vor den anfällen einer feindlichen flotte sichern. In wie fern dies seine richtigkeit habe, kann ich nicht beurtheilen. Die kasematten sind sehr geräumig, nur zu feucht. Die wände sind ganz mit kristallisazionen von salpeter bedeckt.

In einem saale des schlofses sieht man einen plafond von italienischer hand, wahrscheinlich aus der schule des Giuseppe D'Arpino. Er stellt geschichten aus dem Tafso vor und hat einige gute partien. In eben diesem saale hängen einige niederländer, die wohl eine befsere stelle verdienten. Denn sie sind nicht ohne werth, und vermodern hier im eigentlichsten verstande.

Von dem thurme herab hat man eine der merkwürdigsten aussichten von der welt. Ich werde aber gleich gelegenheit finden, von einem andern orte zu reden, wo sie aus einem noch vortheilhafteren gesichtspunkte erscheint, daher ich hier darüber schweige.

Marienlust.

Marienlust ist ein landschlofs des kronprinzen.
Seitdem ich Neapel verlafsen habe, ist mir keine aussicht wieder vorgekommen, die an in-

terefse und reichthum mit derjenigen verglichen werden könnte, die man von der anhöhe hinter diesem schlofse geniefst.

Man denke sich zur rechten eine weite meeresbucht, die von der insel Hveen anfängt, und mit der erdzunge aufhört, worauf Helsingör liegt. Waldungen und kornfelder bedecken hier die ufer, die aus abwechselnden anhöhen und tiefen bestehen, und zuweilen in kleinen vorgebürgen ins meer treten. Zu den füfsen des beschauers liegt das schlofs Marienlust. Das auge nimmt einen theil der hintern ansicht des regelmäfsigen gebäudes und eines wohlgeordneten gartens auf, fällt dann auf die irregulaire mafse der stadt Helsingör, windet sich schnell durch ihre zerstreueten dächer und geschlängelten strafsen durch, um jenseits an der äusersten spitze der erdzunge auf dem grauen Kronenburg zu ruhen. Gleichsam zum weitern fluge gestärkt, fährt es nun übers meer, bedeckt mit schiffen, und fällt auf die gegenüberliegende küste von Schweden, wo die stadt Helsingburg, der überrest eines alten thurms auf einer anhöhe, und einzelne wohnungen die weite ebene unterbrechen, in der sich endlich der blick verliert. Auf dieser vertikalen fläche plant das auge des beschauers lange: seine seele

P

feiert, und die fülle des gegenwärtigen genufses hemmt vorerst alle lüsternheit des blicks. Bald aber erhebt sich dieser wieder, nimmt den saum der küste von Seeland linker hand auf, stöfst an einen berg, der ihre äuserste gränze ausmacht, fürchtet in dem eingange des unabsehbaren ozeans zu versinken und stützt sich endlich gleichsam ermattet von so viel gegenständen der feier und der aufmerksamkeit auf den ehrwürdigen felsenketten, den Kullen, die an der äusersten spitze der jenseitigen küste thronen. —

Sollte es andere meerengen geben, welche diese hier an schönheit und vielleicht selbst an reichthum und gröfse der küsten selbst überträfen: so ist wenigstens keine, welche durch so häufige durchzüge grofser schiffe auf eine so prächtige und unterhaltende art belebt würde. Wenn ein widriger wind die schiffe an der durchfahrt hindert, so versammeln sich zuweilen an die vierhundert vor dem eingange des Sundes. Sobald er sich wendet, ströhmen alle diese majestätischen geschöpfe der menschlichen indüstrie hervor wie ein beweglicher wald, und bedecken meilenweit das gewäfser. Einzeln sieht man sie am äusersten horizonte wie punkte hervorgehen, zu miafsen heranwachsen, sich zu ihrem körper mit seegeln und flaggen ausbilden, mit ihren gefährten an schnelligkeit wetteifern, vor dem schlofse Kronenburg unter dem donner der kanonen vorbeistreichen, und endlich an der entgegengesetzten seite wieder verschwinden.

Diese gegend gehört unstreitig in rücksicht auf ihren umfang, auf die gröfse des elements, das sie einschliefst, ohne es ganz zu verkleinlichen, auf den reichthum, die abwechselung und das leben der gegenstände, die sie darbietet, zu den interefsantesten von Europa. Aber eine schöne landschaft zum mahlen macht sie nicht aus: sie liefert nicht sowohl eine schöne ansicht, als eine schöne übersicht. Man mufs sie *à vue d'oiseau* betrachten. Diese erfahrung ist höchst wichtig und lehrreich für die praktische ästhetik. Man kann die gegend darum in kein gemälde bringen, defsen sujet als gedanke mahlerisch schön seyn würde, weil die vorgründe kahl, kalt, und durch einzelne partien zu sehr unterbrochen sind: weil sich der mittelgrund in keine mafsen bringen läfst, und weil endlich der hintergrund zu eben ist, und einen zu einförmigen horizont darbietet. Man kann zwar auf den hügeln linker hand von Marienlust standpunkte finden, aus denen sich einzelne partien aus dieser gegend aufnehmen lafsen, welche mahlerische prospekte besonders auf das schlofs Kronenburg bilden. Aber dann geht das aufserordentliche der szene gröstentheils verlohren, und die ansicht liefert nur eine gewöhnliche landschaft.

Diese bemerkung führt auf den unterschied der schönen landschaft zur einzigen ansicht, zum mahlen, und der schönen gegend zur ansicht von mehreren seiten und zur übersicht.

Aber ich habe hier noch eine andere bemerkung gemacht, die nicht minder wichtig für die ästhetik überhaupt und besonders für die kritik der schönen naturgegenden zu seyn scheint.

Welch einen karakter hat diese landschaft! Ist es der des romantischen? Nicht ganz: die gegenstände, die man erblickt, zeichnen sich nicht sowohl durch erhabenheit als abwechselung, reichthum und lebendigkeit aus. Das meer hat hier nichts von dem schreckvollen, unendlichen und unermefslichen, welches seinen anblick da zu begleiten pflegt, wo es sich in unabsehbaren flächen vor dem auge des zuschauers öfnet. Die ufer zeigen keine steile felsen in der nähe, deren gipfel den einsturz drohen, keine katarakten stürzen zu unserer seite nieder, und keine abgründe eröfnen sich zu unsern füfsen. Nicht einmahl ein finsterer wald ist in der nähe, unsere seele mit einem heimlichen schauer zu erfüllen. Ist es der karakter der heitern reizenden gegend? Keineswegs: dazu fehlt es an lustgebüschen, an lachenden hainen, an blumigten auen, an rieselnden bächen. Welchen karakter trägt sie denn an sich? den der interessanten gegend. Sie ist reich, sie ist abwechselnd an gegenständen, sie hat etwas vom grofsen, etwas vom heitern, sie ist belebt: kurz! sie unterhält und erweckt den affekt des schönen, ungefehr so, wie ein mann, der seltene schicksale erlebt hätte, einen auserordentlichen reichthum von ideen und die gabe besäfse, sich vortreflich auszudrücken, seine gesellschafter unterhalten würde.

Das schlofs Marienlust ist von niedlicher architektur. Vielleicht zu klein von umfang für den erben eines throns, der mit glänzendem staate hier hoflager halten sollte, aber geräumig genug für den philosophen, der hier in ruhe mit einer liebenswürdigen gattin und wenigen freunden die wahren freuden des lebens geniefsen wollte.

Es läfst sich sehr viel aus dem lokal machen. Das schlofs liegt am fufse eines ziemlich hohen hügels, an den sich mehrere andere längst dem ufer des meeres hin anschliefsen. In den thälern trift man hin und wieder quellen an, die sich ins meer verlieren. Dies alles könnte vortreflich genuzt werden. Allein der geschmack in den anlagen der gärten ist in Dännemark noch weit zurück. Auf dem hügel, der die kette beschliefst, hat man eine schanze angelegt, in der ein thurm von sechzehn ellen höhe und zehn ellen breite zu stehen kommen soll. Dies ist dem platze nicht angemefsen. Es müsten ruinen eines alten gothischen schlofses, ein leuchtthurm von beträchtlichem umfange seyn.

Von dem berge hinter dem hause müsten die steifen gänge weg, die im zikzak gehen; die mauer um den garten vor dem hause müfste abgebrochen, die häuser vor demselben, welche die aussicht aufs meer hemmen, müsten weggenommen werden u. s. w. Doch eben fällt mir ein, dafs alsdenn auch die besitzer der häuser müsten ausgekauft werden, dafs diese vielleicht ihre wohnungen ungern verlafsen, dafs der kronprinz niemanden kränken mag, und überhaupt lieber sein geld zum wohl seiner unterthanen, als zu seinem vergnügen anwendet.

Nun dann so bleibt Marienlust, so wie es ist, schöner, als es seyn würde, wenn es mit kränkung der rechte des privatmannes, oder mit aufopferung höherer zwecke verschönert werden sollte.

Hellebeck.

Man fährt von Helsingör nach Hellebeck auf einem sehr angenehmen wege zwischen holzung durch, deren einförmigkeit durch landseen unterbrochen wird. Der mahler würde hier sehr viele einzelne partien finden, die in landschaften von der ländlichen art gebraucht werden könnten.

Hellebeck liegt am ufer der see. Es vereinigt schönheiten, die man selten zusammen antrift. Auf der einen seite hat es das meer mit einer aussicht auf Kronenburg, und die schwedischen kullen. Diese partie ist grofs und stimmt die seele zur feier. Man wendet sich herum und ländliche szenen einfacherer art laden die seele zur sanften heiterkeit ein. Ein bach, der einem benachbarten landsee seinen ursprung verdankt, ergiefst sich mit ruhigem laufe ins meer. Ueber ihn weg sieht man auf grüne wiesen, die von wäldern umschlofsen werden. Ganz andere empfindungen steigen wieder in der seele bei dem anblick der thätigkeit auf, welche die bewohner des gut gebaueten fleckens belebt. Siebenhundert menschen finden in der hiesigen gewehrfabrik

arbeit und unterhalt. Die gebäude, worin die
arbeiter wohnen, und ihre werkstädten haben,
die mühlen, welche verschiedene maschinen treiben, geben der gegend leben und abwechselung.
Kurz! in Hellebeck kann man die drei verschiedenen arten von schönheiten der landschaft, die
feierliche, die reizende und die interessante neben einander finden.

Der ort gehört dem grafen Schimmelmann.
Das schloſs ist unbedeutend, der garten schlecht
unterhalten. Die gewehrfabrik soll das land jährlich mit 12000 gewehren versehen. Auswärts
wird noch wenig abgesetzt. Doch soll die arbeit sich mit der jeder andern fabrik meſsen können. Unter den arbeitern sind bis jetzt die mehresten ausländer: es werden aber nach und nach
eingebohrne angezogen, den abgang der ersten
in der folge zu ersetzen.

Die waldung um Hellebeck herum ist sehr
schön. Es wird von landseen durchschnitten:
hügel und ebenen wechseln darin ab.

Friedensburg.

Von Hellebeck wandte ich mich landwärts
nach Friedensburg, dem sommeraufenthalte der
verwitweten königin Juliane Marie.

Das gebäude des schlofses ist von schlechtem geschmack. Es besteht aus einem mittelgebäude mit zwei flügeln und ist mit einer kuppel bedeckt, an deren vier ecken vier hohe schornsteine In form von thürmen aufgeführt sind. Ein kindischer einfall, der sich sehr schlecht ausnimmt. Hinter dem schlofse findet man einen grofsen platz in der form eines halben zirkels, aus dem eine breite allee den blick auf den Friedensburger see führt. Rund in dem halben zirkel herum und die allee entlangs sind gruppen von figuren und vasen angebracht, welche sämmtlich von Wiedevelt, oder wenigstens nach seinen zeichnungen unter seiner direkzion verfertigt sind. Die gruppen sind: Aeneas und Anchises, Paris und Helena, Zephyr und Flora, Perseus und Andromeda. Da ich mir vorgenommen habe, über das werk keines einzigen lebenden künstlers zu urtheilen, so sage ich auch nichts von dem werthe dieser arbeiten. Am ende der allee ist ein triumpfbogen angebracht, der ehemals beim einzuge der prinzefsin Louisa Augusta in Kopenhagen gedient hat. Schade, dafs er von holz ist! Jenseits defselben liegen wiesen, dann der see, und auf dem entgegengesezten ufer ein dorf. Diese partie ist in der art regulairer gartenanlagen grofs und schön.

Aber die künstlich ausgeschnittenen bäume sollten sie nicht verunzieren. Die allee, von der ich eben geredet habe, und die vom schlofse auf den see führt, theilt den garten in zwei theile. Derjenige, der linker seits liegt, enthält ein bafsin mit einer insel, worauf eine säule zu ehren Friedrichs des fünften steht. Wenn ich nicht irre, haben die sinnbilder davon eine beziehung auf seine liebe zum frieden.

Hier findet man auch ein thal, worin fünf und sechzig statuen von sandstein stehen, welche norwegische bauern und bäuerinnen in ihren verschiedenen nazionaltrachten darstellen. Sie sind von einem steinmetzen, nahmens Grund. Etwas abscheulicheres läfst sich gar nicht denken, und doch sind diese ungeheure in kupfer gestochen, und werden in porzellain geformt auf der kopenhagener fabrik verkauft.

An dieser seite geben einige schmale alleen kleine aussichten auf den see, defsen anblick jedoch gröstentheils durch dichte pflanzungen dem auge entzogen ist. So wenig hat man seinen schönen wafserspiegel, und die hügel, die ihn umgeben, zu nutzen gewufst! dafür irrt man in traurigen fichtenwäldern herum, in deren engen wegen man nach luft schnappt.

Auf der rechten seite der grofsen allee findet man wieder wald und schnurgerade wege: eine columna rostrata von marmor mit vergoldeten festons, und einige trophaen von sonderbarer form und schlechtem geschmack. Eine darunter, die dem Bacchus zu ehren aufgerichtet ist, verdient davon ausgenommen zu werden. Das basrelief davon ist von Wiedevelt, und scheint eine kopie nach einem antiken werke zu seyn. Eine kolofsalische gruppe: Mercur und Argus von Grund, ist alles, was man elendes sehen kann.

Es sollen in diesem garten noch ein paar antike köpfe von marmor stehen, welche ich aber nicht gesehen habe. Nach der versicherung mehrerer künstler in Kopenhagen, bei denen ich mich darnach erkundigte, sind sie ziemlich mittelmäfsig.

Das innere des schlofses.

Die kapelle ist gut eingerichtet. Sie hat ein altargemählde von Krok, welches unzählige figuren enthält. Dieser meister war der fleifsigste handwerker, den ich unter den mahlern kenne. Man sieht mehrere plafonds von seiner hand in diesem schlofse.

Der rittersaal würde ein schönes stück seyn, wenn er belser dekorirt wäre. Er geht durch zwei etagen durch, und hat die kuppel zur decke. Er wird von oben herab erleuchtet. In der höhe sind gemählde aus der neueren dänischen geschichte angebracht, von einem noch lebenden eingebohrnen künstler, nahmens Rüde. Unten herum gemählde von Mandelberg und Abilgaard. Die sujets sind aus dem Homer entlehnt. Mandelberg hatte etwas von Caypels styl, aber er steht ihm an werthe weit nach, und überhaupt sind seine eigenen komposizionen unter aller kritik. Acht genii und masken von marmor über den thüren verdienen aufmerksamkeit. Sie sind aus der schule des Bernini.

In einem nebenzimmer findet man architekturmahlereien von einem neuen, aber schon verstorbenen mahler, nahmens *Fabris*. Blofse wanddekorazionen. Interefsanter sind die büsten Friedrichs des vierten, und seiner gemahlin: beide aus der schule des Bernini, und besonders die erste voller wahrheit.

Es gibt hier eine artige sammlung von gemählden. Ich will diejenigen nennen, deren ich mich erinnere.

Im ersten zimmer.

NB. Eine schöne landschaft von Everdingen, mit einem wasserfalle.

NB. Nymphen die baden, von Poelemburg. Gröſsere figuren und weitläuftigere komposizion, wie gewöhnlich.

Mehrere andere Poelemburgs.

Einige Keulenburgs: Manier von Poelemburg, aber an werth weit geringer.

NB. Zitterspielerin: Gesellschaftsstück von J. Steen: gehört unter seine sehr guten.

Eine bauerngesellschaft, voller Wahrheit, von D. Rickaert.

Eine landschaft mit aussicht aufs wasser, in Berghems geschmack von Begyn.

NB. Mehrere schöne stücke vom älteren Mieris.

Eine gute landschaft von Verbooms.

NB. Ein grosses schönes gesellschaftsstück mit damen in atlas gekleidet. Meiner meinung nach von *Terburg*. Es hängt zu hoch, um es recht zu beurtheilen.

Jakob empfängt den seegen, von Ferdinand Boll.

NB. Zwei schöne Märkte von Hughtenburg.

Zwei gemählde mit pferden, von Berghem.
Ein viehstück von demselben.
Zwei schöne Schalken.
Eine gegend aus einer stadt, von v. d. Heiden.
Der fleifs, mit dem dieser mahler seine werke ausgeführt hat, ist bekannt. Er setzt in erstaunen.

Eine landschaft von Saftleven, sonst auch Zuchtleven genannt.
Mehrere Teniers.
Mehrere Ostaden.
NB. Venus an der toilette, von Lairefse.
Vortreflich zusammengesetzt und kräftig gemahlt.

NB. Gesellschaftsstück von Gerhard Dow.
Ich rechne dies kleine gemählde unter das schätzbarste, was Dännemark an schildereien aufzuweisen hat. Es stellt eine familienszene vor. Der sohn vom hause, ein knabe von acht bis zehn jahren, trägt die jungen einer hündin, die auf einem tische steht, in einem korbe. Er neckt damit die hündin, die sich sehnsuchtsvoll nach den jungen umsieht, aber es nicht wagt zu entspringen, weil der herr des hauses, der vater des knaben, beide hände in einer stellung hält, worin es ihm leicht seyn würde, sie aufzufassen. Die mutter sitzt daneben, und droht der hündin mit auf-

gehobenem finger. Unterdefsen steigt die magd von der windeltreppe, mit dem jüngsten kinde herab, das ungefehr halbjährig seyn mag. So wie dfes den hund sieht, so streckt es seine hände nach ihm aus und öfnet den mund zum rufen, so wie kinder dieses alters zu thun pflegen, wenn sie etwas verlangen. — Wahreres an ausdruck, formen, beleuchtung, farbe läfst sich nun schlechterdings nichts sehen. Besonders aber ist der ausdruck über alle beschreibung. So haben diese menschen ausgesehen, so und nicht anders haben sie sich gebärdet. Es liegt ein stempel von wahrheit und bedeutung auf dem ganzen und auf jeder einzelnen figur, der unverkennbar für alle jahrhunderte und länder seyn wird. Das detail ist äufserst besorgt. Gerhard Dow ist der Raphael seiner schule. Die wenigsten Menschen kennen ihn. Sie glauben, er habe nur besenstiele und kefsel mahlen können. Aber er mahlte seelen, und seine kunst ist hierin um so aufserordentlicher, weil er ihre feineren bewegungen in einem beinahe ruhigen zustande darzustellen weifs.

NB. Ein Eremit von demselben. Das stück hat nachgeschwärzt, ist aber doch schön. Der kopf des einsiedlers ist voller ausdruck.

Eb. bei kanale, nach herrn Juels vermuthung von Lairesse. Allein daran zweifle ich. Der auftritt ist ein wenig schlüpfrig, aber die ausführung voller laune und wahren ausdrucks. In der zeichnung sind unrichtigkeiten. Die beleuchtung, färbung und anordnung sind sehr gut.

Im zweiten zimmer.

NB. *Eine schöne landschaft von Saftleven.* Rheingegend, die haltung des ganzen und besonders das verweichen der fernen unvergleichlich. Die schwüle luft, die in dem stücke herrscht, ist mit vieler wahrheit dargestellt.

Zwei stücke aus der fabel des Cadmus. Manier von Salvator Rosa.

NB. *Eine nordische gegend von Everdingen.* Sehr schön.

Bauerngesellschaft, von Molinaer.

Zwei feuersbrünste von van der Poel.

Ein küchenstück. Figuren bis auf halben leib lebensgröfse. Wahrscheinlich von *Bassano*.

Zwei schlachten von Hughtenburg.

Stube eines arztes von Beza.

Ein alter bauer, dem eine magd einen hahn abkauft: von unbekannter hand, aber schön.

Zwei viehstücke von Begyn.

In der bibliothek der königin, welche ich jedoch sehr flüchtig besehen mufste:

Ein Pinzetta.

Ein Poelemburg.

Ein paar schöne hundekotters.

Fasanen und tauben.

Es schienen noch mehrere gute sachen hier zu hängen, aber wir mufsten forteilen ohne sie untersuchen zu können, weil die königin um diese zeit die bibliothek zu besuchen pflegte.

In einem andern zimmer findet man noch:

Zwei stücke von Palamedes.

Ein viehstück von Heinrich Roos.

Einen Ostade.

Simson und Delila: ein grofses gemählde aus der niederländischen schule, das verdienst hat.

Ein flämisches fest mit vielen figuren von Vinkenboom.

Friedrichsburg.

Ein königliches landschlofs von gothischer bauart mit vielen thürmen und giebeln versehen, und von backsteinen aufgeführt. Die mafse an sich selbst ist ehrwürdig und majestätisch, und

Q

die lage an einem grofsen see dient nicht wenig dazu, diesen eindruck zu unterstützen.

Das inwendige des schlofses wird besonders durch die kapelle interefsant. Sie ist gleichfalls im gothischen geschmack angelegt und aufserordentlich reich an vergoldungen, schnitzwerk und andern verzierungen ähnlicher art. Aber dies detail stimmt so gut zu einem ganzen zusammen, dafs man durch keinen prunk, durch keine überladung beleidigt wird. Von der seite eines niedlichen kunstwerks betrachtet, muſs sie unstreitig gefallen. Das altarblatt besteht aus einer arbeit von getriebenem silber. Diese ist nicht schlecht.

Es hängen ein paar gemählde in der kirche. Da es die gröfsten sind, welche man aus der italienischen schule in Dännemark antrift, so verdienen sie eine besondere aufmerksamkeit.

Saul bietet dem David, der den riesen Goliath bekämpfen will, eine rüstung an. Aber der junge held schlägt sie aus, im vertrauen auf den beistand des himmels. Das stück ist allen kennzeichen nach von *Andrea Sacchi*. Die anordnung ist vortreflich. Die figuren gruppiren sehr gut zusammen. Der ausdruck der gebärden ist deutlich und zweckmäfsig: in den mienen könnte er wahrer und edler seyn. Die zeichnung ist unbestimmt, aber ohne auffallende inkorrekzionen. In den formen der köpfe und in verschiedenen stellungen erkennt man den schüler des Pietro da Cortona wieder. Die färbung ist sehr kräftig und harmonisch: das helldunkle wohl behandelt. Schade! dafs das stück hier unter so vielen andern elenden, und noch dazu in einem unvortheilhaften lichte hängt.

Jonas, der den Niniviten predigt, von Salvator Rosa. Es gehört seiner gröfse wegen zu den seltenen werken von diesem meister. Die anordnung ist schlecht, die formen sind gemein, der ausdruck ist übertrieben. Der prophet hat ganz das ansehen eines besefsenen armenischen priesters. Farbe und beleuchtung sind konvenzionell. Die schatten haben nachgeschwärzt. Aber bei allen diesen fehlern ist auch viel gutes von dem gemählde zu sagen. Das kniende weib auf dem vorgrunde macht eine sehr brave figur aus, und das ganze einen sehr pickanten effekt. Dabei ist der auftrag der farbe kräftig, die behandlung des pinsels meisterhaft. Unstreitig verdiente also dies gemählde so gut, wie das vorhergehende, in die galerie nach Kopenhagen transportirt zu werden, wo sie an guten italienischen stücken keinen überflufs haben.

In einer sakristei hinter der orgel trift man *makiereien* an, die für den ort selbst gemacht zu seyn scheinen. Für denjenigen, der die geschichte der niederländischen schule studieren und sich mit dem style ihrer älteren meister bekannt machen will, müfsen sie sehr interefsant seyn. Man findet hier die nahmen: *Petrus Lastmann* mit der jahrszahl 1620. Adrian Nieuland, Werner von Valkaert, und ein anagram PE. mit der jahrszahl 1619. Die farben sind bis auf den heutigen tag zur verwunderung frisch geblieben. Einige partien verdienen auch von seiten der erfindung und der zeichnung aufmerksamkeit. In allen diesen stücken herrscht der styl der älteren antwerper schule, des Franz Floris, der Franken, des Golzius u. s. w.

In einem grofsen saale trift man unter einer menge von mittelmäfsigen gemählden an:

Zwei köpfe, wahrscheinlich von *Rembrandt,* aber sehr verdorben.

Ein bacchanal von Spranger.

Christian der vierte stehend, von Carl von Mander.

In einem zimmer:
Zwei thürstücke von Rugendas.

In einer schmalen galerie.

Zwei bacchanalien von Pietro Testa.

Venus mit den grazien im tanze, vom Cavaliere Liberi.

Zwei landschaften von Caspre Poussin.

Alles dies wird ein raub des schimmels und des moders.

Kokkedahl.

Dieser landsitz gehört jetzt dem geheimen konferenzrath von Lewezow. Seine lage am ufer des meers ist vortreflich. Vielleicht ist keine ansicht in ganz Seeland so geschickt, ein schönes landschaftsgemählde abzugeben, als diejenige, welche man von der vorderseite des schlosses aus geniesst. Den vorgrund füllen einige bauernhäuser, mit buschwerk und bäumen umgeben. Zum mittelgrunde hat man die aussicht aufs meer und dessen küste, welche durch den Nivaeer hafen, durch eine bucht, und durch die tief ins meer tretende erdzunge, worauf Helsingör und Kronenburg liegen, äuserst reich wird. Die insel Hveen, die man vor sich sieht, bringt endlich so wie ein theil der küste von Schonen, einen guten hintergrund hervor.

Hinten hinaus hat das schlofs die aussicht auf das schlofs Sophienberg und den park, der dazu gehört. Der ort, reizend durch sich selbst, ward mir noch interefsanter durch den umstand, dafs er ehemahls im besitz der frau oberhofmeisterin von Plefs gewesen ist, einer dame, die zu viel anspruch auf die öffentliche achtung in Dännemark und in meinem vaterlande hat, als dafs ich zu besorgen brauchte, es könne die besondere, die ich für sie hege, allein auf rechnung der dankbarkeit für ihre gewogenheit für mich gesetzt werden.

Sophienberg.

Ein königliches landschlofs, das jetzt dem prinzen Friedrich gehört. Es liegt beinahe in gleicher richtung mit Kokkedahl, allein die aussichten sind nicht so mahlerisch, als dort. Die architektur fällt gut ins auge, ob sie gleich nicht rein ist. Die gebrochene kuppel auf dem mittleren hauptgebäude verdient keinen beifall. In dem innern des schlofses sind einige aber unbedeutende gemählde: Eine kopie nach *Paolo Veronese* ist das beste darunter.

Eenrom.

Eenrom ist der landsitz des herrn konferenzraths Fabrizius von Tegnagel, und einer der berühmtesten in Seeland.

Das gebäude hat nordwärts den prospekt auf das königliche landschloſs Freudenlund, welches auf einer anhöhe, von waldung umgeben, liegt. Nach osten zu hat es den prospekt aufs meer, auf die insel Hveen, und auf die küste von Schonen, wo man Landskrone liegen sehen kann. Westwärts schlieſst sich ein ziemlich groſser see an, aus dem eine aue flieſst, die erst ein balsin mit verschiedenen kleinen inseln bildet, und sich dann ins meer ergieſst. Das ufer der aue dem hause gegenüber besteht aus einer anhöhe, die mit wald bedeckt ist.

Diese lage ist gewiſs so glücklich, um die verschönerung der gartenkunst anzunehmen, als sie sich in Seeland denken läſst. Aber auch hier haben die hände der menschen vieles verdorben. Der garten zunächst am hause ist in terraſsen und in reguläre felder abgetheilt, und dagegen würde ich nichts haben, wenn er von dem übrigen park gehörig abgesondert wäre. Aber da er damit ein ganzes ausmacht, so gehört diese regularität eben so wenig hieher, als sich die beiden symmetrisch gegen einander über gestellten pavillons von treillagen hieher schicken. Ganz unpafsend ist ferner die grotte am ufer des ehrwürdigen ozeans, auf der eine schäferin mit ihrem schäfer und hund und lamm, aus bemahlten brettern geschnizt, unter bäumen sitzen. Solche spielereien sollten überhaupt aus gärten verbannt werden.

Das thal, worin die aue fliefst, ist gleichfalls ganz verdorben. Eingeschlofsen in waldung, über welche die spitze des schlofses Freudenlund hervorragt, gibt ihm das wafserbecken, von wiesengrund bekränzt, und mit kleinen inseln bedeckt, eine wahrhaft romantische lage. Wenn diese inseln mit blumigten gebüsch bepflanzt wären, wenn auf der gröfsten unter ihnen ein kleiner dem Amor geweiheter tempel stände, so könnte man die insel der liebe in Chantilly darüber vergefsen, und das ganze würde von der anhöhe herab die freundlichste würkung thun. Aber statt defsen hat man auf die gröfste dieser inseln ein türkisches haus hingesetzt, und auf die übrigen so viel buntes spielwerk, (sogar eine festung,) dafs das ganze keine mafse bildet und den sinn des schönen auch im einzelnen auf mannigfaltige art beleidigt.

Im garten stehen zwei statuen. Die art, wie sie hieher gekommen sind, ist sonderbar genug. Die kaiserin von Rufsland hatte sie zu schiffe aus Italien kommen lafsen. Dies ging am eingange des sundes unter, und nach einigen jahren wurden die statuen wieder ausgefischt und hieher gebracht.

Sie sind aus der neueren Italienischen wahrscheinlich Berninischen schule: sehr unbestimmt gezeichnet und ziemlich schlank ausgeführt: Sie stellen die musen der tragödie und komödie vor, wenn ich mich recht erinnere, und haben wahrscheinlich zur dekorazion eines theaters dienen sollen.

Strandweg von Eenrom nach Kopenhagen, Seelust.

Der strandweg von Eenrom nach Kopenhagen am ufer der ostsee hin gehört unstreitig unter die anmuthigsten gegenden von Seeland. Der weg geht bald hart an der see weg, bald erhebt er sich auf höhen und läuft zwischen kornfeldern, weiden, gebüschen und wäldern hin. Eine menge von landhäusern in einiger entfernung von einander gestellt, und kleine örter liegen mit ihren gärten zur linken. Zur rechten hat man das meer, die insel Hveen, und die küste von Schonen. An diesem strande liegt auch Seelust, ein garten des grafen Schimmelmann, der als eine der geschmackvollesten englischen anlagen in Seeland berühmt ist. „Da der graf dazumahl abwesend war, habe ich weiter nichts davon gesehen, als die Emilienquelle. Sie liegt in einem artigen kleinen bosquet, und stellt ein auge vor, aus dem das wafser herausrinnt. Es soll eine allegorie auf den schmerz des grafen über den tod seiner ersten gattin seyn. Der gedanke ist in mehrerer rücksicht nicht glücklich.

Eremitage, thiergarten und quelle in demselben.

Man kann auch nach Sophienberg, Eenrom u. s. w. durch den thiergarten fahren, der nicht weit vom meere liegt. Beim eingang defselben hat man eine der schönsten aussichten auf die stadt, die umliegende gegend und das meer.

Im thiergarten trift man eine berühmte quelle an, die von den kopenhagener einwohnern, besonders von der untersten klafse, an einem gewissen tage im jahre häufig besucht wird, und eine art von jährlichem volksfest ausmacht. Die quelle selbst hat nichts besonders.

Die eremitage war sonst ein königliches landschlofs. Jetzt besitzt es der graf Ranzow, hofjägermeister des königs. Es liegt mitten im walde, hat aber die aussicht aufs meer. Das innere zeigt so wenig, wie das äusere etwas merkwürdiges. Der hof machte vordem häufige schlittenpartien hieher.

Der thiergarten ist sehr angefüllt von wilde, welches übrigens in Seeland ziemlich selten ist.

Remission auf den zweiten theil.

Was ich noch über einzelne gegenden von Seeland und über einige landstädte in demselben zu bemerken habe, will ich im zweiten theile dieses werks bei gelegenheit meiner rückreise über Corsoer sagen.

Allgemeiner blick über die naturgegenden in Seeland.

Aus allen den bemerkungen, die ich über die einzelnen gegenden in Seeland gemacht habe, ist bei mir folgender totaleindruck geblieben.

Alle schöne gegenden in Seeland sind von zweierlei art. Sie liegen entweder am strande des meeres oder am ufer eines landsees.

Die gegend am strande in der nähe von Kopenhagen gehört zu den interefsantesten, die ich im nördlichen Europa kenne. Sie hat zu gleicher zeit viel anmuthiges. Inzwischen fehlt es ihr doch an dem romantischen karakter, den man von vielen küsten in Norwegen und Schottland rühmt, und den ich, wiewohl von der reizenden art, bei Neapel und am Genfersee aus eigener erfahrung kenne.

Die dänische küste hat nicht die abwechselung von gestalten des ufers, welche bei Neapel weit ins meer tretende vorgebürge mit überhängenden felsen, und buchten in form eines amphitheaters von bergen eingeschlofsen, bilden. Sie zeigt nicht die mahlerischen gruppen und sonnen von bäumen, und die eben so mahlerischen fabriken von wohnungen der menschen, welche die dortigen landschaften staffiren. Eben so sehr fehlen ihr die weinberge, welche den Genfersee bekränzen, die menge freundlicher städtchen, die sich um ihn her gelagert haben, und besonders fehlt ihr, was beide haben, ein horizont, defsen linie berge unterbrechen. Ja! man mufs es gestehen, was den dänischen strand gröfstentheils anmuthig macht, das gehört nicht dem körperlichen der erde, nicht ihrem bleibenden schoos;

das hat menschenfleifs ihr als schmuck gegeben, das liegt in ihren pflanzungen, in ihren bauten, in ihrem leben und weben auf dem gewäfser. Denn sowohl die küste von Seeland, als die von Schweden, haben platte ufer, und die waldungen, mit der sie hin und wieder bewachsen sind, scheinen nicht dem mütterlichen schoofse der erde freiwillig entsprofsen zu seyn.

So lange man in der nähe von Kopenhagen bleibt, wird man dieses unterschiedes nicht gewahr. Aber so wie man sich mehr von dieser entfernt, und der anbau sparsamer wird, und der gebäude und der gärten weniger werden, da verliert sich der reiz, das lachende der küste, und der eindruck von hoheit, den die vorstellung des verstandes giebt, dafs dies zwischen zwei ufern eingeschlofsene gewäfser meer sey, und dafs die beiden küsten zu verschiedenen reichen gehören, wird durch den sinnlichen eindruck nur hier und da unterstützt. Keine felsen, keine berge, keine unabsehliche wafserflächen, keine ausströmenden flüfse füllen die seele mit feier, und die einförmigkeit der szene, die immer nur wald und weide, und kornfluren und wafser und die kahle küste von Schonen darbietet, mindert das interefse.

Die zweite gattung schöner landschaften in
Seeland liegt an den ufern der landseen. Auch
diesen räume ich grofse schönheiten ein. Aber
ich behaupte zu gleicher zeit, sie können mit den
schönen flufsgegenden des Rheins, der Weser, der
Donau, der Elbe, der Loire in Frankreich nicht
in vergleichung kommen, und auch nicht mit den
gegenden an den ufern einiger quellseen in der
Schweiz. Was diese landschaften so reizend
macht, sind berge, sind wiesen, welche das
schönste grün, die äuserste fruchtbarkeit dem
auge darlegen: endlich bei flüfsen die fortströh-
mende bewegung, bei quellseen aber das helle
durchsichtige wafser. Grade alles dies fehlt aber
den mehrsten seeländischen seen. Sie haben gutentheils sümpfen ihr daseyn zu danken. Daher
ist das grün der bäume und der gesträuche, die
an ihnen herumstehen, selten sehr heiter, der
anger selten sehr lachend, der boden nur hier und
da sehr fruchtbar. Berge, steinmafsen eröfnen
sich dem auge nicht, und das wafser ist weder
klar, noch in steter bewegung. So lange diese
seen in der nähe von Kopenhagen angetroffen werden, ersetzt die populazion und der anbau diesen
abgang, und man trift hier auch klares wafser in
den seen, und grofse fruchtbarkeit an ihren ufern

an. Aber so wie man weiter ins land kömmt, hören die schlöfser beinahe ganz auf, und, was nun zu verwundern ist, grofse bauernhöfe, welche den wohlstand des landmanns verkündigen, treten nicht an ihre stelle. Dörfer sind höchst sparsam. Frachtwagen machen die heerstrafsen und nebenwege nicht sehr volkreich, und, man mufs es sagen, der anbau des landes wird noch hier und da stark vernachläfsiget. Hier fällt nun die einförmigkeit des platten landes durch die einsamkeit um so mehr auf, da das niedrige gebüsch und die hecken, welche die fruchtfelder und wiesen in andern gleichfalls platten gegenden umschliefsen, und eine gewifse abwechselung hervorbringen, in Seeland äuserst selten sind.

Aus diesen gründen mache ich es mir begreiflich, wie ich nach einer reise von mehreren tagen in dem innern des landes zwar von sehr vielen höchst reizenden partien den genufs des schönen in einer beträchtlichen maafse erhalten hatte, aber doch am ende mich in der stimmung befand, als wenn ich eine zeitlang beim anschauen einer kränkelnden schönen, voll von einzelnen interefsanten zügen, aber von blafser farbe, mich verweilet hätte. Ich wollte ihr wohl, aber mir war auf die länge nicht behaglich bei ihrem anblick.

Meine theorie der schönen gartenkunst.

Ich wünschte hier meine ideen über das wesen und den zweck der schönen gartenkunst auseinander zu setzen, um so mehr, da es mir scheint, dafs diejenigen, die bisher darüber geschrieben haben, den wahren gesichtspunkt, aus dem die sache angesehen werden mufs, verfehlet haben.

Ein schöner garte ist eine erdfläche, welche durch anordnung des bodens und der gegenstände welche er hervorzubringen und zu tragen pflegt, für wohlerzogene menschen zum vergnügen am schönen der ansicht, umsicht, umhersicht, des häufigen umherwandelns und öfteren verweilens eingerichtet, zu gleicher zeit die forderungen eines schönen werks der schönen künste erfüllt, oder eine kunstschönheit ausmacht.

Ein garten mufs zum vergnügen am schönen für wohlerzogene menschen eingerichtet seyn, wenn er als werk der schönen künste angesehen werden soll. Ist er hauptsächlich zum nutzen bestimmt, so gehört er den freien künsten an: ist er zur belustigung des ungebildeten haufens bestimmt, so gehört er zu den künsteleien.

Wohlerzogene menschen haben das zum voraus, dafs sie um vergnügen am schönen zu empfinden, die würkung, die ein gegenstand auf sie macht, mit ihrer sittlichen würde im verhältnifse finden wollen. Es ist also nicht genug, dafs ein garte ihren sinnen angenehm sey, dafs die farben seiner gewächse dem auge wohl thun, ihr duft der nase u. s. w. Es ist nöthig, dafs derselbe vorstellungen in ihrer seele errege, welche die edleren kräfte ihres wesens in eine wohlgefällige thätigkeit versetzen.

Wo nun ein garte bei der ansicht, umsicht, übersicht, beim umherwandeln und verweilen, vorstellungen dieser art erweckt und zugleich vergnügen macht, da ist er ein werk, an dem der sinn des schönen antheil gehabt hat, mithin da er von menschlicher hand und menschlichem geiste eingerichtet ist, ein werk der schönen künste. Aber darum ist er noch nicht ein schönes werk der schönen künste oder eine kunstschönheit. Dazu wird noch ein mehreres erfordert.

Unter allen gegenständen, die wir um der unterhaltung am schönen willen aufsuchen, ist uns keiner interefsanter als der mensch, und das vergnügen, welches uns der umgang mit ihm in dieser rücksicht gibt, kann im durchschnitt kein anderer gegenstand so vollständig gewähren. Dasjenige, was uns in der verbindung mit ihm (die nemlich auf vergnügen am schönen, nicht auf nutzen abzweckt) auf die länge gefällt: das gefühl desjenigen, was uns mit zärtlichkeit und achtung an ihn fesselt: die begriffe, wornach wir sein aus körper und seele bestehendes wesen beurtheilen: alles das wenden wir auf jedes kunstwerk an, wenn wir untersuchen, ob es ein schönes kunstwerk, eine kunstschönheit sey. Wir verlangen alsdann:

1) Dafs es nach art des schönen menschlichen körpers eine wohlgefällige einkleidung:

2) nach art der schönen menschlichen seele (in beziehung auf den geselligen umgang zur unterhaltung) einen interefsanten innern gehalt haben müfse.

3) Dafs es ein ganzes ausmache, defsen theile unter das verhältnifs eines spezifiken wesens, einer person gebracht werden können, und dafs dies ganze

4) den zweck erfülle, den das werk der schönen künste überhaupt, und die gattung von werken der besonderen schönen kunst, wozu es gehört, intendirt.

Die art und weise, wie jede besondere schöne kunst dies erreicht, ist sehr verschieden.

Ich bleibe hier bei den schönen bildenden künsten stehen, wozu die gartenkunst gehört.

Eine kunstschönheit der schönen bildenden künste ist ein von menschlichem geiste und menschlicher hand hervorgebrachtes ganze, das durch eine *sichtbare* einkleidung für wohlerzogene menschen wohlgefällig wird, und durch diese sichtbare einkleidung auf vorstellungen eines inneren unsinnlichen gehaltes führt, der gleichfalls anspruch auf das wohlgefallen wohlerzogener menschen hat.

Zur wohlgefälligen einkleidung gehört bei den kunstschönheiten der schönen bildenden künste:

1) *Das angenehme:* oder dasjenige was ohne erkenntnifsurtheil die sinne und die seele wohlgefällig rührt; z. e. das brillantiren der glänzenden bewegung der silberpappel: der grüne teppich und so weiter.

2) *Die unbedeutende wohlgestalt:* oder solche sichtbare gestalten, die keinen uns bekannten körper ausschliefsend beigelegt sind, und nicht unbedingt überall gefallen, welche aber wahrscheinlich darum, weil wir sie so häufig an geschätzten und geliebten körpern antreffen, in vielen fällen unmittelbar auf nutzen und zweck-

mäfsigkeit zurückführen und dem auge und der seele zu gleicher zeit angenehme rührungen gewähren, im durchschnitt lieber sehn als andere. Dahin gehören die schlangenlinie, die eurythmetische und symmetrische distribuzion, die reguläre geometrische figur u. s. w.

3) Das generelle, vage, interessante; oder die sichtbare veranlassung, uns an gewisse allgemeine unsinnliche eigenschaften und beschaffenheiten zu erinnern, die den begriff physischer und moralischer vortreflichkeit mit sich führen. Dahin gehört: reichthum, pracht, gröfse, stärke, ordnung, simplizität, ungezwungenheit, zierlichkeit, nettigkeit u. s. w.

Der innere gehalt einer kunstschönheit besteht:

1) in der *Bedeutung*. Ich muſs mir sagen können, was das schöne kunstwerk seyn soll.

Ein schönes kunstwerk ist aber entweder die nachahmung eines spezifiken gegenstandes in der würklichkeit, der bestimmten begriffen unterworfen ist, und alsdann muſs ich die nachbildung mit dem vorbilde getreu übereinstimmend finden. Z. e. ein gemählde muſs mich nicht zweifelhaft lassen, welchen sichtbaren gegenstand der künstler hat mahlen wollen: eine pantomime muſs bestimmt den leidenschaftlichen zustand, oder die handlung andeuten, die der mimiker darstellen will: diese eigenschaft eines schönen kunstwerks nenne ich *wahrheit*. Oder: ein schönes kunstwerk ist keine nachahmung, es ist ein geschöpf des menschlichen geistes, das aber zu einem spezifiken gebrauche, der bestimmten begriffen unterworfen ist, abzweckt. Z. e. ein tempel, ein lusthaus, ein pallast, ein kamp, ein eingeschlofsenes feld. Diese eigenschaft eines kunstwerks nenne ich *zweckmäſsigkeit*.

2) Zum innern gehalt einer kunstschönheit gehört ferner der karakter, oder wie man es sonst zu nennen pflegt, der ausdruck. Es ist nicht genug, dafs das kunstwerk meine seele in eine wohlgefällige stimmung setze, ich mufs diese stimmung auch einer bestimmten schwingung meiner kräfte bei der anschauung zuschreiben können, die meine seele entweder mit feier oder mit zärtlichkeit anfüllt, oder sie in einen mittelzustand versetzt, der die folge des gefühls einer heitern, ergötzenden unterhaltung ist. Der künstler erreicht dies, wenn er in sein werk die stimmung legt, die er selbst bei deſſen verfertigung gehabt hat: er theilt sie mir dadurch mit.

3) Zu dem innern gehalte gehört endlich die ahndung der geschicklichkeit des urhebers. Es ist ein völlig falscher satz, wenn man behauptet, dafs irgend ein schönes kunstwerk dadurch an reiz gewinne, wenn wir es für ein werk des zufalls oder der nicht bearbeiteten natur halten. Nein! die betrachtung, dafs der mensch, ein geschöpf unsers gleichen, so viel vermogt hat, hebt den werth des werkes ungemein, und kömmt bei defsen schätzung immer mit in betracht. Aber die geschicklichkeit des künstlers ist gemeiniglich alsdann am gröfsten, wenn wir zwischen seinen produkten und denen der natur keinen andern unterschied finden, als den, dafs er nach dem plane, uns eine schöne unterhaltung zu gewähren, gearbeitet hat. Diese ahndung der geschicklichkeit des urhebers in seinen werken nenne ich, den geist.

Diese stücke zusammen, und keines derselben besonders, machen dann, wenn sie sich in dem total, in dem ganzen, in den haupttheilen zeigen, eine kunstschönheit der schönen bildenden künste aus. Sie erwecken das gefühl der schönheit, die liebe, die wir zu dem leblosen aber nicht unbelebten gesellschafter zu hegen im stande sind. Und dies zu erreichen, diese neigung bei dem beschauer und geniefser hervorzubringen, ist der zweck aller schönen bildenden künste. Das blos angenehme kann ihn nicht vollenden, sonst wäre die einzelne farbe, die glänzende bewegung schon ein schönes kunstwerk. Die unbedeutende wohlgestalt kann ihn nicht erreichen, sonst wäre die schlangenlinie schon ein schönes kunstwerk. Das generell interefsante kann nicht dazu hinreichen, sonst müfste der nürnberger tand, der ordnung, reichthum, zierlichkeit u. s. w. zeigt, ein schönes kunstwerk seyn. Die blofse bedeutung, die wahrheit und zweckmäfsigkeit, können nicht dazu hinreichen, denn die statue des geschundenen Bartholomäus von Markus Agrato zu Mailand, ist so wenig eine kunstschönheit, als das bequem eingerichtete haus eines bürgers ohne auffallende aufsenseite. Es reicht auch der ausdruck nicht dazu hin, denn sonst müfste der bettler, der mir seinen ungesunden zustand mimisch darstellt, gleichfalls ein schönes kunstwerk liefern: Endlich nicht der geist: denn sonst wäre das mechanische kunstwerk, die Kempelsche schachmaschine auch ein schönes kunstwerk.

Jede der schönen bildenden künste bearbeitet einen andern stoff, und dieser modifizirt oft die mittel, die sie zur schönen einkleidung ihrer werke gebraucht. Z. e. die mahlerei rechnet wenig auf die berührung, desto mehr auf die farbe. Die unbedeutende wohlgestalt ist ihr viel weniger in dieser absicht werth, als das generell interefsante. Die bildhauerkunst rechnet wenig auf dies interefsante und auf die farbe, desto mehr auf die berührung und die unbedeutende wohlgestalt; die baukunst nimmt das sinnlich angenehme beinahe gar nicht zu hülfe u. s. w.

Eben so wird der innere gehalt der werke einer jeden der schönen bildenden künste durch die besondern zwecke modifizirt, die sie haben. Die mahlerei will durch nachahmung der sichtbaren stillstehenden ansicht in demjenigen grade der treue, der mit dem zweck der künste überhaupt vereinbart ist, interefsiren. Die bildhauerkunst will nur solche gegenstände darstellen, die schon in der natur gesehen interefsiren, und sie dadurch noch wichtiger machen, dafs sie dieselben verschönert. Sie will nicht blofse ansichten, sondern umsichten liefern: körper, die aus mehreren profilen angeschauet werden können. Die baukunst endlich will einen körper schaffen, der nach art desjenigen, welcher der seele zur behausung dient, dem bewohner zum bequemsten aufenthalt, und dem vorübergehenden zur wohlgefälligen prüfung des verhältnisses der aufsenseite zur innern bestimmung diene. Man sieht, wie verschieden dadurch die bedeutung, der karakter, der geist, in jeder kunst modifizirt werden müssen.

Die gartenkunst hat das mit allen schönen bildenden künsten wesentlich gemein, dafs sie durch sichtbare körper ihren zwecken nachstrebt. Aber sie unterscheidet sich dadurch von allen andern, dafs der stoff, den sie hauptsächlich bearbeitet, in körpern besteht, die als solche ihr von der natur fertig geliefert werden, und gutentheils, einzeln betrachtet, schon durch sich selbst den affekt des schönen erwecken können. Daraus fliefst eine besondere modifikazion ihres wesens. *Sie schaft, sie bildet durch anordnung: durch zusammenstellung des einzelnen und einrichtung des ganzen.*

Die gartenkunst hat mit allen schönen bildenden künsten den zweck gemein, dafs sie hauptsächlich dem sinne des auges schmeicheln will. Sie hat das mit der baukunst gemein, dafs sie gewisse vorstellungen von würklichem körperlichen eindringen, gebrauch und genufs, und dadurch triebe erweckt und befriedigt, die weiter als die der blofsen anschauung gehen. Aber sie unterscheidet sich dadurch von allen künsten, die hauptsächlich fürs auge arbeiten, dafs sie diesen nicht blos, wie die mahlerei, eine ansicht aus einem festen gesichtspunkte von den gegenständen liefert, die sie aufstellt; nicht blos eine umsicht, oder anschauungen aus mehreren profilen, wie die bildhauerkunst; sondern auch übersichten, indem sie den geniefser ihrer schönheiten bald auf anhöhen führt, von denen herab er a vue d'oiseau die gegenstände beinahe in perpendikulärer richtung überschauet, theils vor dem wanderer flache erdtafeln ausbreitet, über welche sein blick in vertikaler richtung hinfällt. Dabei arbeitet die gartenkunst zugleich, wiewohl in untergeordneter maafse unmittelbar für mehrere sinne aufser dem auge; besorgt körperliche behaglichkeit neben dem genufs der seele, und unterscheidet sich endlich besonders von der baukunst dadurch, dafs wenn sie zwar gleichfalls ein wörkliches eindringen, einen häufigen gebrauch und genufs mittelst körperlichen eingehens und einlagerns gestattet, dies doch blos auf unterhaltung, nicht auf wörkliche nutzung abzweckt. Man wandelt häufig in einem garten herum, man verweilt oft, aber man wohnt nicht darin.

Sobald man diese rücksichten, welche theils das wesen und der zweck einer schönen bildenden kunst überhaupt, und das besondere wesen und der besondere zweck der schönen gartenkunst an die hand geben, wohl beachtet, so dürfte der gesichtspunkt, aus dem ein garte als schönes kunstwerk beurtheilt werden muſs, ziemlich scharf bezeichnet seyn.

Zuerst unterscheidet sich vom garten alles, was als vorplatz des hauses, als vorhof, als auffahrt anzusehen ist, und der regel nach, weder zum spatziergange, noch zum verweilen dienet. Die dekorazion derselben gehört, als theil des gebäudes, der regel nach, der baukunst.

Zweitens wird man die verschönerung von landsitzen, die hauptsächlich zum nutzen bestimmt sind, nicht genau nach den vorschriften der schönen gartenkunst beurtheilen dürfen. Denn bei solchen geschmückten meiereien nimmt man allemahl darauf rücksicht, daſs das schöne dem nutzbaren untergeordnet sey, oder daſs beides sich unter einander wenigstens die waage halte. Hier trift das wort des Kato zu:

>Ita aedifices, ne villa fundum quaerat, ne fundus villam.

Drittens zeigt sich nun zwischen einem garten und einer schönen zum garten nicht eingerichteten gegend, ein unverkennbarer, wiewohl bis jetzt ziemlich verkannter unterschied.

Eine wirkliche gegend ist eine fortlaufende strecke der erde, welche eine menge von plätzen und partien enthält, die theils anbau, theils bebauung, theils keines von beiden zeigen, und durch natürliche gränzen, z. e. eine bergkette, oder durch den umfang der übersicht des auges, oder durch einen gemeinschaftlichen karakter von andern gegenden abgesondert, und zu einem ganzen wird.

Daſs nun eine solche gegend zufälliger weise auch die bestimmung eines gartens erfüllen könne, leidet keinen zweifel. Daſs aber eine schöne gegend auch ganz und gar diese bestimmung nicht erfüllen könne, leidet wieder keinen zweifel.

Man steige auf einen hohen berg. In den gegenden, die wegen ihrer schönheit am berühmtesten sind: was wird man sehen? städte, dörfer, wälder, gebüsche, feldfluren, heerstraſsen, meer, geschlängelte flüſse, stehende seen, bergketten, groſse leere weiden fürs vieh, hecken und befriedigungen mancherlei art. Vortreflich zur übersicht! aber auch eben so interessant zum umherwandeln, zum öftern angenehmen verweilen, oder auch nur zur mahlerischen ansicht? das ganze niemahls: einzelne strecken allerdings! man kann vielleicht hundert plätze aus dieser gegend zu gärten aussuchen wollen, aber hundert andere wird man auch ganz ungenutzt zur seite liegen lafsen müfsen. Also wird diese schöne gegend, die bei der übersicht ein schönes ganze ausmacht, für die schöne gartenkunst, die noch andere zwecke zu erfüllen hat, nie ein schönes ganze ausmachen können. Unendlich viele theile werden mit ihren zwecken gar in keinem verhältnifse stehen.

Eine einzelne naturszene und ein werk der kunst, welche einen platz in der natur zu bestimmten zwecken eingerichtet hat, werden wieder nach verschiedenen rücksichten beurtheilt. Jene dienet hauptsächlich dazu, vorstellungen in uns aufzuwecken, die, weil sie mit unserer abhängigkeit von einem höhern wesen in beziehung stehen, oder uns an andere unsinnliche aber für uns wichtige beschaffenheiten erinnern, wohlgefällige emozionen in uns erregen können. Daher sind abwechselung, unermefslichkeit, reichthum, seltenheit u. s. w. oft ganz allein hinreichend uns zu interefsiren.

Eine unfruchtbare meerküste, ein wafserbecken von felsen eingeschlofsen, ein feuerspeiender berg, die spitze des brocken u. s. w. sind in diesem betracht schönheiten in der natur. Aber wohl bedacht, zum anblicken, zur erinnerung um der mit hinzugebrachten zufälligen beschaffenheit willen, nicht um die empfindung einzuflöfsen: hier ist gut wohnen! Sie sind schlechterdings keine kunstschönheiten, welche für sich bestehende ganze ausmachen sollen, die durch äusere einkleidung und inneren gehalt liebe bei wohlerzogenen menschen für sich selbst, für ihre eigenthümlichen eigenschaften erwecken können: liebe, wie man sie für den wohlgefälligen lebenden gesellschafter empfindet.

Chambers, der uns in seinen idealisirten chinesischen gärten muster von schönen kunstwerken dieser art hat aufstellen wollen, liefert mehrere beispiele, wie wichtig es ist, diesen unterschied wohl festzusetzen. Unter andern, sagt er, finden sich in den gärten der Chineser auch fürchterliche szenen: überhangende felsen, dunkle grotten, brausende wafserfälle, die von allen seiten herabstürzen; die bäume sind ungestaltet und scheinen von der gewalt des sturmes zerrifsen zu seyn. Hier sieht man einige umgestürzt liegen, die den lauf der bäche unterbrechen, und von der wuth des wafsers dahin geschwemmet scheinen; dort erscheinen sie wie vom blitz verbrannt und zersplittert. Einige gebäude liegen in ruinen, andere sind halb vom feuer zerstöhrt, und etliche hin und wieder auf die anhöhe zerstreuete armselige hütten scheinen zu gleicher zeit das dasein elender bewohner anzukündigen.

Gesetzt, jemand wollte diese abentheuerlichkeit in einem garten realisiren, so würde er meiner meinung nach den durchreisenden fremden, die sich in dem garten, wie man zu sagen pflegt, besehen wollten, ein augenblickliches ganz unterhaltendes schauspiel liefern: aber von den personen, die an dem orte wohnten, würde er sicherlich nicht häufig besucht werden. Eine solche szene ist gut für eine theaterdekoration, welche ihren zweck erfüllt, wenn sie der phantasie eine fliegende hitze abjagt, und einen blitz von empfindung in der seele der zuschauer zündet. In dieser rücksicht ist auch ein schlachtfeld, ein knochenhaus und ein hochgericht etwas schönes. Aber wer mag in der nachbarschaft wohnen? Wefsen auge mag da oft verweilen? Wer häufig dabei herumwandeln, und täglich dahin zurückkehren?

Ein werk der schönen bildenden künste ist für einen ewigen anblick geschaffen: eine schönheit der gartenkunst aber noch aufserdem fürs würkliche eindringen, für die innigste vereinigung. Lächerlich sind daher Chambers gartenszenen für jede jahrszeit, welches neuere schriftsteller sogar auf gärten für verschiedene tageszeiten ausgedehnt haben. Lächerlich ist das lob, welches Chambers den chinesischen künstlern beilegt, dafs sie durch schnelle abwechselungen und gegensätze von lachenden und fürchterlichen szenen die seele des geniefsers zu heben wüfsten. So etwas kann nur in die gothische seele eines bewohners des nordens kommen. Jedes kunstwerk wird nach art eines menschlichen ganzen in seinen geselligen verhältnifsen zu uns, beurtheilt. So wenig wir den gesellschafter auf die länge vertragen, der ohne allen übergang aus einer feierlichen stimmung in eine fröhliche fällt, so wenig mögen wir diesen kreischenden kontrast in einem schönen kunstwerk. Man verzeiht ihm, wo er durch grofse schönheiten bedeckt wird, aber man lobt ihn nicht.

Der gärtner kann durchaus nicht wie der dichter verfahren, der dem zuhörer bilder vorführt, die emozionen in seiner seele erwecken, ohne auf die wohlgefälligkeit ihres würklichen anblicks auf die dauer rücksicht zu nehmen. Ein interefsantes bild in den künsten, die hauptsächlich mit fürs auge arbeiten, muſs schlechterdings eine wohlgefällige einkleidung und einen solchen innern gehalt haben, solche unsinnliche vorstellungen erwecken, bei denen man auf die länge ohne pein verweilen mag. Die ganze Chambersche idealisirung seiner chinesischen gärten geht von falschen grundsätzen aus. Sie läſst sich gut hören: sie würde in einem Londoner ballet auf einen abend sich gut anblicken lafsen, aber zur häufigen anschauung in dauernden werken ist sie schlechterdings nicht geschaffen.

Viertens: sehr auffallend unterscheidet sich ein schöner garten von einer schönen mahlerischen ansicht der natur, und besonders noch von einem schönen landschaftsgemählde.

Der gartenkünstler wird zwar sehr wohl thun, wenn er darnach strebt, einzelne gegenstände in dem bezirk seines gartens mahlerisch erscheinen zu lafsen: d. h. abwechselnd in gestalten und farben, und doch zu einer mafse verbunden. Aber alles kann er nicht in mahlerischen gruppen darstellen, weil er nicht blos aus einem stillstehenden gesichtspunkte die gegenstände erscheinen

läfst, sondern auch umsichten und übersichten
liefert. Ein garten, der aus lauter mahlerischen
gruppen bestände, würde wahrscheinlich in eine
grofse einförmigkeit fallen. Aufserdem aber mufs
man immer darauf rechnen, dafs zur schönheit
einer mahlerischen gruppe die beleuchtung, das
helldunkle, sehr viel beiträgt, und natürlicher
weise hat dies der gartenkünstler nur dem zufall
dann und wann zu verdanken. Auch daraus
fliefst die folge, dafs er nicht allein darauf los arbeiten darf.

Der gartenkünstler ist glücklich, wenn er
nur ein würkliches landschaftsgemählde darstellen
kann. Allein höchst selten steht dies in seiner
macht und er kann es beinahe niemahls innerhalb
der gränzen seines gartens vollenden. Den vorgrund, allenfalls den mittelgrund kann er liefern:
aber den weit reichenden abwechselnden hintergrund, die ferne, mufs er vom lokal erwarten. Wie
selten aber schicken sich die reinlich gehaltenen
ebenen und grasanger, die mit grand ausgefüllten,
mit abgestutzten säumen eingefafsten wege, die frei
stehenden hauptgebäude, selbst zu vor- und mittelgründen! wie oft beschränkt ein wald und ein
gebüsch die aussicht! Man sehe doch nur die kupferstiche an, die nach englischen parks gezeichnet

und gestochen sind, wie mager, nackt und steif erscheinen sie nicht im gemählde! Man sehe die blumigten gebüsche eines *Breughel van Vlour* an, wenn er uns den garten Edens darstellen will; welchen werth würden sie für den kenner der mahlerei haben, wenn er nicht die trefliche behandlung der farben daran bewunderte! und doch würden diese gebüsche gewiſs sehr schöne partien in unsern neueren gärten ausmachen, um darin spatzieren zu gehen, und sich darin zu lagern. Aber das ist es eben, worin die landschaftsmahlerei von der gartenkunst hauptsächlich abweicht: jene angenehmen spatziergänge, die schatten, sanfte rasen oder reinlichen boden zum betreten darbieten: jene traulichen plätze, in denen man sich so gern lagert, das detail der natur und kunst, worauf man so gern seine blicke heftet; alles das liefert die mahlerei nur höchst unvollständig, und nimmt daher auch wenig darauf rücksicht: die berühmtesten landschaften eines Claude le Lorrain, Both, Pouſsins, Ruysdaels u. s. w. würden sehr schlechte garten ausmachen. Man würde sich entweder den kopf verbrennen, wenn man darin spatzieren gehen wollte, oder man würde sich keinen platz zum lagern darin aussuchen können. Die landschaftsmahlerei kann sich auf darstellung des einzelnen, was die blicke an sich heftet, wenig einlassen. Darum beleidigen die fehler in der architektur, und in der darstellung des menschen, so wenig in ihren werken. Darum sind die zu fleifsig ausgeführten pflanzen auf den vorgründen in Wynants landschaften so unzweckmäfsig.

Wozu also die landschaftsmahlerei dem gartenkünstler nützlich seyn kann, besteht darin, dafs er von ihr einzelne mahlerische gruppen anordnen, und solche standorte ausspähen lernt, von denen man aus dem garten heraus in die ferne schöne landschaften anschauet. Aber auch hier sind zwei bemerkungen nicht aufser acht zu lafsen. Die erste, dafs nicht jede schöne ansicht grade eine mahlerische gruppe zu bilden braucht: denn ein freistehendes gebäude macht mit seiner façade zwar eine schöne ansicht, aber keine mahlerische gruppe aus. —

Zweitens dafs, wenn gleich eine gegend dadurch einen besondern reiz erhält, wenn man sie, in einen rahmen eingeschlofsen, wie ein schönes gemählde betrachten kann; dennoch dies, vorzüglich wenn sie als aussicht aus einem garten betrachtet wird, keineswegs unbedingtes erfordernifs sey. Es ist vielmehr eine richtige bemerkung, dafs manche gegenden, die in der natur, und besonders von einer anhöhe herab gesehen, interessant sind, dies interesse im gemählde verlieren, oder vielleicht gar nicht zu mahlen sind. Eine gegend kann beim herumwandeln bald in vertikaler, bald in horizontaler, bald in einer beinahe perpendikulairen richtung gesehen werden. Man dreht sich auf der axe seines körpers herum, man sucht die besten profile der gegenstände auf, die sie schmücken: man macht sich seine abtheilungen, ordnet sich seine mafsen, was der einen fehlt, ersetzt die andere: reichthum, abwechselung hält für den mangel der ordnung schadlos: der ausdruck von leben und weben der bewohner entschädigt für das unbedeutende des erdkörpers, und der duft der pflanzen, ihre einzelne gestalt, das gefühl der vegetabilischen kräfte und gesundheit des erdbodens überhaupt, führen uns von der beurtheilung der wohlgestalt und des karakters des ganzen ab. Alles das fällt im gemählde gutentheils weg. Ich mufs hier die bilder so aufnehmen, wie sie der mahler liefern kann, und dann beleidigt er mich entweder durch armuth, oder durch überladung. Er hat mir nicht alles dasjenige wiederliefern können, was ich in der natur empfunden, und aus einer ansicht zu sehen geglaubt habe: oder er hat es mir wiederliefern wollen, und eine unordentliche gepreſste zusammensetzung ganz heterogener dinge geliefert.

Man sieht hieraus, wie höchst unbestimmt und in ihrer unbestimmtheit falsch die grundsätze derjenigen sind, welche behaupten: ein schöner garten müſse einer natürlichen gegend gleichen; man müſse blos die natur nachahmen; man müſse dasjenige, was sie angenehmes und interessantes hat, auf eben die art, durch eben die mittel, deren sie sich bedient, vereinigen; die schönheiten, die sie in ihren landschaften verstreuet, auf einen platz sammeln, und die mahlerei, besonders aber die landschaftsmahlerei, müſse ihr darunter zur führerin dienen.

Eben so unbestimmt ist die behauptung: der gartenkünstler müſse gerade das gegentheil von demjenigen thun, was der baumeister thut. Wenn doch männer, die so etwas sagen, erst lernen wollten, was der baumeister eigentlich thut! Er schaft körper, zu deren gestalt er in der natur kein speciſikes vorbild vor sich sieht. Er richtet sich also nach den allgemeinen vorschriften, welche ihm die natur giebt, wenn sie ihre werke zu gleicher zeit zweckmäſsig und wohlgefällig machen will. Der körper des menschen giebt ihm dazu einzelne erfahrungen an die hand. Von ihm lernt er, daſs eurythmie und symmetrie solche körper und flächen, welche der blick auf einmahl mit ihren gränzen umfaſst, wohlgefällig anordnen. Er fühlt, daſs ordnung, welche symmetrie und eurythmie versinnlichen, mit dem zwecke seiner werke im genauesten verhältnifse, und daſs der feste stoff, den er bearbeitet, mit der regularität geometrischer figuren in beziehung steht. Darum ist er symmetrisch, eurythmetisch, darum bildet er regulaire geometrische figuren. Aber er wäre wahrhaftig nur ein mauermeister, wenn er weiter nichts als das thäte. Nein! die kunst, welche er besitzt, dieser zweckmäſsigkeit, regularität und ordnung unbeschadet, dennoch seinen einzelnen formen durch unendliche und feine beziehungen auf wohlgestalt anderer körper und sichtbare versinnlichung allgemein wohlgefälliger unsinnlicher eigenschaften und beschaffenheiten, abwechselung, reichthum, leben, schmuck, und dem ganzen bedeutung und ausdruck zu geben, das macht ihn zum schönen künstler.

Der gartenkünstler findet sich unstreitig mit dem baumeister zuweilen in gleicher lage. Es giebt fälle, worin er so wenig wie dieser ein spezifikes vorbild in der natur zu seinen komposizionen antrift. Alsdann dürfen ihm gewifs die nemlichen grundsätze, unter der modifikazion, welche ihnen das besondere wesen, die besonderen zwecke seiner kunst geben, zur richtschnur dienen. Beide lernen alsdann nicht von der natur aus ihren einzelnen werken: sie schöpfen ihre regeln aus der folge ihrer verfahrungsart im ganzen.

Man muſs nemlich die gartenkunst in einer doppelten eigenschaft betrachten. *Sie ist entweder eine schaffende kunst, die kein nahes vorbild zu ihren produkzionen in der natur vor sich sieht, so wie die baukunst: oder sie ist eine nachbildende kunst, die so wie die bildhauerkunst und mahlerei spezifike körper und gegenstände in der natur zum vorwurf der nachahmung nimmt.*

Beide bestimmungen scheinen ihr verschiedene wege anzuweisen, auf denen sie das schöne aufsuchen soll. In dem ersten verhältniſse befindet sie sich, wenn sie einen erdplatz von der übrigen naturge end absondert, diesem entweder künstliche gränzen durch hecken, mauern, gewäſser, erdwälle, staketter setzt, oder diese gränzen von der natur gemacht findet, z. e. bei inseln und engen thälern.

In diesen fällen liegt eine erdtafel, wenn ich
sagen darf, vor den augen des beschauers ausgebreitet, deren gränzen dieser mit einemmahle
übersehen kann. Diese erdtafel soll geschmückt
werden, und es fragt sich, wie soll dies geschehen? Soll der gartenkünstler darauf eine einzige
mahlerische gruppe darstellen, oder soll er eine
ganze gegend oder wenigstens eine partie
aus einer dem zufall überlafsenen gegend darin
nachahmen: oder soll er endlich auf die allgemeinen grundsätze einer wohlgefälligen anordnung
eines mit einem blick zu übersehenden körpers,
einer mit einem mahle zu überschauenden tafel
zurückgehen?

Meiner einsicht nach mag er davon thun
was er will, wenn er nur nicht zweckwidrig handelt. Zweckwidrig aber wird er handeln, wenn
er mir in einem eingeschränkten raume eine freie
naturgegend darstellen wollte. Denn statt eines
gartens würde er mir eine raritätenkammer ins
kleine gebrachter berge, thäler, flüsse, seen und
wälder liefern, und ein mitleidiges lächeln würde
die einzige empfindung seyn, die er mir einflöfste.
Zweckwidrig würde er ferner handeln, wenn er
mir nur eine mahlerische gruppe wie eine theaterdekorazion darstellte. Denn diese ist zum an-

§ 5

schauen: ein garte aber ist zu gleicher zeit zum herumwandeln und zum verweilen innerhalb seiner gränzen.

Es bleiben also eigentlich zur dekorazion einer solchen eingeschlofsenen erdtafel nur zwei wege übrig: dafs man entweder eine einzelne partie aus der ungeschmückten natur heraushebe und durch nachahmung hieher versetze, z. e. ein gehölz, ein gebüsch mit zubehör: oder dafs man sich nach den allgemeinen regeln einer wohlgefälligen distribuzion solcher plätze richte, deren ganzes, deren einzelne theile, folglich auch deren gränzen mit einem blick gefafst werden können.

Dafs nun regularität zu den mitteln einer wohlgefälligen distribuzion unter andern mit gehören könne, mag gar nicht geleugnet werden. Es macht auch der umstand, ob die tafel, die eingeschlofsene fläche, die ich als solche beurtheile, in horizontaler oder vertikaler richtung vor dem auge liege, oder aufgerichtet sei, darunter keinen unterschied. Die anordnung öffentlicher plätze in grofsen städten, wenn sie auch nicht bebauet sind, und die anordnung der mit speisen besetzten tafeln zeigt dies zur gnüge. Die einzige vorsicht, die nur bei gärten zu gleicher zeit zu beobachten ist, besteht darin: dafs diese regularität mit den zwecken der schönen gartenkunst im verhältnifs stehe: dafs sie nicht in einförmigkeit ausarte, und dafs man neben dem wohlgefallen, welches man an der guten anordnung nimmt, sich zu gleicher zeit ein wohlgefälliges eindringen, umherwandeln und verweilen in dem regulair distribuirten platze verspreche. Die älteren französischen gärten waren nicht darum häfslich, weil sie regulair waren, sondern weil sie steif, einförmig, untauglich zum angenehmen umherwandeln und verweilen waren.

Regularität umfafst aber alles, was bei der distribuzion verschiedener theile in einem ganzen unmittelbar auf eine versinnlichung des unsinnlichen begriffs von ordnung oder wenn man lieber will, von einheit und mannigfaltigkeit in den umrifsen und aufrifsen der fläche und der gegenstände, mit denen sie angefüllt ist, abzweckt.

Alles also, was ideen von übereinstimmung gegen einander gehaltener körper, abgemefsener eintheilung, wiederkehr des nemlichen nach gewifsen zwischenräumen aufweckt, gehört zur regularität. Die symmetrie, die eurythmie, das gradlinigte, die geometrisch-regulaire gestalt können mit darunter begriffen seyn, sie können aber auch nicht mit darunter begriffen seyn. Lafsen sie uns eine insel annehmen, die ein natürliches oblongum bildet, woran aber das winkelmaafs nicht gerührt hat. Setzen sie auf das eine ende derselben ein schlofs hin, vor dafselbe mäfsen von blumenpflanzen auf einer terrafse, von welcher herab eine treppe in einen niedriger liegenden grund führt. Der grund soll aus einem grasanger bestehen, an defsen beiden seiten sich zwischen gebüsch zwei wege in geschlängelten biegungen herumwinden, aber ungefehr in gleichen richtungen auf einander zu, und wieder von einander abweichen. Hinter dem grasanger erhebt sich, ungefehr in gleichem verhältnifse von gröfse, und entfernung zu der blumenterrafse, ein lustgebüsch von blumigten stauden, und in diesen verlieren sich die beiden wege. Das lustgebüsch schliefst sich darauf an ein gehölz von hochstämmigten bäumen an, welches dem hause gegenüber, am entgegengesetzten ende der insel, wieder ungefehr in gleichem verhältnifse von gröfse und entfernung liegt.

Hier ist weder symmetrie noch eigentliche eurythmie, noch etwas gradlinigtes oder geometrisch-regulaires und abgemefsenes anzutreffen. Aber jedes auge sieht leicht, dafs der künstler bei seiner anlage durch die ideen, welche bei diesen dingen zum grunde liegen, geleitet ist, und dafs, wenn er die abgemefsene form versteckt hat, die beziehung darauf doch einem jeden fühlbar werde.

Gut! wird man sagen, so lafse man es bei der entfernten beziehung: man verstecke aber die sache selbst. Warum? wenn ich dabei weder steif noch langweilig zu werden brauche? Ich sehe nicht die verbindlichkeit ab. Ich setze meine Insel nach art der Isola bella im Lago maggiore in einen schönen landsee, ziemlich weit vom ufer, so dafs die absonderung von der übrigen natur deutlich wird. Ich gebe ihr die gestalt eines regelmäfsigen oblongi und verbräme ihre ufer mit stufenweise aufsteigendem gebüsch und niedrigen hecken von lachenden stauden, zwischen denen kleine wege durchlaufen. An dem einen ende des oblongi stelle ich das wohnhaus hin, welches den gröfsten theil der einen breite einnimmt. Die terrafse vor demselben ist in viereckigte blumenfelder eingetheilt, die aber mit ihren gewächsen gruppen bilden: zwischen diesen herum steht die orangerie, und zwei porphyrne urnen, gegen einander über gestellt, dienen zu behältern von springbrunnen. Das geländer der terrafse ist mit statuen und vasen von der schönsten form verziert. Man geht zu beiden seiten auf zwei breiten steinernen treppen herab, welche in zwei gradlinigte alleen von Platanen führen. Diese leiten wieder zu einer grade gegenüber liegenden anhöhe. Auf dieser gelangt man, mittelst zweier weit gebogenen treppen, in einen pavillon von der edelsten bauart, der daselbst dem wohnhause gegenüber zwischen reiheweise gepflanzten Platanen thront. Unter dem pavillon stürzt eine kaskade herab, deren gewäßer in grader richtung bis in die mitte des gartens vorströhmt, und ein weites ovalförmiges bafsin bildet, dessen marmorner rand mit statuen besetzt ist. Der mittelgrund ist mit einem blumigten gebüsch bedeckt, in dem lauben, grasplätze und irrgänge mit einander abwechseln.

Soll nun dieser garte nicht schön seyn, weil er nach grundsätzen angelegt ist, welchen auch die baukunst bei der anordnung ihrer horizontalen fläche folgt? Man mufs sehr eingeschränkte begriffe über das schöne, und ein durch konvenzion verdorbenes gefühl haben, um so etwas zu behaupten. Die alten, die ein sehr feines gefühl des schönen hatten, und nach deutlichen äuserungen in ihren schriften, nach demjenigen, was wir von ihren gartenanlagen an planen und zeichnungen im Herkulano wiedergefunden haben, diese regularität beobachteten, sollten uns behutsamer in so gewagten urtheilen machen.

Man wirft gewöhnlich ein: es ist nichts gradlinigtes, nichts symmetrisches, nichts geometrisch-reguläres in der natur; und die gartenkunst ist eine nachahmung der natur.

Allein grade dieser letzte satz ist nicht unbedingt wahr. Die gartenkunst, welche einen platz der erde, als eine besondere tafel absondert, und diese zu schmücken sucht, arbeitet zwar mit und auf natürlichen körpern, sie richtet sich nach allgemeinen vorschriften, welche die natur einem jeden gefühlvollen und nachdenkenden menschen über schönheit und zweckmäfsigkeit ins herz schreibt, und selbst an ihren produkten im ganzen ahnden läfst: aber sie legt ihm in diesen fällen keineswegs die verbindlichkeit auf, eines ihrer spezifiken werke zu kopiren. Ja! es findet sich in der ganzen natur gar kein platz, der so abgesondert und eingeschlofsen den zweck eines gartens bestimmt erfüllte, und ihr mithin unbedingt zum vorbilde dienen müfste. Dahingegen ist es ganz klar, dafs die schöne gartenkunst hier, so wie alle übrigen schönen künste, nur die jüngere reizendere schwester einer ältern kunst sei, die ihren ursprung dem bedürfnifs und dem nuzzen verdankte. Die geschmückte erdtafel ist eine veredlung oder verschönerung des eingeschlossenen feldes, (*enclos*) oder des frucht artens, den der mensch um seine hütte anlegte, mit einem zaun umgab, um ihn für den einbruch der thiere und der diebe zu schützen, und um der guten ordnung willen in regulaire felder abtheilte. So wie die hütte zum pallast geworden ist, so ist der fruchtgarten zum lustgarten geworden.

Die ausdrücke: natur, natürlich, sind unendlichen misdeutungen unterworfen. Wenn man sie auf die werke der bildenden künste anwendet, so kann man eines theils weder allein die gegenstände, so wie sie in der wüsten unangebaueten natur erscheinen, darunter verstehen, noch sie blos auf die sichtbaren wahrnehmungen spezifiker körper einschränken. Natürlich heifst hier dasjenige, was den vorschriften gemäfs ist, welche die natur als werkmeisterin bei ihren produkzionen im ganzen befolgt. Sie vermeidet einförmigkeit, zwang, das unzweckmäfsige und unschickliche. Aber alles dies kann bei regulairen gartenanlagen gar wohl vermeiden werden, und wo das geschieht, sind sie nicht unnatürlich. Natürlich heifst dasjenige, was mit einzelnen formen, gestalten, anordnungen des sichtbaren, so wie es aus der hand des schicksals kömmt, in beziehung steht; und so sind symmetrie und eurythmie allerdings in der natur; denn alle gröfseren thiere und besonders der mensch zeigen sie in der lage ihrer gliedmaafsen neben und unter einander. Natürlich heifst dasjenige, was mit dem sichtbar würklichen, so wie es nach vernünftigen zwecken kultivirter menschen gebildet ist, in beziehung steht; und so ist die grade linie in der natur: denn sie wird in unzähligen fällen zur nützlichen form, und zur richtung für den wanderer, der um nach einem ziele zu gelangen, immer den gradesten weg nimmt, den er gehen kann. Natürlich heifst endlich dasjenige, was mit natürlichen trieben unsers wesens in beziehung steht, und den unsinnlichen vorstellungen, welche ihnen schmeicheln, eine sichtbare form geben; und so ist die geometrische form in der natur, denn sie gewährt den trieben nach wahrheit und ordnung einen unverkennbaren genufs.

Aber ihr, die ihr den mangel der sichtbaren regularität zum gesetz bei euren gartenanlagen macht, sind denn eure bosquets, und eure sogenannten englischen und chinesischen gärten in der natur? wifst ihr, dafs die anmaafsung recht

schlank zu seyn, gleichfalls zur steifigkeit und zu
abentheuerlichkeiten führen könne? Seyd ihr
denn würklich so natürlich, so mahlerisch, als
ihr euch einbildet, es zu seyn? Wo habt ihr jemahls in der natur solche ebene grasänger, solche
affektirt krumm laufende, mit grand bedeckte,
und abgesäumte wege gesehen? Erfahret dafs in
den mehrsten eurer gärten grade die erste aller
regeln, welche die natur uns lehret, beleidigt
werde, nemlich die, ein zusammenhängendes
ganze zu schaffen! erfahret, dafs der mahler beinahe nie aus euren winzigen nachäffungen der natur ein sujet zu einer nachbildung derselben zu
nehmen im stande sei.

Es bleibt also so viel gewifs: allerwärts wo
die gartenkunst eine von der übrigen natur abgesonderte erdtafel schmückt, da ist sie gar wohl
berechtigt die grundsätze der baukunst zu befolgen, so weit sie sich nemlich mit den zwecken
der schönen künste überhaupt, und den ihrigen
besonders vertragen; und sie hat gewifs nur da
eine verbindlichkeit auf sich, sich von diesen zu
entfernen, wo sie einer gegend, wie sie aus den
händen des zufalls kömmt, etwas hinzufügen will,
was als theil des zufälligen angesehen werden soll.

Hier ist der ort, auch die frage zu entscheiden, in wie fern die gartenkunst an die einzelnen körper, die ihr die natur liefert, und die sie als einen stoff bearbeitet, eine schmückende hand legen dürfe? Ob es ihr erlaubt sei, die bäume, die pflanzen, das wasser nach allgemeinen grundsätzen des wohlgefälligen zu ziehen, zu schneiden, zu leiten; oder ob sie sich an die spezifike form halten müsse, welche diese gegenstände in der als zufällig angesehenen natur zu haben pflegen?

Wenn man diese frage diktatorisch mit der antwort entscheidet: die natur beschneide nicht, ziehe nicht, leite nicht; so sieht ein jeder, dafs dies so viel als gar nichts gesagt sei. Das schneiden, ziehen, binden der bäume, das leiten des wafsers steht mit demjenigen, was auf solche art unter kultivirten menschen zur nutzung mancher bäume, stauden und pflanzen, zur bewässerung der wiesen und zu anderm gebrauch geschehen mufs, in der genauesten beziehung. Nichts ist natürlicher, als dafs sich mit der vorstellung eines wörklichen nutzens die idee von schmuck verbinde. Man hat das gethan, weil es gut war, und es sah aufserdem schön aus. Man thut es nun einmahl, weil es schön aussieht und hofft darauf, andere werden die vorstellung eines wörklichen nutzens damit verbinden, oder sich wenigstens über den mangel des nutzens zu gunsten der schönheit beschwichtigen lafsen.

Inzwischen ist allerdings eine grofse vorsicht bei diesen behandlungen der einzelnen naturprodukte zur verschönerung zu gebrauchen, damit man nicht ins tändelnde verfalle, und den reiz, den das gefühl der vegetazion, und der anblick eines fortlaufenden befruchtenden gewäfsers mit sich führt, zerstöhre.

Es ist schwer darüber eine allgemeine bestimmung zu geben, und es kömmt zu sehr auf das lokal und den karakter des gartens an, um darüber zu entscheiden. Ich sollte denken, man könnte alsdann mit völliger sicherheit mit diesen verschönerungen verfahren, wenn man überzeugt wäre, dafs entweder der sinn des schönen an einer gewifsen stelle einen höhern genufs dadurch erhielte, als wenn man die produkte in ihrer natürlichen form und lage liofse, oder dafs vorstellungen von nutzen und zweckmäfsigkeit damit verbunden werden könnten. Allemahl aber setze ich dabei zum voraus, dafs die rede von solchen fällen sei, wo die gartenkunst schafft und eine erdtafel nach allgemeinen grundsätzen des wohlgefälligen schmückt. Hier kann ein springbrunnen oft eine würkung thun, die keine rieselnde quelle zu leisten im stande ist, z. e. als *point de vuê:* hier kann eine kaskade oft schicklicher seyn, als ein natürlicher wafserfall, zu dem man die veranlafsung nicht sieht. Aus eben diesen gründen mögte ich die *berceaux* nicht ganz verwerfen, welche an engeren plätzen, wo keine alleen anzubringen sind, zu breiteren schattigten gängen dienen; nicht die lauben, welche angenehme ruheplätze und vereinigungspunkte gewähren; nicht die beschnittenen hecken, welche da' wo eine befriedigung nöthig ist, freundlicher als mauern und zäune sind, u. s. w. Dagegen würden thiere, grotesken aus buchsbaum oder hainbuchen geschnitten, welche entweder gar keine bedeutung, oder ungefällige und unwahre formen darbieten; hecken, zwischen denen man der sonne ausgesetzt spatzieren gehen soll; kleine fontainen, welche nicht zu *point de vuês* oder zur erfrischung enger plätze dienen, u. s. w. als unzweckmäfsig zu verwerfen seyn.

Garten dieser art erhalten, so wie gebäude, ihre bedeutung nicht von der wahrheit, sondern von der zweckmäfsigkeit. (vergleiche s. 261.) Es sind kämpe, eingeschlofsene felder, fruchtgärten, (*enclos*) welche der sinn des schönen veredelt, und zu lustgärten geschmückt hat. Ihr ausdruck, ihr karakter kann erhaben, zärtlich, blos unterhaltend seyn, je nachdem gröfse oder lieblichkeit oder blofse lebendigkeit darin prädominirt. Doch gestehe ich, dafs diese verzierungsart sich mehr dem ernsten als muntern karakter nähert. Mich darüber in ein weiteres detail einzulafsen, leidet der zweck dieses aufsatzes nicht.

Aus solchen wohlgeordneten und geschmückten erdtafeln bestanden nun die gärten der alten, die sie von ihren villen oder landsitzen noch unterschieden, welche aber gemeiniglich damit verbunden waren. Solche gärten zeigen noch heut zu tage mehrere villen in der gegend von Rom, und in Rom selbst die herrliche villa Medizes, (*) um die es wenig schade seyn würde, wenn sie der modesucht, alles in chinesische bosquets umzuschaffen, aufgeopfert werden sollten.

(*) Hierbei mufs ich eines irrthums gedenken, den herr Hirschfeld in seiner theorie der gartenkunst, theil I. f. 152 begangen hat. Er glaubt, Domenichnio und Pietro da Cortona hätten die villen Aldrobrandini und Sacchetti als landschaftsmahler dekorirt. Im geringsten nicht. Sie waren zu gleicher zeit baumeister, und sind den grundsätzen der baukunst, aber mit geschmack bei anlegung der zu den gebäuden gehörigen villen gefolgt.

Wir neueren haben noch eine gewisse art,
eingeschlofsene erdplätze zu dekoriren angenommen, die man gemeiniglich englische oder chinesische anlagen nennt. Sie sind eigentlich aus den
ältern englischen gärten und aus den chinesischen
zusammengesetzt, und bestehen in irregulairen
grasängern, die aber recht egal geschoren werden,
in sehr krummen wegen, die aber mit sehr egal
abgestutzten rasen eingefafst sind; in wild wachsendem gebüsch, das aber nach abgestuffter gröfse
in die höhe steigt, und defsen farbe nach. Lamberts leiter aus dem hellesten grün sich ins
dunkle schwarz verliert: in grofsen brücken über
kleinen bächen, die man mit mühe ersteigt, aber
unter denen sich gut durchgucken läfst; in bänken von der abentheuerlichsten form, sehr unbequem zum sitzen, aber sehr interefsant, durch die
inschriften, die sie enthalten; — und dies alles
nennt man nachahmung der natur. Allein es ist
in dieser art, einen eingeschlofsenen erdplan zu
verzieren, nicht mehr natur, als in den regulairen
anlagen. Es sind vielmehr diese chinesischen
bosquets ganz wie arabesken oder grotesken zu
beurtheilen, die gleichfalls allgemeinen grundsätzen der wohlgestalt, und der sichtbaren versinnlichung allgemein wohlgefälliger unsinnlicher ei-

genschaften und beschaffenheiten folgen. Nur
dafs die regulairen formen mehr auf ordnung, und
diejenigen vorstellungen, die damit im verhältnifse
stehen, die arabesken hingegen mehr auf abwechselung und diejenigen vorstellungen, die hiemit
im verhältnifse stehen, beziehung nehmen.

Beide arten von dekorazionen können neben
einander gehen, und zum zweck führen. Man
sieht dies an der verzierung der boden und wände
im zimmer. Die mode hat jetzt die arabesken
und die englischen oder chinesischen gärten besonders in schutz genommen und dagegen habe
ich nichts. Vielmehr scheint diese dekorazions-
art mit der form, welche die vegetabilische natur
annimmt, in genauem verhältnifse zu stehen. Nur
ist dabei zu beobachten. Erstlich: dafs solche
bosquets in der nähe eines pallasts oder eines
landschlofses von edler architektur unschicklich
sind, weil der begriff von leichtigkeit, der damit
verbunden wird, mit dem karakter von ernst, der
in dem gebäude herrscht, kontrastirt. Zweitens:
dafs sie nicht ins abentheuerliche und tändelnde
fallen müfsen: und drittens: dafs sie nur dann
werth haben, wenn sie einen schlanken schwung,
abwechselung und zu gleicher zeit harmonie in
formen und farben zeigen.

Ich komme jetzt auf die gartenkunst als nachahmerin spezifiker vorbilder in derjenigen ländlichen natur, welche von menschen entweder gar nicht, oder wenigstens nicht in der absicht angebauet wird, um dem sinn des schönen einen genufs zu bereiten. Es sei mir erlaubt, diese die würkliche natur zu nennen.

Die nachahmende gartenkunst kann sich nun gleichfalls damit abgeben, eingeschlofsene erdtafeln zu verschönern. Hier ist aber wiederholt für einen grofsen misbrauch zu warnen, in den sie leicht fallen kann, und der darin besteht, dafs sie auf einem plane, der kaum eine viertelstunde im umkreise hält, eine ganze gegend in miniatur bringt. Der schlechte geschmack, der in solchen anlagen herrscht, verdient kaum eine rüge.

Wenn also die gartenkunst in beschränkten erdflächen die natur spezifisch nachahmen will; — wozu sie an und für sich selbst gar keine verbindlichkeit hat; — so kann sie nur die eine oder die andere partie daraus herausheben und darstellen. Sie hat dabei wohl darauf zu sehen, dafs diese in ihren engen gränzen eine vollständige und bestimmte bedeutung, einen vollständigen und bestimmten ausdruck oder karakter habe, und dafs sich diese partien auch mit einer befriedigung oder mit gränzen denken lafsen, die sie von der übrigen natur absondern. Denn wenn man gleich diese gränzen oft zu verstecken sucht, so kann sich doch nur ein kind dadurch anführen lafsen, einen garten für den theil einer ganzen gegend anzusehen. Diese verbindung kann auch nur durch günstige lokalverhältnifse auf eine glückliche art geschehen, wenn die übrige gegend mit dem geschmückten flecke in einigem verhältnifse steht. (*)

Ich kann mich hier unmöglich auf ein weiteres detail einlafsen, und ich führe nur als beispiel an: dafs ein gehölz mit gewäfser, wiesen, feld und kleinen buschigten hügeln, wie man es in der nähe einer meierei anzutreffen gewohnt ist, mir die glücklichsten partien zu solchen nachbildungen zu seyn scheinen. (**)

Ob nun gleich die gartenkunst, hier nachbildern, (aufser den allgemeinen regeln, die ihr zu befolgen obliegen, und aus dem wesen und dem zweck der kunst selbst und aus dem begriff

(*) Dies ist in dem garten des herrn oberhofmarschalls von Wangenheim vor Hannover auf eine art geschehen, die nichts zu wünschen übrig läfst.
(**) Der garten des prinzen Ernst vor Zelle kann in dieser gattung zum muster dienen.

eines schönen kunstwerks fliefsen,) noch besonders die pflicht der treuen übereinstimmung des vorbildes mit der nachbildung auf sich lädt, so leidet doch diese art von gartenanlagen einen gewifsen schmuck des details. Man darf schon die gänge ebenen, sogar mit grand befahren, auf den anbau einzelner interefsanter stauden und gewächse halten, und ihre mahlerische form besorgen. Denn dieser platz, ob er gleich als in der natur vorhanden angesehen wird, wird doch zu gleicher zeit als ein solcher betrachtet, der um seines partikulairen reizes willen den bewohner des nahen gartenhauses eingeladen hat, sich besonders in ihm anzusiedeln. Er ist also sein lieblingsplatz in der ganzen gegend, er ist derjenige, den er seiner besondern sorgfalt werth hält, und in dem ihm jeder einzelne fleck theuer und lieb ist. Nichts bezeichnet das maafs, das darunter zu halten ist, befser, als folgender vers des Tasso:

Stimi, (si misto il culto è col negletto)
Sol naturali e gli ornamenti e i siti
Di natura arte par che per diletto
L'imitatriée sua scherzando imiti.

Die anlegung grofser parks, die schöpfung ganzer gegenden, ist von dieser nachahmung einzelner spezifiker partien in der natur noch sehr

verschieden. Man findet bei den alten nur wenig
spuren solcher anlagen. Hadrian, der in seiner
villa eine ägyptische gegend darzustellen versucht
hat, scheint das erste und vielleicht einzige beispiel davon gegeben zu haben. Sonst brauchten
die bewohner Italiens und Griechenlands nicht
erst die landstrecken zu schaffen, in denen sie
ihre landsitze aufschlagen wollten. Sie fanden
darin von selbst mahlerische ansichten, bäume
von der angenehmsten form, und plätze, welche
die religion und die vaterländische geschichte
geheiligt hatten. Wozu hätten sie den boden
umzuschaffen, ausländische gewächse herbeiho-
len, und ihre zuflucht zu fikzionen zu nehmen
gebraucht, um den ort ihres ländlichen aufenthalts bebender für das herz und die imaginazion
zu machen? Wenn sie also ihre landsitze schmük-
ken wollten, so geschah es durch aufführung von
gebäuden, durch das setzen eines monuments
oder einer bank, durch anpflanzung einiger schattigten Platanen.

In norden hat das bedürfnifs der gartenkunst
einen neuen schwung gegeben. Man hat neue
gegenden nach dem muster derer geschaffen,
welche andere länder, die geschichte und die fabel als die reizendsten erdstrecken darstellen.

Diese bemühung der neueren hat meine ganze verehrung: nur müfsen dabei einige regeln der vorsicht in acht genommen werden, ohne welche desjenige, was sonst dem menschlichen geiste ehre machen würde, zur elendesten spielerei wird.

Diese regeln bestehen denn darin:

Erstlich: es giebt wenig erdstrecken, die nicht bereits von dem zufall eine bestimmte bedeutung und einen bestimmten ausdruck erhalten haben. Es sind bergigte gegenden, ebenen, waldigte gegenden, fruchtbare gefilde, meerküsten, flufsgegenden u. s. w. Sie geben die stimmung der feier, der zärtlichkeit, der unbefangenen heiterkeit, der blofsen unterhaltung. Wo nun eine gegend durch ihr lokal bereits eine bestimmte bedeutung, einen bestimmten karakter erhalten hat, da darf die kunst, die nur anordnerin ist, diesen mit ihren anlagen nicht widersprechen. Sie mufs sich in den geist dieses lokals hineindenken, und ihre verschönerungen diesem geiste gemäfs einrichten.

Zweitens: wenn eine gegend keinen bestimmten karakter, keine bestimmte bedeutung haben sollte, so mufs die kunst ihr denselben zu geben suchen.

Drittens: ungeachtet aller abwechselungen, welche man in einer auf solche art geschmückten gegend antrift, muſs immer eine hauptbedeutung, ein hauptkarakter darin praedominiren, und die einzelnen partien müſsen damit im verhältniſse stehen: die zusammenstellung von gegenständen verschiedener art muſs natürlich scheinen, und der übergang von einem zu dem andern nicht allzurasch, sondern leicht und allmählig seyn. Nur als beispiel führe ich an, daſs eine felsgegend nicht in der mitte blumigter auen, und ein weinberg nicht zwischen wiesen zu stehen kommen müſte u. s. w.

Viertens: In die nachahmung einer solchen gegend gehört nun meiner einsicht nach keine ängstliche besorgung des details. Anlagen dieser art sind dazu gemacht, darin herumzureiten, herumzufahren, weite spaziergänge darin vorzunehmen. Auf solchen touren verlangt man nicht sowohl unterhaltung bei der beachtung des einzelnen, als vielmehr des ganzen. Man will ein ziel haben, wohin man gehe, man will unterwegs durch den anblick groſser maſsen unterhalten werden. Der künstler also, der solche landstrecken anordnet, muſs partienweise schaffen. Seine sorgfalt für das detail zeigt sich nur da, wo der karakter der einzelnen partie sie fordert. Hat er z. e. einen kleinen hain anzulegen, ein kleines lustgebüsch aufzuführen, gut! so verziert er diesen mit emsigerer sorgfalt. Aber er hütet sich wohl, den grofsen wald mit krummen irrwegen, die mit grand ausgefüllt werden, zu verkleinlichen, oder den weitläuftigen wiesengrund, defsen unebenheiten dem auge im ganzen abwechselung gewähren, durchs ebenen und walzen einförmig zu machen.

Dabei wendet er keine ängstliche aufmerksamkeit darauf, entweder eine sichtbare regularität zu vermeiden, noch sie herbeizuführen. Hat er einen wald durchzuhauen, der zu einem kirchdorf führt, so haut er den weg in grader linie durch; denn es ist natürlich, dafs man, um nach einem ziele zu gelangen, den geradesten weg nehme. Inzwischen stellt er die bäume oder schnutelt ihre zweige nicht gerade nach der linie: denn das hilft den wanderer nicht fort nach dem ziele, und verräth zu viel ängstliche sorge fürs detail. Hat er eine meierei mit haushaltungsgebäuden anzulegen, so stellt er diese symmetrisch gegen einander über, und theilt den fruchtgarten dabei in regulaire felder ein, denn dies stimmt mit dem begriff von ordentlicher wirthschaft zusammen. Kurz! der schöpfer solcher erdstrecken erhebt sich, so viel er kann, zu der höhe, aus der die allmächtige natur den regelmäſsigen plan eines ganzen entworfen hat, von dem wir sterbliche nur einzelne spezifike bruchstücke schauen, aber den geist, der ihn leitete, ahndend ausspähen.

Fünftens: die höchste veredlung, welche die gartenkunst erhalten kann, ist unstreitig diese, wenn sie nicht nur einer gegend eine im gemeinen leben bestimmte bedeutung, sondern eine durch ein historisches oder poetisches intereſse merkwürdige bedeutung, giebt; wenn sie nicht blos den ausdruck einer gewiſsen leidenschaftlichen situazion der seele überhaupt, sondern den der einer bekannten lage besonders eigen ist, an sich trägt. Es ist nicht blos ein wald, es ist der hain zu Delphi, und die feier, die er einflöſst, ist die feier, welche man in der nähe des orts empfand, wo die orakelsprüche das schicksal ganzer länder entschieden. Eben so kann man nicht blos die ufer eines landsees, die zu melancholischen empfindungen einladen, nicht blos die quelle, die zärtlichkeit einflöſst, nicht blos das gebüsch, das heiterkeit in der seele verbreitet, schaffen; man kann die ufer von Meillerie, wo St. Preux verzweifelte, die fontaine von Vancluſe, wo Pe-

trarka zärtlich trauerte, die gärten der Armida
u. s. w. darstellen.

Vortreflich! aber aufserdem, dafs das lokal
dem künstler dergleichen an die hand geben mufs
und dafs der künstler die gegend nicht zwingen
kann, so hat man sich vorzüglich wohl dabei in
acht zu nehmen, dafs man dergleichen historiirte
oder poetisch zusammengesetzte landschaften
durch überladung nicht unnatürlich mache. Wo
man alle spanne lang, ohne alle vorbereitung, auf
einen tempel, oder auf das monument eines grossen
mannes, oder auf einen bezauberten hain,
oder auf ein chinesisches haus, oder auf eine einsiedelei
stöfst; da mag der unwissende haufe staunen;
der kenner geht vor diesen spielereien mit
einem mitleidigen blicke vorbei.

Aus allen diesen bemerkungen ziehe ich nunmehro folgendes resultat:

Ein schöner garten ist eine erdfläche, welche
durch anordnung des bodens und der gegenstände,
welche er hervorzubringen und zu tragen pflegt, für
wohlerzogene menschen zum vergnügen am schönen
der ansicht, umsicht, umhersicht, des häufigen
umherwandelns und öftern verweilens eingerichtet,
zu gleicher zeit die foderungen eines

schönen werks der kunst erfüllt, oder eine kunstschönheit ausmacht.

Dieser garten kann nun *entweder ein erdplan mit eingeschlofsenen leicht auszufindenden gränzen seyn, oder er kann in einer landstrecke von einem weitläuftigeren umfange bestehen. In dem ersten falle* (wenn der garten ein eingeschlofsener erdplan ist) *kann ihn die gartenkunst entweder als schaffende oder als nachbildende kunst anordnen. Wenn sie schaft oder zusammen setzt, so kann sie blos als verzierende kunst betrachtet werden, und mag sich entweder mehr den regeln der architektonischen verzierung, oder denen der verzierung im arabeskengeschmack nähern.* Beide wege führen neben einander zum zwecke, wenn nur auf dem ersten steife einförmigkeit, auf dem andern winzige abentheuerlichkeit und tändelei vermieden wird.

Wenn die gartenkunst einen eingeschlofsenen erdplan durch nachbildung verschönert, so kann sie nur einzelne partien, welche abgesondert von andern ein ganzes ausmachen, aus der wörklichen natur herausheben, und nachahmen. Aufser den allgemeinen vorschriften, welche aus dem wesen und dem zweck eines gartens als schönes kunstwerk betrachtet, ihr dann zu befolgen obliegen, hat sie in diesem falle auch die besondere verbindlichkeit auf sich, treu nachzuahmen; jedoch schliefst diese eine gröfsere sorgfalt bei ausschmückung des details nicht aus.

Wenn aber endlich die gartenkunst ganze erdstrecken anordnet, so ist es allemahl ihre verbindlichkeit, die würkliche natur im grofsen nachzubilden, und ihre verschönerung mufs hauptsächlich darauf abzwecken, die mafse im ganzen zu einer schönheit der gartenkunst umzubilden, partienweise anzuordnen, oder der erdstrecke in eben dieser absicht und auf eben diese weise nachzuhelfen.

Uebergang zu dem folgenden.

Einrichtung des geselligen lebens in Kopenhagen.

Ich habe lange genug von den künsten und der leblosen natur gesprochen. Es ist zeit, dafs ich mich einmahl wieder zum menschen wende. Ich will also hier von der einrichtung des geselligen lebens in Kopenhagen, und über die dortigen refsourzen für die unterhaltung reden, einige allgemeinere betrachtungen, welche in diese materien einschlagen, damit verbinden, und so diesem ersten theile meiner studien seine gehörige rundung zu geben suchen.

Aufmerksamen lesern kann es nicht entgehen, dafs wenn ich gleich auf meinem spatziergange von einem blofsen ungefehr geführt zu werden scheine, bald hier bald dorthin einen sprung wage, dennoch ein bestimmtes ziel meine schritte leite, und diese einzelnen bemerkungen zu einem ganzen an einander reihe.

Dieser erste theil ist demjenigen gewidmet, was allgemein zum vergnügen, zur erheiterung des menschen beiträgt, was die aufmerksamkeit desjenigen reisenden anzieht, der hauptsächlich zur unterhaltung anschauet: mit einem worte:

dem schönen im gegensatz von dem eigentlich nützlichen. Dahin gehörten meine bemerkungen über die schönen künste, dahin diejenigen, welche ich über die schönen gegenden gemacht habe: dahin gehörten manche gegenstände des nutzens, z. e. das kriegsschiff, die holme u. s. w, die ich aber blos als gegenstände des vergnügens genofsen hatte: dahin gehörten die bemerkungen, die ich bereits bei Hamburg über die einrichtung und die refsourzen des geselligen lebens habe einfliefsen lafsen, und dahin sollen nun endlich auch noch diejenigen gehören, die ich über oben diesen punkt in rücksicht auf Kopenhagen liefern werde. Ehe ich aber dazu übergehe, mufs ich vorläufig eine betrachtung anstellen, welche für die folgende ausführung meiner absicht höchst wichtig zu seyn scheint.

Ueber die absonderung der stände im geselligen umgange.

Die folgende frage denke ich hier zu erörtern: *Ist es für das gesellige vergnügen selbst, und besonders für die moralität und häusliche glückseligkeit der mittelklafse von staatsbürgern gut und nützlich, dafs sie in ihren geselligen*

zirkeln, besonders in den größeren, von der ersten klasse durch eine festgesetzte gränze, entweder der geburt oder des ranges, getrennt
werden?

Die gründe derjenigen, welche eine trennung
der stände oder klassen im geselligen leben, verlangen, sind vorzüglich diese:

Erstlich: "Die frage kommt vorzüglich in
"solchen städten in betracht, wo ein hof ist. Bei
"einer gänzlichen vermischung aller stände könnte
"der landesherr gefahr laufen, in einen niedrigen
"umgang zu gerathen, der seinem karakter ge-
"fährlich werden dürfte. Die autorität der höch-
"sten macht im staate erfordert eine entfernung
"desjenigen, der sie ausübt, von den untern stän-
"den, damit diese, wenn sie ihren souverain selte-
"ner und nicht in der unbefangenheit und der hin-
"gebung der freude sehen, ihm desto eher etwas
"außerordentliches und gleichsam göttliches zu-
"trauen.

Zweitens: "An jedem größeren orte, der
"nur ungefehr 20000 einwohner enthält, streitet
"eine physische unmöglichkeit gegen die vereini-
"gung aller wohlerzogenen menschen in eine ge-
"sellschaft, der raum der mehrsten privathäuser
"kann sie nicht fassen, und das vermögen der

„mehrsten privatpersonen reicht nicht hin, sie
„zu bewirthen.

Drittens: „Die gesellschaft der vornehmeren
„würde durch die aufnahme vieler personen aus
„der geringeren klaſse der bürger an gutem tone
„nicht gewinnen, und

Viertens! „Die moralität und häusliche
„glücksaligkeit der mittleren und unteren stände
„würde sehr dabei verlieren. Ihre ausgaben
„würden um ein beträchtliſches vermehrt werden,
„wenn sie, um nicht zu sehr von denjenigen per-
„sonen abzustehen, mit denen sie sich in einer ge-
„sellschaft befänden, sich eben so gut kleiden,
„und überhaupt eben den aufwand zur bewahrung
„ihrer äusern würde machen sollten, wodurch
„der erste stand oder die erste klaſse an jedem
„orte sich von den untern zu unterscheiden sucht.
„Diese würden auſserdem vieles von den sitten
„der erstern annehmen, was schlechterdings nicht
„zu ihrer bestimmung paſste. —"

Diese *gründe sind wichtig. Sie müſsen
besonders an solchen orten, wo die absonderung
einmahl eingeführt ist, behutsam machen, nicht
zu schnell mit ihrer aufhebung zu werke zu gehen. Aber ein mehreres, dünkt mich, beweisen
sie nicht.*

Es ist unstreitig eine gothische idee, allgemein festzusetzen, dafs ohne rücksicht auf persönliche verhältnifse und eigenschaften nur diejenigen menschen sich mit einander belustigen sollen, die einerlei geburt und rang an sich tragen. Wir haben der einschränkungen unserer freiheit in demjenigen, was zu dem nützlichen und nothdürftigen gehört, in unserer politischen würksamkeit, in unserm bestreben nach nahrung, wohlstand und ansehen, so viel, dafs wir wahrlich in demjenigen, was zur erheiterung des lebens dient, die hindernifse nicht zu häufen brauchen. Schon darum scheint mir in dieser einrichtung etwas hartes zu liegen.

Wenn man freude sucht, so folge man keinen andern regeln, als denjenigen, welche dieser zweck an die hand giebt. Man fliehe störher des vergnügens, man halte sich zu menschen, die ungefehr gleiche lagen, gleiche denkart, gleichen geschmack mit uns haben. Man vermeide personen, deren schlechte erziehung den ungebändigten ausbruch roher und kleiner leidenschaften befürchten läfst; man suche personen auf, in deren umgang man sich zu gleicher zeit behaglich und unterhaltend findet. Der pöbel mufs von der guten gesellschaft ausgeschlofsen seyn, aber dazu braucht es keiner festgesetzten vorschrift. An orten, wo auch diese fehlt, mischt sich der pöbel aus den niedern ständen von selbst nicht dazwischen. Hingegen kann eine solche vorschrift dazu dienen, dem pöbel unter den höhern ständen, die einmahl zur guten gesellschaft gehören sollen, einen zutritt dazu als ein recht zu sichern.

Wenn die wahl der gesellschafter der freien willkühr eines jeden überlaſsen ist, so sammeln sich diejenigen zusammen, die durch verwandschaft, geschäfte, gleiches intereſse oder gleiche bildung des geschmacks und der denkungsart für einander gehören. Die gleiche geburt, die gleichen distinkzionen in der bürgerlichen gesellschaft können unter andern diese bande mit verstärken. Aber warum sollen neben diesen nicht auch andere ursachen die menschen genauer verbinden? An orten wo keine absondrung der gesellschaften herrscht, kömmt der adel, kömmt die vornehme dienerschaft des fürsten häufiger unter sich zusammen, als mit personen, welche diese vorzüge nicht besitzen. Aber persönliche liebenswürdigkeit, ruf, reichthum, talente und hundert andere ursachen ziehen auch personen von den übrigen ständen in die zirkel der grofsen, und diese in die untern. Die nüanzen, wenn ich so sagen darf, spielen in einander; ein jeder glaubt, dafs es von seiner willkühr und persönlichen konvenienz abhänge, sich zu verbinden, mit wem er will, in jede gesellschaft aufgenommen zu werden, die ihm ansteht, und in der er einen beitrag zu dem vergnügen liefern kann, das darin gesucht wird.

Und dies ist es denn, was ich wünsche: die *gleichheit der geburt, die gleichheit des ranges sei eine von den mehreren ursachen, welche die menschen im geselligen umgange mit einander verbinden. Aber sie sei nicht die einzige.* Alle andern gründe, aus denen menschen sich schicklich, pafslich für einander fühlen, mögen mit in anschlag kommen. Nach diesen gründen überhaupt wähle sich ein jeder seine gesellschaft, und ein jeder, der weder eine vornehme geburt, noch einen vornehmen rang an sich trägt, halte sich dennoch fähig, jede gesellschaft zu besuchen, wenn er andere eigenschaften besitzt, wodurch er jenen mangel ersetzt.

Die hauptvortheile dieser einrichtung bestehen in folgenden:

1). Alle geselligen distinkzionen sind zwar in sich nichts: aber so bald ein besonderer werth von allen denjenigen, zwischen denen wir leben, darauf gelegt wird, so sind sie allerdings etwas, und haben selbst auf unsere unternehmungen im handelnden leben, und die art, wie diese angesehen werden, einen merklichen einfluſs. In monarchischen staaten ist die separazion der stände um so wichtiger, da sie die untern mehr aus den augen der grofsen entfernt. Nach den bemerkungen, die ich über menschen gemacht habe, glaube ich nicht, daſs es viele menschen gebe, die über den unterschied der stände in den geselligen verhältnissen gleichgültig sind: es müſste denn aus philosophie, aus phlegma, oder aus dem prunste seyn, weil die thätigkeit ihrer seele ganz von einem andern gegenstande hingenommen wäre. Diese lage, diese schwäche und stärke der seele sind aber nicht sehr häufig, und so ist der gedanke: „du kannst eines nicht abzuhelfen „den mangels wegen hier und dorthin nicht kom„men, mit diesen oder jenen menschen dich nicht „genauer verbinden" allemahl ein druck, der auf den unbefangenen gebrauch der geisteskräfte einen unangenehmen einfluſs hat.

Dieser einfluſs äusert sich nicht blos im handel und wandel des geselligen lebens, in der art sich darzustellen, zu reden, zu unterhalten, (Indem menschen, die in dieser zurückhaltung leben, hierin selten den wahren punkt das nicht zu vielen und nicht zu wenigen zu treffen wissen) sondern wie ich dreist behaupten darf, auch in der art die sachen von seiner stube aus anzusehen und zu beurtheilen. Der freiere schwung des geistes wird dadurch unstreitig um etwas gehemmt, oder welches auch möglich ist, menschen, die sich über diese hindernisse ganz hinaussetzen wollen, laufen leicht gefahr, einen zu kecken ton bei beurtheilung aller dinge, die zum handelnden leben gehören, anzunehmen.

2) Die absonderung der stände entfernt männer von schöneren talenten, künstler, dichter von profession, gelehrte, gemeiniglich vom geselligen umgange der vornehmen. Beide verlieren dabei. Diese dadurch, dass ihnen mancher stoff zur unterhaltung entzogen wird: jene dadurch, dass sie diesen stoff weniger allgemein gefällig zuzubereiten lernen. Man sagt dagegen: lasst den vornehmen sich mit dem manne von verdienst und talenten in engeren zirkeln vereinigen! Aber ich habe oft gesehen, wie das geht. Man glaubt dem manne von talenten aus den untern ständen eine gnade zu thun, wenn man ihn zu sich einlädt: man will ihn nur haben, um sich mit ihm zu amüsiren, oder gar um ihn nur gehabt zu

haben. Das ist aber nicht das mittel, um ihn würklich zu nutzen, oder sich ihm nützlich zu machen. Der mann von talent bleibt immer in einer gespannten lage: er beobachtet nur sich selbst, nicht andere, und diese sehen nicht die wärme seines genies, sondern nur defsen wetterleuchten. Aufserdem denkt der vornehme nicht daran, sich seine talente zu eigen zu machen, und dadurch ein gegründeteres anrecht auf wahre gesellige unterhaltung zu bekommen. Er betrachtet ihn immer als ein subalternes wesen, das ihn belustigen oder ihm ehre machen soll. So lange nicht der mann von talent mit der völligen überzeugung in einer gesellschaft auftritt; ich habe vermöge meiner talente hier so gut ein recht zu seyn als jeder anderer, und aus der ursache, warum ich hier bin, nemlich weil ich angenehm und unterhaltend bin, aus der und aus keiner andern sollte billig ein jeder hier seyn; so lange wird man nie in einen mitgesellschafter, einen unbefangenen theilnehmer an der geselligen freude, sondern nur ein wesen haben, das bewundert oder belacht seyn will, es werden, oder bewundern und belachen soll.

3) Ueberhaupt kömmt mit der aufgehobenen separazion der stände eine gröfsere abwechselung

in die unterhaltung, welche für das vergnügen äuserst wichtig ist.

Die vermischung von personen von verschiedenen bestimmungen vervielfältigt den stoff zur unterredung, und bewahrt für einseitigkeit.

4) Die adel- und titelsucht, welche um geselliger distinkzionen willen hauptsächlich genährt werden, dürften nach aufgehobener separazion der stände sich um ein grofses vermindern. Wenigstens kann der mann von verdienst, der nicht von adel oder betittelt ist, sich demjenigen, der nur durch rang und geburt zu einer gesellschaft gehört, alsdann näher stellen. Die vergleichung zwischen beiden wird erleichtert, und mir ist nicht bange davor, dafs nicht das gesunde gefühl des grofsen haufens einen jeden bald an seinen platz setzen werde. Man sieht daraus, welchen einflufs diese einrichtung auf das allgemeinere urtheil aber menschenwerth haben mufs.

5) Der hauptgrund aber, warum ich die aufhebung der absonderung der stände wünsche, ist dieser: mit ihr wird ein grofser theil des zwanges und der elenden unterhaltungsart, welche jetzt unsere grösseren geselligen zirkel in privathäusern mit langeweile anfüllen, wegfallen. Die gesell-

gen zusammenkünfte werden ihrem wahren zwecke, dem vergnügen, näher gebracht.

Man kann dreist sagen, dafs so lange man vermöge einer gewifsen geburt oder eines gewifsen ranges zu einer gewifsen gesellschaft gehört, der umgang mit dieser mehr in pflichten als freuden bestehe: in pflichten, die langeweile machen, wenn man sie selten ausübt, beunruhigen, wenn man sie ganz unterläfst, und die seele verkleinlichen, wenn man sich daran gewöhnt, sie mit gewissenhaftigkeit zu erfüllen. Man denke sich nur den zwang, in einer in ihren schranken sehr ausgedehnten gesellschaft alle die verbindlichkeiten zu erfüllen, welche ankunfts- abschieds- wochen- und krankenbesuche auflegen! man denke sich den zwang, vielleicht nothgedrungen in afsembleen gehen zu müfsen, weil die abwesenheit beleidigen könnte! man denke sich die angst des wirthes, der eine grofse gesellschaft in seinem hause giebt, keinen auszulafsen, der vermöge seiner geburt und seines ranges dazu gehören könnte! hat er sie nun endlich vereinigt, welches sind die unterhaltungen dieser horden! sie treten neben einander auf, bücken sich gegen einander, lauren ab, wer zuerst die karte bekömmt, wer zuerst zur tafel geführt wird, wer zuerst zur thür hinausgeht! o erhabenes interefse kleiner geister, wie oft beschleichst du selbst die guten köpfe, die einmahl diesen puppentanz mitmachen müfsen!

Ich behaupte dreist, dafs am ende solcher gröfseren zusammenkünfte in privathäusern beinahe immer der wirth und nicht selten der gröfste theil der gäste unzufrieden mit sich selbst und andern auseinander gehen, und dafs gewifs keiner mit dem bewufstseyn eines glücklich verlebten tages sich schlafen legt.

Ich kenne *drei* arten, wie man mit annehmlichkeit sich zu mehreren menschen gesellt: *entweder*, wenn man sich in kleineren zirkeln in privathäusern versammelt, wozu diejenigen eingeladen werden können, die für einander nach ihren unterhaltungsgaben pafsen; *oder* wenn eine privatperson sich aufopfert, ein offenes haus hält, worin jeder, der darin einmahl den zutritt erhalten hat, nach willkühr sich einfinden kann, immer sicher ist gesellschaft zu finden, und, wenn er nicht zugleich unterhaltung findet, wieder weggehen oder ganz wegbleiben mag, ohne dafs es übelgenommen wird: *endlich*, wenn man in öffentlichen häusern zusammenkömmt, wo alle wohlerzogene menschen gegen einen gleichen beitrag an gelde gleichen antheil an den darin veranstalteten vergnügungen nehmen mögen.

Der genuſs dieser annehmlichkeiten des geselligen lebens wird durch die separazion der stände ungemein erschwehrt. Hat man die verbindlichkeit auf sich, eine horde von menschen, die ihrer geburt und ihrem range nach zu uns gehören sollen, in groſsen zirkeln bei sich zu sehen, dann wieder bei ihnen zu seyn, und alle die kleinen pflichten zu erfüllen, welche dieser kreis von einladungen auflegt, so geht damit so viel zeit und geld verlohren, daſs man für die kleineren zirkel von beiden wenig übrig behält. Will man einen engeren kreis um sich herum vereinigen, und mit diesem allein leben, so heiſst es, man will kabalen stiften und die gesellschaft trennen. Eben so wenig ist es bei dieser einrichtung gut angelegt, ein haus für alle tage zu eröfnen; denn da die gesellschaft gemeiniglich ganz an einen ort zusammengebeten wird, so bleibt niemand übrig, der ungebeten sich in dem offenen hause einfinde, und so werden dergleichen örter gemeiniglich nur zufluchtsplätze einiger abgelebten leute, oder gar von avanturiers.

Endlich aber und hauptsächlich leiden alle öffentlichen lustbarkeiten durch diese absonderung der gesellschaften. Wenn die grofsen zusammenkünfte in privathäusern wegfallen, so strömen die menschen nach öffentlichen örtern zu, und belustigen sich daselbst durch efsen, trinken, kartenspiel, tanz, konzerte, schauspiel u. s. w. Je gröfser dergleichen gesellschaften sind, um desto angenehmer sind sie, um desto splendider können sie eingerichtet werden. Man denke sich nur, was die schönen künste dabei gewinnen würden, wenn ein theater, ein odeum, ein tanzsaal und andere gebäude mit allen schönheiten der architektur, der skulptur und mahlerei aufgeführt und dekorirt würden: was musik, was schauspiel durch die zusammengeworfenen beiträge so vieler menschen gewinnen müfsten! Erhalten nicht dadurch personen, die sonst nichts für die gesellschaft thun, gelegenheit ihr geld zu dem zwecke des gemeinschaftlichen vergnügens mit anzulegen? Und ist man überhaupt nicht viel freier und unbefangener an orten, wo jeder für sein geld ist! Sammlet sich nicht dort alles befser zusammen, was zusammen pafst!

Wo die separazion der stände in privatgesellschaften statt findet, da ist sie auch an solchen öffentlichen vereinigungsplätzen sichtbar. Es geht der ersten gesellschaft, wie der Rhone in

Genfer see: ihr wafser bleibt immer abgesondert, wenn es auch durch das des sees mitten durchfliefst.

Die gegengründe sind sehr leicht zu widerlegen.

Wenn man sagt, dafs an orten, wo ein hof ist, die separazion unvermeidlich und nothwendig sei, so trift dieser grund zuerst nicht auf alle städte zu: zweitens scheint er auch nicht durchschlagend zu seyn. Ich bin sehr dafür, dafs der landesherr zu seiner näheren gesellschaft, zu seinem täglichen umgange personen wähle, die bereits von ihrer geburt an die präsumzion der wohlerzogenheit für sich haben. Aber ich sehe nicht ein, warum bei den gröfseren kur- und gallatägen nicht ein jeder bei hofe den zutritt finden sollte, der den nöthigen aufwand machen kann, um sich daselbst mit austande zu präsentiren. So ist es in England, und wie ich glaube, ohne den geringsten nachtheil für den landesherrn und seine unterthanen. Dafs dadurch eine gar zu grofse vertraulichkeit zwischen dem fürsten und personen von niedrigem stande veranlafst werden könnte, läfst sich nicht erwarten; sie werden sich schon von selbst in einer gewifsen entfernung von einander halten, da sie sich selten sehen. Dagegen führt es den vortheil mit sich, daſs der fürst seine unterthanen in einem weiteren umfange persönlich kennen lernt.

Die eitelkeit der untern stände wird dadurch auch nicht besonders aufgereizt werden, und sie zu einem vermehrten aufwande verführen. Denn die distinkzion an hof zu gehen, kann nur in so fern schützbar bleiben, als sie nicht einem jeden beigelegt ist. Der zwang, der dort herrscht, hält viele von denjenigen entfernt, die mit dem vollkommensten rechte dort seyn dürfen. Dem übertriebenen aufwande kann durch das beispiel des monarchen und durch vernünftige kleiderordnungen vorgebeugt werden.

Der zweite grund, daſs es nemlich eine physische unmöglichkeit sei, alle menschen, welche die nöthige bildung zur guten gesellschaft erhalten haben, an einem orte neben einander in privathäusern zu vereinigen, und daſs es die kosten der mehrsten privatpersonen übersteigen würde, sie alle zu bewirthen, spricht eben für meine meinung. *Denn diese unmöglichkeit wird grade unsere gröſseren gesellgen zirkel in privathäusern sprengen, und diese geniſse des zwanges und der langeweile zerstöhren.*

Der dritte grund, daſs nemlich der gute ton der ersten gesellschaft durch die aufnahme, vieler menschen aus den untern ständen verlieren würde, kann nur in einer gewifsen rücksicht zugelafsen werden, und ist auch in dieser noch manchem zweifel unterworfen. Der ton der guten unterhaltung wird unstreitig dabei gewinnen, und der verlust des so genannten feinen tons oder der äusern formen der feinen lebensart mufs doch gleichfalls nicht so unbedingt mit der vermischung der wohlerzogenen menschen aus allen ständen verbunden seyn, weil sie in Paris diesen formen unnachtheilig ist.

Der vierte grund, dafs nemlich die moralität und häusliche glückseligkeit der mittelklafse durch die vermischung der stände verlieren würde, wäre unstreitig der wichtigste, wenn er nur die probe ausbielte. Aber das thut er meiner meinung nach nicht.

Wenn die sitten des ersten standes so viel schlechter sind, als die des zweiten, so ist einer der hauptgründe der, dafs jener vermöge seiner absonderung sich über vieles hinaussetzen zu können glaubt, was er sich nicht verzeihen würde, wenn er sich mit diesem ungefehr in gleichen geselligen verhältnifsen sähe. Aber die vermischung in den geselligen zirkeln breitet auch gewifs das sittenverderbnifs nicht mehr aus, als es sich bei der trennung der stände ausbreiten wird. Der überfluſs, und der luxus den er nach sich zieht, entscheiden hier mehr, als die stuffen der gesellschaft. Ich kenne städte, wo ungeachtet der vermischung der stände die sitten sehr gut sind. Ich habe andere gekannt, worin die gesellschaften getrennt waren, und in deren zweiten range so gut verbotene verhältniſse herrschten, als unter dem ersten.

Sobald die zweite gesellschaft das vermögen dazu hat, so ahmt sie der ersten in demjenigen, was sie von seinen sitten sieht und hört, unstreitig nach. Nun ist es in der erfahrung gegründet, daſs die unsittlichkeit eines haufens von menschen in der entfernung immer in einer vergröſserten maaſse erscheine. Ich habe daher oft bemerkt, daſs die zweite gesellschaft sich begriffe von den sitten der ersten macht, die bei näherer kenntniſs um ein groſses berichtiget werden müſsten. Man denkt sich leicht, welchen einfluſs dies auf den nachahmer haben muſs. Er bleibt nicht blos unsittlich: er wird auch indecent.

Hat die zweite gesellschaft hübsche weiber, töchter aufzuweisen, so wird es an jungen müſsiggängern aus der ersten nicht fehlen, welche ihnen die grundsätze der ihrigen über ihre bestimmung beizubringen, und ihnen die trockenheit ihrer ehemänner zu verleiden suchen. Nicht selten sind diesen damen diese verführer blos darum gefährlich, weil sie ihre unbedeutung in den ersten zirkeln nicht kennen.

Aber der vermehrte aufwand! *grade durch die separazion der stände, grade durch das nachsetzen des einen hinter den andern wird der reiz dazu vermehrt.* Der kleideraufwand ist das geringste, und aufserdem, dafs er ungeachtet der trennung der stände sehr hoch getrieben wird, so läfst sich diesem durch vernünftige kleiderordnungen vorbeugen. Aber der verzehrendste luxus ist der der meublen, der tafel und überhaupt des haltens eines hauses zu geselligen zusammenkünften. Findet keine separazion der stände statt, so fallen nicht allein die gröfseren gesellschaften in privathäusern des zweiten ranges so gut wie in denen des ersten weg, sondern die verbindlichkeit, etwas beträchtliches für die gesellschaft zu thun, wird auch nach ganz andern regeln bestimmt. So lange es in einer stadt eine erste und zweite gesellschaft giebt, so will die zweite sich wieder von einer dritten absondern, und der ersten nichts nachgeben. Die zweite, die dritte gesellschaft haben jede ihre vornehmeren personen, welche vermöge des ansehens, das sie unter ihrer gesellschaft behaupten zu müſten glauben, sich die verbindlichkeit auflegen, equipage zu halten, diners, konzerte, bälle, aſsembleen zu gehen, u. s. w. Gehörten eben diese matadors der zweiten und dritten gesellschaft mit zu der ersten, so würden sie dort unter dem grofsen haufen verschwinden, und zu nichts gehalten seyn. Ein beispiel wird dies deutlich machen.

Man nehme eine stadt an, worin die gesellschaften nach der geburt abgesondert sind. Unter der ersten gesellschaft haben die minister, die würklichen generale, und die gleichen rang und einkünfte mit ihnen haben, allein die verbindlichkeit auf sich zu repräsentiren. Die übrigen, die zu dieser gesellschaft gehören, und ungefehr obristen rang oder ein einkommen von zwei bis dreitausend thaler haben, können sich ruhig halten: es werden keine ansprüche an sie gemacht. Aber gesetzt, unter der zweiten gesellschaft wären einige, die ungefehr den rang vom obristen, und zweitausend thaler einkünfte hätten; so werden diese sich als die ersten in ihrer klaſse ansehen, und in dieser repräsentiren wollen und müſsen.

Endlich bemerke ich noch, daſs die sehr reichen bürger in der zweiten und dritten gesellschaft bei dem bewuſstseyn, daſs ein in die augen fallender aufwand leicht den neid der vornehmeren stände auf sich ziehen könnte, ihr geld auf eine art zu verthun pflegen, die dem edleren genuſs der geselligkeit höchst schädlich ist. Ihre gesellschaften sind gemeiniglich gelage, wobei die profusion der nahrung des körpers für den mangel an nahrung des geistes schadlos halten muſs.

Aus diesen gründen erkläre ich mich gegen alle bestimmte separazion der stände in geselligen verhältniſsen. Ob aber, wenn eine separazion statt finden soll, der des ranges oder der geburt den vorzug verdiene, ist eine sache, die nach lokalverhältniſsen beurtheilt werden muſs. Was für folgen die separazion nach dem range in Kopenhagen gehabt hat, wird die folgende bemerkung zeigen.

Einfluſs der separazion der stände nach dem range auf den geselligen ton und die denkungsart der Kopenhagener.

Bei hofe erscheinen die fünf ersten klaſsen, oder alle diejenigen, die majors rang haben, mit ihren frauen, ohne unterschied der geburt.

Diese gränze geht weiter, als an den mehrsten höfen von Deutschland. Allein meiner meinung nach ist sie noch immer zu eng, vorzüglich in einer handelsstadt wie Kopenhagen. Man sollte allen wohlgekleideten menschen, die eine bekannte sittliche existenz haben, den zutritt bei hofe gestatten. Jetzt ist der vorzug, bei hofe erscheinen zu können, in den augen der untern klassen von zu grossem werth. Ein jeder strebt einen titel und damit einen rang zu erhalten, der ihn fähig mache, daran theil zu nehmen. Zu gleicher zeit giebt er denen, die von ihrer geburt an dazu berechtigt sind, anlass zu mancher unzufriedenheit, welche sie dadurch äusern, dass sie demjenigen, der ihnen blos durch die gesetzliche rangordnung gleichgemacht wird, seinen abstand von ihnen nach der öffentlichen meinung fühlbar machen. Unter einer der vorigen regierungen fand ein hoflakei, der seines handwerks ein schneider war, gelegenheit, sich protekzionen, und dadurch einen titel zu verschaffen, kraft dessen er zugleich mit den hofleuten, denen er vorhero aufgewartet hatte, bei hofe figurirte. Wenn er sich sehen liess, so sprach man von getrennten näthen, von nadel und zwirn. Dergleichen kontraste zwischen dem gesetz und der existimazion würden wegfallen, wenn der allen vernünftigen menschen einleuchtende grundsatz festgesetzt würde: dafs jeder staatsbürger ein recht hat, sich seinem fürsten darzustellen, wenn seine sittliche aufführung und sein äuserer anstand ihm erlauben, es auf eine schickliche art zu thun.

So ist es in England hergebracht, und der einwurf, dafs alsdenn der raum des apartements die menge nicht fafsen würde, ist unerheblich. Es hat nichts zu sagen, dafs sich in diesem falle mehrere bei hofe einfinden würden, als jetzt geschieht. Viele von denen, die gegenwärtig nur hingehen, um zu zeigen, dafs sie dort seyn können, werden alsdann wegbleiben, und ohnehin ist der rittersaal so geräumig, dafs, wenn bei feierlichen gelegenheiten bälle en domino gegeben werden, alle diejenigen, die einen anständigen domino bezahlen können, dort platz finden. Wer aber keinen finden sollte, der bleibe weg, oder komme ein anderes mahl wieder.

In einer handelsstadt ist es unumgänglich nothwendig, dafs der negoziant vermöge der frächte seiner industrie und ohne intervenzion des fürsten, der ihm für sein geld einen titel verleihet, die geselligen distinkzionen in so weit theile, als er seinem gewerbe nach für gut hält, daran theil zu nehmen.

Die titel sind alle von würklichen bedienungen hergenommen, der rang bezieht sich auf militairische ehrenstuffen. Es sind justizräthe, etatsräthe, conferenzräthe, u. s. w. und diese haben majors, obristlieutenants, obristen rang u. s. w. Nun liegt es in der natur der sache, daſs das würkliche, das, worauf bezug genommen wird, besonders wenn die ausübung einer gewissen bürgerlichen macht damit verbunden ist, demjenigen vorgezogen wird, was nur ungefehr dasselbe seyn soll, oder sich nur darauf bezieht. Der würkliche konferenzrath, der sitz und stimme in einem der höhern landeskollegien hat, genieſst mithin eine ganz andre konsiderazion als der negoziant, der nur den titel ohne amt führt. Was ist die folge? Natürlich diese: der reiche negoziant sucht seinen sohn nun zu demjenigen würklich zu machen, was er selbst nur dem scheine nach ist. Er zieht ihn aus dem handel heraus und sucht ihn in der laufbahn der geschäfte weiter zu bringen. Ja! nicht selten ist der ganze zweck seiner indüstrie auf die erlangung eines titels für sich selbst, und eines wohlstandes begränzt, der hinreichend sej, jenen zu unterstützen. Sobald er beides hat, zieht er sich aus dem beschwerlichen und mit manchen gefahren verknüpften gewerbe zurück. Das alles ist dem handelsgeiste zuwider, hindert alle grofsen unternehmungen, und benimmt die stätigkeit, die unumgänglich nothwendig ist, um dem handel in einem lande erfahrung, bestätigten kredit und durch beides dauerhaften und sicheren gewinn zu verschaffen.

An des königs tafel wird nur derjenige gezogen, der obristen rang hat. Diese einrichtung ist erst seit wenig jahren gemacht, sonst wurden nur diejenigen zugelafsen, die generalmajors rang hatten.

Ich kann auch diese einrichtung nicht billigen. Freilich bringt die tafel den fürsten mit den personen, die neben ihm daran sitzen, nach einer allgemein geltenden meinung zu nahe, um einen jeden ohne unterschied dazu zuzulafsen. Aber eben darum, dünkt mich, sollte der könig bei feierlichen gelegenheiten blos mit seiner familie speisen. Der ganze zweck ist dann, dafs der herr vor seinen unterthanen repräsentire, und da kann seine hervorragung über alle die ihn umgeben, nicht stark genug bezeichnet werden. Speiset er aber nicht öffentlich, so, dünkt mich, sollte die gesellschaft, die alsdann zu seiner unterhallung ausgesucht wird, nicht nach dem range, sondern nach persönlicher liebenswürdigkeit gewählt werden, und wenn ich auch wünschen würde, daſs jeder fürst seine näheren gesellschafter besonders aus den klaſsen wählen mögte, welche die präsumzion einer guten erziehung schon ihrer abstammung nach für sich haben, so sieht doch ein jeder ein, daſs in Kopenhagen der beigelegte rang hierüber nichts entscheiden könne.

Die distinkzionen, die bei hofe gemacht werden, haben allerdings einen einfluſs auf die gesellschaften in der stadt. In den aſsembleen bei dem grafen Bernstorf und bei der gräfin Fries erscheinen nicht leicht andere personen, als die zu den ersten drei klaſsen gehören. Inzwischen weiſs man nichts von einer festgesetzten ausschlieſsung der übrigen, und es scheint mehr an der freiwilligen zurückhaltung dieser letztern zu liegen, wenn sie dort nicht erscheinen. Noch weniger rechnet man in jenen häusern darauf, daſs nun alle personen, die zu den vornehmeren klaſsen gehören, dort erscheinen *sollen*. Es gibt viele unter diesen, die sich bei diesen aſsembleen nie einfinden. Alles scheint darunter seiner konvenienz zu folgen.

Die gröfseren zusammenkünfte bei hofe sind selten.

Die reichen negozianten tragen zu viel zum vergnügen der gesellschaft bei, als dafs man sie nicht aufsuchen sollte. Die distinkzion, zu den fünf ersten klafsen zu gehören, umfafst beinahe alles, was an andern orten zu der guten gesellschaft im ersten, zweiten und dritten range gehören könnte. In diesen ursachen finde ich hauptsächlich den umstand begründet, dafs ohngeachtet der distinkzionen, die bei hofe und in einigen häusern der vornehmeren gemacht werden, dennoch die einwohner von Kopenhagen mehr durch einander vermischt sind, als in irgend einer andern residenz deutscher fürsten, die ich kenne.

Vielleicht ist aber auch vieles auf den umstand zu setzen, dafs in einer grofsen stadt der rang die gränzen zwischen den personen, die zu einer gesellschaft gehören sollen, nicht so scharf abzeichnen kann, als die geburt. Denn wo der adel sich absondert, da verheirathet er sich gemeiniglich mit personen seines standes. Was er also nicht in geschäften, oder bei öffentlichen gelegenheiten von den übrigen ständen kennen lernt, das kennt er gar nicht, oder nur dem nahmen nach. Familienkonnexionen finden zwischen adlichen und unadlichen wenig oder gar nicht statt. Hingegen wo der rang den unterschied zwischen den einwohnern eines orts in rücksicht auf gesellige verhältnifse festsetzen soll, da läfst sich die ordnung nicht genau in acht nehmen. Heirathen zwischen personen, die einen vornehmen rang haben, mit den töchtern solcher personen, die diesen vorzug nicht besitzen, sind in diesem letzten falle häufiger. Die zur ersten gesellschaft qualifizirten personen haben dann ein interefse dabei, dafs die anverwandten ihrer gatten so viel möglich hervorgezogen werden. Andere von adel, die sich mit personen von ihrem stande verheirathet haben, gehen doch mit bürgerlichen von gleichem range mit ihnen um, in deren häusern sie anverwandten finden, die ihnen zwar am range nicht gleich, aber vielleicht an persönlicher liebenswürdigkeit und andern mitteln zum geselligen vergnügen beizutragen überlegen sind. Ja! alle diese personen können ihr glück machen und den einrangirten gleich werden. Alles dies egalisirt die menschen in ihren geselligen verhältnifsen, aufser bei hofe.

In der stadt wird also nicht die differenz des ranges und noch weniger die der geburt zum maasstabe der geselligen verbindungen genommen, die ein jeder knüpfen will. Verwandschaften, konnexionen, wohlgefallen an einander, gleichheit der lagen, der nazion, der denkungsart, der bestimmung im handelnden leben bilden dort die kreise, in denen ein jeder leben will. Man findet also gesellschaften von dem allerverschiedensten schlage. Die eine besteht gröfstentheils aus französischen refugiés, die andere mehrestentheils aus hofleuten, eine dritte aus personen vom corps diplomatique, in einer vierten ragt der gelehrte, in einer fünften der negoziant, und wieder in einer andern der geschäftsmann hervor, ohne darum personen, die zu einem andern stande gehören, auszuschliefsen. Nirgends sind die linien genau gezogen. Ich habe ministers mit künstlern, und ihre frauen mit der frau eines apothekers in karten spielen sehen. Die frau eines kammerherrn hat oft einen bruder, der sekretair ist, und der genaueste umgang einer hofmarschallin ist vielleicht in dem hause eines predigers.

Welche vortheile, welche nachtheile hat diese einrichtung in Kopenhagen? Wesentliche nachtheile, welche sie nach sich gezogen hätte, kenne ich nicht. Die vortheile bestehen hauptsächlich in der vortreflichen disposizion, welche die stadt dadurch beibehalten hat, zu einem der

Y

angenehmsten örter in rücksicht auf geselligkeit zu *werden, wenn das erforderliche dazu geschieht.* Oerter, wo einmahl undurchdringliche gränzscheidungen zwischen der ersten, zweiten und dritten gesellschaft festgesetzt sind, können durch alle macht des genies nie zu vernünftigen grundsätzen über das wahre gesellige vergnügen zurückgeführt werden. Die Kopenhagener haben gewifs ursach, darüber zu wachen, dafs der hollsteinische adel ihnen nicht deutsche grundsätze über diesen punkt beibringe.

Unleugbar ist es, dafs die abwechselung in den gesellschaften, welche man hier antrift, viel zum reiz des geselligen lebens beiträgt. Unleugbar ist es, dafs die vereinigung zwischen personen, die sich nach konvenienz aus freier wahl verbinden, viel enger seyn mufs, als zwischen solchen, die vermöge ihrer geburt oder ihres gleichen ranges mit einander umgehen müfsen. Unleugbar ist es endlich, dafs der vornehme Däne, gewohnt in seinen geselligen zirkeln mit personen umzugehn, die an geburt und range unter ihm sind, in seinem äusern die verachtung von persönlichem werthe nicht zeigt, welche unsern deutschen satrapen so oft die verachtung des weisen zuziehen.

Daſs man bis jetzt den vortheil, der aus dieser einrichtung des geselligen lebens zu ziehen wäre, in Kopenhagen nicht ganz gezogen hat, das muſs ich gestehen, aber dies beweiset nicht, daſs sie darum dem geselligen vergnügen, der sittlichkeit, der denkungsart der Kopenhagener überhaupt nachtheilig wäre.

Es giebt gewiſs wenig oder keine residenzstadt, worin die sitten reiner und unverdorbener wären, als hier. Der luxus ist in Kopenhagen unstreitig geringer, als verhältniſsmäſsig in vielen andern städten Deutschlands, die sich an populazion und reichthum mit dieser stadt nicht meſsen dürfen. Besonders steht sie in denjenigen artikeln, welche am mehrsten in die augen fallen, in kleidern, equipagen, meublirung, schon der hauptstadt meines vaterlandes nach. Es giebt wenig häuser, die auf einmal mehr als funfzig personen bei sich bewirtheten, oder zum spiel, tanz, souper u. s. w. sich vereinigten. Der groſse beweis, wie gering der aufwand, zu den gesellige verhältniſse unmittelbar führen, in Kopenhagen seyn muſs, liegt darin: daſs ich ein haus gekannt habe, in dem nicht selten diners gegeben wurden, in dem sich jeden abend einige personen zum spiel versammleten, die alsdann auch mit einem frugalen souper bewirthet wurden, und defsen unterhaltung dennoch, mit Inbegriff zahlreicher männlicher und weiblicher domestiken, eines spanns von vier pferden, eines gartens, und aller ausgaben, wozu die wohlthätige denkungsart des hausherrn führte, nicht über fünftausend thaler des jahrs zu stehen kam. Eine summe, welche in Hannover zu bestreitung einer ähnlichen lebensart schlechterdings nicht hinreichen würde. Und dabei bedenke man, dafs in Kopenhagen alle hauptbedürfnifse des lebens wenigstens um ein drittheil theurer, als am erstgedachten orte sind!

Was diejenigen, welche eine scharf abgeschnittene gränze nach der geburt zwischen den ständen in rücksicht auf gesellige verhältnifse verlangen, mit einigen anschein einwerfen können, ist dies: dafs eine separirte gesellschaft, die immer als eine mystische person fortdauert, und deren allmähliger abgang durch individuen ersetzt wird, die ungefehr unter den nemlichen verhältnifsen mit ihren vorgängern aufgewachsen sind, einen gewifsen fortdauernden geist, eine gewifse konsistente bildung erhalte, welche von einer gesellschaft nicht zu erwarten ist, in welche der rang oder eine andere ursach immer abwechselnde theilnehmer einschiebt.

Es läfst sich aber auf diesen einwurf sehr vieles antworten. Zuerst ist es nicht zu leugnen, dafs wo die stände sehr scharf und besonders durch die geburt von einander separirt sind, eine einförmigkeit von ton, manieren, unterhaltungsart herrsche, die glauben läfst, alle diese menschen wären aus einer form gegofsen. Man kann dies nicht befser fühlen, als wenn man die kleinen höfe einiger reichsprälaten besucht, an denen vier oder fünf reichsstiftsmäfsige familien die ganze erste gesellschaft ausmachen.

Aber ist denn in diesen gesellschaften viel unterhaltung, viel geselliges vergnügen anzutreffen? Ja! herrscht auch nur unbedingt guter ton, feine lebensart darin? Wahrhaftig nicht. Ich könnte darüber anekdoten anführen, die grade das gegentheil beweisen würden. Dagegen ist in Paris, (wo die vermischung der stände in der stadt so grofs als möglich ist,) und ehemals in Versailles, (wo die tochter des banquiers, wenn sie einen herzog heirathete, die ehre des tabourets bei der königin erhält,) die abwechselung der theilnehmer an der gesellschaft so wenig der politur der formen, als dem stoff für die gesellige freude und unterhaltung im geringsten nachtheilig geworden.

Endlich darf ich dreist behaupten, dafs selbst in Kopenhagen die weiber, welche töchter von fremden sind und ihrer geburt nach nicht zu den ersten familien gehören, grade nicht das schlechteste sind, was sie bei hofe haben.

Die vermischung der stände kann also, wie ich glaube, an und für sich dem geselligen vergnügen und selbst der äuseren politur der formen nicht nachtheilig seyn. Sie wird es nur durch zufällige umstände, z. e. wenn in einer stadt der gute ton und die feine lebensart lange ausschliefsend in den ersten und zweiten gesellschaften geherrscht hat, und man reifst auf einmahl die dämme ein, alles ströhmt durch einander; so kann bis dahin, dafs sich die personen an einander abgeschliffen haben, eine zeit lang der gute ton und die feine lebensart des ganzen leiden.

Ein anderer vorwurf, den ich der vermischung der stände in Kopenhagen habe machen hören, besteht darin: sie habe eine menge von klubs veranlafst, zu denen selbst unverheirathete männer beitrügen, denen dieses zum theil sehr kostbar falle. Aber diese einrichtung, welche doch auch ihre grofsen annehmlichkeiten hat, ist eine von den Engländern erst in spätern zeiten angenommene sitte, welche gar nicht wesentlich von der vermischung der stände abhängt.

Aber, wird man mich zuletzt noch fragen, hat nicht die distinkzion, welche demohngeachtet zwischen den personen einer und derselben familie gemacht wird, wenn einige derselben vermöge ihres ranges an hof gehen, andere nicht, die folge, dafs misgunst und unzufriedenheit in ihr verbreitet werden? Ich antworte: dafs ich es nicht bemerkt habe. Ich habe zwei liebenswürdige schwestern gekannt, von denen die eine vermöge ihres ranges bei hofe erschien, die andere nicht. Ich fragte einmahl die letzte: ob sie dies nicht kränkte? Sie sagte mir aufrichtig: im anfange sei sie unzufrieden darüber gewesen, aber da dieser unterschied nur selten fühlbar würde, und ihre schwester aufserdem dieselben gesellschaften mit ihr sähe, so wäre sie jetzt ziemlich gleichgültig darüber. Mich dünkt, diese äuserung sei der natur des menschlichen herzens sehr angemefsen. Wenn auch gewisse personen der nehmlichen gesellschaft an einem tage vorzüge geniefsen, von denen die übrigen ausgeschlofsen sind, so tritt doch an dem folgenden alles wieder in die vorige gleise, und oft wird alsdann die vorhin zurückgesetzte person um ihrer persönlichen liebenswürdigkeit willen derjenigen wieder vorgesetzt, die ihr den tag zuvor um eines zufälligen umstandes willen vorgegangen war. Genug, wenn man nur die hofnung behält, sich mit denen, die eine superiorität über uns affektiren, wieder auf den nemlichen plan zu stellen. Genug, wenn man sich nur sagen kann: sie müfsen mir schon wiederkommen! Zudem ist die unannehmlichkeit, dafs gewifse personen vor andern von der nemlichen familie einige gesellige distinkzionen geniessen, selbst da nicht zu vermeiden, wo die geburt das vorrecht gibt an hof zu gehen. Denn es kann sich zutragen, dafs von zwei schwestern von noch so gutem adel, die eine einen general, und die andere einen hauptmann heirathet, mithin die erste vermöge des ranges ihres gemahls an die fürstliche tafel gezogen wird, und die andere davon ausgeschlofsen bleibt.

Inzwischen gebe ich gern zu, dafs diese distinkzion einige menschen, die nicht daran theil nehmen, höchst unglücklich machen könne; dafs es andere gibt, die auf ihren rang selbst in privatgesellschaften auf eine höchst lächerliche art halten; dafs endlich diese ganze einrichtung die titel- und rangsucht aufserordentlich nähre; dies alles gebe ich zu, und wünsche daher, wie ich schon geäusert habe, man könnte sie abschaffen: oder, was viel sicherer wäre, sie nach und nach bei seite setzen. Dies würde nicht schwer fallen, wenn nur der hof, so wie bisher geschehen ist, selten grofse apartements gibt, und die regierung, so wie gleichfalls eine zeit lang ner geschehen ist, sparsam mit austheilung von titeln ist. Denn *mit allen bürgerlichen ehrenzeichen hat es die eigene bewandnifs, dafs sie, wenn sie sparsam ausgetheilt werden, denjenigen, der sie erhält, befser auszeichnen und weniger absondern. Hingegen wenn sie sehr häufig ausgetheilt werden, nicht so viel auszeichnen, aber mehr absondern.* Die ritter vom elephantenorden können keine gesellschaft allein ausmachen. Aber die ritter vom weifsen bande können, ihrer grofsen anzahl wegen, allenfalls eine afsemblée für sich konstituiren.

Gesellige lebensart bei hof und in der stadt: verschiedene arten von zusammenkünften nach allgemeineren bestimmungen.

Ich werde noch gelegenheit finden, von einigen personen der königlichen familie besonders zu sprechen; ich will also nur hier im allgemeinen sagen, dafs sie sich im durchschnitt durch eine herablafsung und freundlichkeit auszeichnen, welche keinen verdacht eines blos auswendig gelernten höflichkeitsrituals erweckt. Man glaubt in Ihrem betragen ein herz zu ahnden, das für menschenwerth und menschenglück empfindlich ist. Dies hat die natürliche folge, dafs man bei hofe, wie in einem privathause von gutem tone ist, eben so unbefangen, eben so anständig froh. Ich habe mich auch gefreuet zu sehen, dafs im ganzen kein verworfenes schmeichlerisches betragen unter den hofleuten herrscht, kein ängstliches lauren auf blicke oder anreden des mächtigen, keine niedergeschlagenheit, wenn man ihnen entgangen war.

Alle personen der königlichen familie speisen im winter an der tafel des königs, zu der alle mittage auch einige privatpersonen, aber nur männer und einheimische zugezogen werden. Festgesetzte kurtage existirten nicht, wie ich in Kopenhagen war. Nur zu gewifsen zeiten wurden apartements angesagt. Der könig und die königliche familie, imgleichen einige ministers und ministerfrauen pflegen dort ein *jeu de commerce* zu spielen, oder es wird getanzt, und daran nimmt der könig, der sehr gut tanzt, theil. Auch der kronprinz liebt dies vergnügen sehr. Den abend beim souper werden gewisse personen zur königlichen tafel angesagt, gerade so viel männer, als damen. Sie ziehen nummern und wer die gleiche nummer mit einer dame trift, führt diese zur tafel und nimmt seinen platz neben ihr ein. Man nennt dies bunte reihen tafel.

Des winters pflegen kleine bälle auf dem schlofse gehalten zu werden: wöchentlich einmahl, und dazu werden nur wenig personen, besonders solche die zum hofstaate gehören, eingeladen. Die königliche familie lebt überhaupt sehr für sich, und mischt sich, der regel nach, nicht unter die gesellschaften der partikuliers in der stadt. Die einzelnen personen, die zu ihr gehören, geben keine besondere tafeln und apartements. Daran handelt sie meiner meinung nach sehr weise und musterhaft. Denn nichts macht den aufenthalt in einer residenz unangenehmer, als die pflicht, bald dieser bald jener person von der familie des landesherrn die aufwartung zu machen, oder, weil man an den einen oder den andern der separaten kleinen höfe gebeten wird, allen früheren und angenehmern engagements zu entsagen. Nichts trägt auch so sehr dazu bei, die denkungsart des grofsen haufens knechtisch zu machen, als wenn die quellen der gnaden sich oft in seine geselligen zirkel mischen. Wo das der fall ist, da lebt die kabale. Freilich macht diese eingezogene lebensart das schicksal der fürstlichen familie nicht reizender, aber sie sind auch nicht fürsten für nichts.

In der stadt giebt es, wie schon gesagt ist, wenig grofse zusammenkünfte. Die gräfin Fries hält des sonntags afsemblée, wo es zugeht, wie in allen häusern, worin kartengeld gesetzt werden soll. Der graf Bernstorf öfnet gleichfalls des donnerstags sein haus denen, die dahin kommen wollen. Da er zu aufgeklärt denkt, um darauf zu achten, ob viel oder wenig menschen sich bei ihm versammeln, so soll die gesellschaft nicht immer sehr zahlreich seyn.

Uebrigens giebt es denn, so viel ich weifs, kein haus, das ordentliche afsembléen hielte; keines, wo man hinströhmen müfste, um *du bon ton* zu seyn: keines, worin man sich hordenweise zusammenpre fste, um auf eine viertelstunde allem ungemach des gedränges, der hitze und des gelärmes ausgesetzt zu seyn, wie in London, Neapel und in einigen gröfseren städten von Frankreich und Deutschland. Meiner meinung nach verliert man dabei nichts. Wer gröſsere zusammenkünfte liebt, findet sie in öffentlichen häusern.

Es giebt eine unzähliche menge klubs, in welche auch damen gebeten, und worin zum theil konzerte und bälle gegeben werden. Es kann seyn, daſs diese unterhaltung für männer, die nicht reich sind, sehr kostbar falle, vorzüglich dann, wann sie sich zu mehreren aſsoziiren. Aber es steht in eines jeden willkühr, hierin maaſs zu halten, und dann, dünkt mich, hätte diese einrichtung viel empfehlendes für sich. Das wahre glück des geselligen lebens ist meiner meinung nach nie in gröſseren gesellschaften zu suchen. Man findet es nur in häuslichen verbindungen, in kleinen zirkeln erprobter menschen.

>Ou vous pensez tout haut, ou vous êtes vous même,
>Sans lendemain sans crainte et sans malignité,
>Dans le sein de la paix et de la sureté!

Inzwischen muſs man zuweilen auch die gröſsere gesellschaft sehen, um nicht einseitig zu werden, um stoff zur unterhaltung zu sammeln, um sich untereinander neu zu bleiben.

— On epuise bientôt une Societé,
On sait tout vôtre esprit:
Vous n'etes plus fété
Quand vous n'etes plus neuf:
il faut une autre scene
Et d'autres spectateurs. —

Dies ist in einem gewifsen sinne völlig wahr, und dazu dienen nun, wie mich dünkt, diese klubs auf eine sehr gute art. Sie haben alle vortheile der gröfseren zirkel in privathäusern und keine ihrer unbequemlichkeiten. Man ist frei hinzugehn und wegzubleiben, sich kurze oder lange zeit dort aufzuhalten, zu spielen und nicht zu spielen. Wenn man zu mehreren afsoziirt ist, so hat man zugleich das vergnügen der abwechselung in denen auf verschiedenen ton gestimmten gesellschaften.

— L'on pafse, l'on se promene
Dans les cercles divers, sans gene, sans lien,
L'on|a la fleur de tout, n'est esclave de rien.

Ich gestehe inzwischen gern, dafs ich, da ich im sommer in Kopenhagen war, diese klubs nicht genug habe kennen lernen, um über ihre zweckmäfsige einrichtung ein kompetentes urtheil zu fällen. Mich dünkt, es wären ihrer zu viel, und dadurch würde die gesellschaft zu sehr zerstükkelt. Mich dünkt auch, ihre zusammenkünfte müſsten auf gewiſse tage der woche festgesetzt werden, das schöne geschlecht müſte einen allgemeineren antheil daran nehmen, und man müſste allemahl konzerte oder tanzparthien damit verbinden. Denn ohne weiber, tanz und musik ist es schwer, daſs bei solchen gröſseren zusammenkünften an öffentlichen orten, wo ein jeder für sein geld ist und keine deferenz für den wirth zu beobachten hat, der gute ton sich auf die länge erhalte.

Ein sonderbares geselliges institut in Kopenhagen ist die schützengesellschaft. Mehr als zweihundert personen haben sich nemlich schon seit langen jahren vereiniget, um mit einander nach dem vogel zu schießen. Vom könige an bis zum kaufmann herunter sind die wohlhabendsten einwohner Kopenhagens theilnehmer dieser gesellschaft. Bei der aufnahme werden ungefehr funfzig thaler erlegt. Jeder neuaufgenommene schenkt eine scheibe in form eines schildes hieher, auf welcher entweder sein wappen oder ein selbst gewähltes symbol gemahlt ist. Man schießt darnach, und durchlöchert wird es unter den armorien der gesellschaft aufgehängt. Diese hat denn ein groſses haus vor einem der thore mit weitläuftigen sälen bauen lafsen, und ein jeder, der dazu gehört, hat das recht, hier gastmähler anzustellen, wozu auch fremde gebeten werden können.

Ich selbst bin mehrere mahle in eine solche gesellschaft mit einem meiner anverwandten gebeten worden, und was mir sehr aufgefallen ist, war, dafs sich die mehrsten der gäste untereinander gar nicht kannten. Man kann daraus auf die menge der kotterien schliefsen, die es in Kopenhagen geben mufs. Der wirth, der mit mehreren zusammenhieng, hatte die schuld, worin er sich gegen sie für genofsene höflichkeiten befand, auf einmahl abtragen wollen, und daher aus jeder einige zusammen gebeten. Dies soll sehr häufig geschehen. Zuweilen mag es ganz amüsant seyn, mit dazwischen zu seyn, weil man personen, die auf einen ganz verschiedenen ton gestimmt sind, zusammen vereinigt findet. Es ist eine art von honnetter *table d'hote*. (*)

Diners scheinen in Kopenhagen im ganzen häufiger zu seyn, als soupers. Man ifst spät, um drei, zuweilen um vier uhr. Man kann nicht sa-

(*) Wer von der geschichte dieser gesellschaft genauer unterrichtet zu seyn wünscht, den verweise ich auf die materialien zur statistik dänischer staaten im ersten theile s. 307.

gen, dafs der luxus bei diesen tafeln ausschweifend sei, aber die königliche verordnung, welche vor einigen jahren die zahl der schüfseln bestimmte, ist, wie man leicht voraussehen konnte, längst in vergefsenheit gerathen.

Die küche ist gut. In der art zu serviren ist einige differeuz von der unsrigen. Gleich nach der suppe ifst man früchte. Der braten kömmt in den ersten gang, das gemüse in den zweiten. Die schildkröte wird als eines der lekkersten gerichte angesehen, und man bittet darauf als auf eine seltenheit zu gaste.

Es gibt einige aber wenige häuser, die allemahl einige kouverts für bekannte, die unangemeldet kommen, offen behalten.

Das haus meines seligen onkels, des konferenzraths von Berger war ehemals von grofser ressourze für die gesellschaft, vorzüglich als seine tochter, die kammerherrin von Warnstedt noch lebte. Man fand daselbst alle abend gesellschaft. Es war ein offenes haus für jeden, der daselbst eingeführt war. Ich weifs nicht, ob seit seinem tode ein anderes haus dieser art wieder eröfnet ist.

Das corps diplomatique scheint jetzt eine der angenehmsten gesellschaften auszumachen. Der baron Krüdner, gesandter des rufsischen hofes, wird als ein mann von geist und talenten anerkannt. Seine gemahlin, die ich nicht habe kennen lernen, hat gleichfalls diesen ruf. Durch ihre veranstaltung ist ein sozietätstheater errichtet, das sich schon mehrere jahre hindurch erhalten hat. Es werden französische stücke darauf gegeben, deren aufführung vielen beifall erhalten hat. Der kaiserliche gesandte graf Breuner und seine liebenswürdige gemahlin, eine gebohrne gräfin Pergen, sind mit davon. Imgleichen einige einwohner Kopenhagens, unter andern der jüngere graf Baudissin, der mit vielem beifall spielt.

Von dem öffentlichen theater, das aber im sommer geschlossen ist, will ich noch besonders reden.

Eine andere gesellschaft, die sich durch munterkeit, bonne chere und kultivirung der musik auszeichnet, ist diejenige, wozu die häuser der konferenzräthe Fabrizius und Klasen gehören. In dieser kotterie trift man ungefehr den ton an, der ehemahls bei den reichen finanziers in Frankreich herrschte. Es werden häufig konzerte gegeben, worin liebhaberinnen singen.

Die nachkommen der französischen refugiés, deren noch ziemlich viel in Kopenhagen sind, leben sehr viel mit einander. In ihren zusammenkünften herrscht ein originaler ton von munterkeit, der mit demjenigen ähnlichkeit hat, welcher in den südlichen theilen von Frankreich der gewöhnlichere ist.

Im sommer ist beinahe alles auf dem lande, und wer es nur irgend stellen kann, hat ein landhaus oder einen garten, oder auch nur ein paar zimmer in einem der nahe gelegenen örter Friedrichsberg, Lyngbye, Genthoff u. s. w. Wer in der stadt bleiben muſs, macht häufige partien zu seinen bekannten aufs land. Man ist sicher, mit der gröſsten gastfreiheit aufgenommen und bewirthet zu werden. Eine entfernung von zwei, drei meilen wird auf den schönen chauſseen und bei der schnelligkeit, womit die seeländischen pferde laufen, für nichts gerechnet. Man fährt um zehn, eilf uhr des morgens aus, spielt, dinirt, und ist abends früh genug wieder zu hause, um noch irgendwo in der stadt eine gesellschaft zu besuchen.

Der könig pflegt sich den sommer über in Friedrichsburg, mit dem kronprinzen, der kronprinzeſsin, dem herzoge von Holstein-Augustenburg und seiner gemahlin aufzuhalten. Die verwitwete königin residirt im sommer zu Friedensburg, und prinz Friedrich wechselt mit seinem aufenthalte zwischen Sorgenfrei und Jägerspriefs ab. Der letzte pflegt alle vierzehn tage des montags kur anzunehmen, und einige personen zur tafel zu bitten.

Bei der verwitweten königin in Friedensburg werden die personen, die sich vorstellen lassen, nicht zur tafel gezogen, aber ihr oberhofmeister bewirthet sie in seiner wohnung. Mit personen von sehr hohem range ist es ein anderes. Die tafel des königs dauert täglich in Friedrichsberg fort, und es werden immer einige personen aus der stadt dazu gezogen.

Unbegreiflich ist es mir, dafs nicht mehrere wafserparthien in Kopenhagen gemacht werden. Mich dünkt, es liefse sich nichts angenehmeres denken, als eine gesellschaft von chaluppen, die nach einem schwühlen sommertage abends unter musik spatzierfahrten anstellten. Wie reizend sind diese in Venedig. Aber davon weifs man hier nichts. Wenn kriegsschiffe auf der rhede liegen, so stellen die offiziere zuweilen gastmähler und bälle auf den schiffen unter ihrem kommando an, die sehr angenehm sind. Im winter, wenn die rhede mit eis bedeckt ist, wird der eislauf stark besucht.

Der Rosenburger garten und der wall sind, die beiden öffentlichen spatziergänge, die am mehrsten aufgesucht werden. Doch thun ihnen die vielen privatgärten, besonders im sommer, grofsen abbruch.

Guter und feiner ton der Kopenhagener.

Was ich unter diesen worten verstehe, habe ich oben bei Hamburg erklärt.

Bei der menge von kotterien, die es in Kopenhagen giebt, läfst sich schlechterdings kein allgemein geltendes urtheil über den guten und feinen ton seiner einwohner fällen. Selbst das urtheil im durchschnitt trift hier weniger zu, als an den mehrsten andern orten. Aber es ist doch meine pflicht, den totaleindruck, den ich in rücksicht auf diesen punkt von Kopenhagen mit weggenommen habe, darum anzuzeigen, weil er mich auf einige wichtige betrachtungen führt.

Wir haben bisher gesehen, dafs die gesellige einrichtung in Kopenhagen den vortheil mit sich führt, dafs niemand durch äusere verhältnifse abgehalten wird, nach der weise zu leben, die ihm gefällt: dafs der hof sich wenig um die stadt, diese sich wenig um den hof, und die verschiedenen kotterien sich wenig um einander bekümmern. Es kömmt nun darauf an, zu untersuchen, ob die inneren verhältnifse, der karakter, die anla en, die bildung der einwohner, den wünschen desjenigen nicht im wege stehen, der an den genufs einer veredelten geselligkeit gewöhnt ist.

Der Däne hat im ganzen eine grofse anlage zur bonhommie, die sich nur dann verläugnet, wenn sein eigennutz in kollision kommt, oder wenn er sich von andern nazionen gering geschätzet glaubt. Sehr reizbar zu leidenschaften, sehr geschwind in seinen urtheilen und handlungen, sehr geschwätzig, sehr vorgreifend, sehr lärmend ist er nicht. Ein gewifses phlegma, das mit bemerkungskraft, fafsungskraft, gesunder empfindung, ruhiger beurtheilung und naiver sorglosigkeit und nachsicht verbunden ist, scheint seinen hauptkarakter auszumachen. Seine sitten sind so wenig roh als künstlich verdorben. Er hat empfänglichkeit fürs vergnügen, wiewol besonders von der stilleren art. Alles dies macht eine disposizion aus, welche dem guten tone, das heifst, dem sittlichen anstande, der sicherheit und der wechselseitigen zuvorkommung bei allgemeinern geselligen zusammenkünften sehr zuträglich ist. Auch findet man diese vorzüge beinahe in allen gesellschaften in Kopenhagen, und man würde sie ganz allgemein finden, wenn nicht der partheigeist veranlafste, dafs sie zuweilen aus den augen gesetzt werden.

Aber dieser unglückliche geist macht das unglück der hauptstadt und des ganzen landes sowohl in politischen als geselligen verhältnifsen aus. Die menge von exministern, die sich dort aufhalten, haben jeder ihre anhänger, und diese hassen sich sehr redlich untereinander, so redlich, dafs sie ihre abneigung für einander selbst in ihrem äusern nicht verbergen können. Ein jeder ist vor dem andern auf der hut, bewacht sich selbst in seinen worten und handlungen, und sucht dem andern eine unvorsichtigkeit abzulauern. Dazu kömmt die mifshelligkeit zwischen den Deutschen und Dänen: eine unglückliche mifshelligkeit, die selbst in geselligen zirkeln zuweilen durchbricht.

Dies abgerechnet, machen aber gewifs bonhommie, zwanglosigkeit und genügsamkeit in ansehung der mittel und des beitrags zur unterhaltung, den karakter beinahe aller geselligen zusammenkünfte aus. Der umgang zwischen den beiden geschlechtern ist viel freier als in den nördlichen gegenden von Deutschland, und des skandals gewifs nicht mehr, vielleicht weniger. Das beispiel des hofes und die art, wie von dort aus denen begegnet wird, die sich dergleichen zu schulden kommen lafsen, scheint ein würksamer damm dagegen zu seyn.

Die pflicht zu repräsentiren, legt keinen unnützen zwang auf. Die frau eines staatsministers hält es nicht für unanständig, mit ihren kindern eine viertheilmeile zu fufs nach dem garten eines bürgers zu gehen, in dem sie nur ein obdach und den spatziergang gemiethet hat; ein geschäftsmann von gewicht findet es nicht unter seiner würde, zu fufs nach dem kollegio zu gehen, und ein kammerherr glaubt sich nicht zu entehren, wenn er ohne begleitung eines bedienten spatzieren reitet.

Dieser freiere zwanglosere ton ist erst seit einigen jahren hier eingeführt. Das beispiel der königlichen familie hat hierunter vieles gewürket. Die königliche prinzefsin Louise Auguste und ihr gemahl, der herzog von Hollstein-Augustenburg, pflegen alle morgen ohne begleitung, arm in arm, durch die strafsen der stadt spatzieren zu gehen.

So viel über das wesentliche des geselligen tons, oder den guten ton. Man wird finden, dafs ich darunter den Kopenhagenern alle gerechtigkeit wiederfahren lafse; und gewifs, es ist hauptsache, die menschen, mit denen man täglich zusammenkömmt, sicher, zuvorkommend, nachsichtig, munter und zwanglos zu finden.

Aber nun sei es mir auch erlaubt, mit eben der freimüthigkeit zu sagen, dafs sie in den äuseren formen der mittheilung jener geselligen vorzüge die forderungen nicht ausfüllen, welche der, besonders nach den allgemein angenommenen begriffen darüber gebildete sinn des schönen unter den kultivirten nazionen zu machen pflegt. Ich bitte sehr, dies urtheil nicht anders als von dem gros zu verstehen. Es giebt gewifs viele sehr gebildete, sehr feine weltleute unter den Dänen: ich könnte deren selbst mehrere nennen, die allerwärts als muster der urbanität aufgestellt zu werden verdienen. Aber nach demjenigen zu urtheilen, was ich selbst im durchschnitt, besonders bei hofe, wahrgenommen habe, (und ich hatte eine sehr gute gelegenheit dazu, weil während der feierlichkeiten bei der vermählung des kronprinzen beinahe der adel des ganzen reichs daselbst versammelt war;) nach demjenigen zu urtheilen, was in allen fremden ländern über die mehrsten Dänen, die daselbst als reisende auftreten, angemerkt wird; endlich nach demjenigen zu urtheilen, was aufgeklärte und billige Dänen

über das gros ihrer nazion selbst aussprechen. —
Nach allem diesem zu urtheilen, sage ich, fehlt
es dem ganzen ihres geselligen betragens an dem
firniſs, an den äuseren anstrich, an den formen,
welche zwar so wenig für den guten ton als die
gesellige liebenswürdigkeit und die kunst der
schönen geselligen unterhaltung etwas entscheiden, aber zu sehr von den kultivirten völkern
von Europa mit jenen wesentlicheren vorzügen
des geselligen umganges in verbindung gedacht
werden, als daſs der mangel derselben die kurzsichtigen nicht als fehler beleidigen, und selbst
die aufgeklärten als abgang eines nicht gleichgül-
tigen schmucks stutzig machen sollte.

Man findet nicht wenig herren und damen,
sowohl bei hofe als in der stadt, welchen dasjenige fehlt, was man contenance nennt: jener
freie unbefangene anstand beim hereintreten und
abgehen, jene grazie bei der haltung des körpers
in ruhe, im gange, in den bewegungen und besonders bei den verbeugungen. Einige nehmen
ein ängstliches, andere ein steif geziertes, wieder
andere ein anmaaſslich schlankes wesen an. Unter den männern ist der fehler am häufigsten, den
man abundanz, überfluſs an formen nennen
könnte: eine unnütze mimik mit gebärden und

mienen, die nicht immer der schönheitslinie getreu bleibt. Die weiber sind gegen fremde und halbbekannte schüchtern, zurückhaltend, welches allemahl zeichen eines mangels an welt ist. Denn wer mit dieser vertraut ist, der weiss, dass es ein mittelding zwischen vertraulichkeit und zurückziehung giebt, eine freundliche zuvorkommung, die man jedem fremden schuldig ist, und die einen theil der veredelten gastfreiheit ausmacht. Kurz! das gros der Dänen weiss die wahre mittelstrafse zwischen gänzlicher vernachläfsigung des äuseren anstandes, und einer zu ängstlichen besorgung konvenzioneller formen nicht zu halten. Sie haben es auch im ganzen noch nicht sehr weit in der gabe gebracht, die allgemeinen höflichkeitsäuserungen, *politesse d'usage*, durch die einkleidung speziell, verbindlich und reizend zu machen. Sie fehlen leicht durch das zu viel oder zu wenig.

Vor den augen des stubenphilosophen mögen diese bemerkungen sehr unbedeutend scheinen. Aber der praktische denker wird sie sehr wichtig finden, wenn er auf die würkung dieses mangels an den äuseren formen, und auf ihre ursach zurückgeht.

Es läfst sich einmahl nicht leugnen, und mein guter wille kann den Dänen darüber unmöglich illusion machen, dafs das gros ihrer nazion bei den mehrsten kultivirten nazionen von Europa in rücksicht seiner geistesfähigkeiten in einem miskredite steht, welcher demjenigen völlig gleich ist, worin vor funfzig jahren die deutschen bei den Franzosen, Engeländern und Italiänern allgemein standen, und zum theil noch jetzo stehen. Es ist gewifs, dafs unter andern ursachen mit auch die des abgangs des feinen tons, den man an vielen reisenden unter ihnen wahrnimmt, zu zählen sei. Denn bei einem kurzen aufenthalte ist das äusere beinahe der einzige maasstab, wornach man den werth eines menschen abmifst. Es bleibt daher immer der aufmerksamkeit eines volkserziehers wichtig, in wie fern er zum besten des ruhms desselben bei auswärtigen, diesem mangel abzuhelfen suchen könne, wolle und dürfe. Dies führt mich natürlicherweise auf die ursachen, welche diesen mangel herbeigeführt haben können.

Ueberhaupt dürfte man wohl die frage aufwerfen, ob die nördlichen völker von Europa und vorzüglich solche, die in einem sumpfigten, ganz mit meer umflofsenen lande wohnen, diejenige lebhafte fafsungsgabe, diejenige stets rege aufmerksamkeit, diejenige feine vorahndung, und endlich diejenige sich immer gleich bleibende gegenwart des geistes besitzen, vermöge deren man die feinen beziehungen, auf denen das gefühl des angenehmen und schönen im geselligen wandel beruhet, augenblicklich ausfindet, und immer zur rechten zeit das pafsendste zu den gegenwärtigen und künftigen verhältnifsen sagt und thut? Gesetzt aber auch, man wollte hierunter ganz gleiche fähigkeiten für alle völker annehmen, so läfst sich doch nicht leugnen, dafs sie mehr bei dem einem als bei dem andern durch mangel an übung unentwickelt ruhen können, oder dafs die ausbildung derselben durch eine frühere anderweite richtung der geistesfähigkeiten aufgehalten werden möge. Kopenhagen liegt an dem einen winkel der erde. Reisende besuchen es nur selten, und machen nicht leicht einen langen aufenthalt daselbst. Die dänische jugend begibt sich nicht häufig in fremde militairdienste und reiset wenig. Auſserdem ist Kopenhagen zugleich eine handels- und seestadt: Beide bestimmungen sind für die feinere ausbildung der äuseren formen nicht vortheilhaft: und dazu kommt noch besonders ihr ehemahliger zusammenhang mit den hansestädten der ostsee, in denen nach einer allgemeinen bemerkung lange ein steifer und bis zur traurigkeit ernster ton geherrscht hat.

Vielleicht ist auch vieles auf die art der regierungsform und den langjährigen frieden zu setzen, die beide eine gewisse indolenz, welche der urbanität nicht zuträglich ist, leicht herbeiführen können.

In wie fern nun diesen hindernißen entgegen zu arbeiten oder ihnen ganz abzuhelfen sei, kann ich nicht beurtheilen, indem dies eine nähere kenntniſs des lokals voraussetzen würde. Wer mich verstehen will, wird ohnehin schon sehen, wohin ich ziele. Wichtiger wird es mir, noch von dem anspruch der Kopenhagener auf gesellige liebenswürdigkeit und die kunst der schönen geselligen unterhaltung zu reden. Doch ehe ich dazu übergehe, muſs ich erst die ideen auseinandersetzen, die ich mit diesen worten verbinde.

Ueber gesellige liebenswürdigkeit und die kunst der schönen geselligen unterhaltung.

Es gibt eine doppelte art von geselliger liebenswürdigkeit. Die eine gehört dem karakter, die andere gewissen fähigkeiten des geistes, der anleitung, der übung. Die erste ist die wahre liebenswürdigkeit. Sie erweckt würklich liebe. Man nennt sie die liebenswürdigkeit des herzens. Die andere, welche man die liebenswürdigkeit des geistes zu nennen pflegt, sollte billig nur die kunst der schönen geselligen unterhaltung heißen. Sie macht vergnügen, sie macht, daß wir das talent an der person gern haben, aber sie verbindet nicht mit der individualität der person selbst. Beides wird aber im gemeinen leben oft mit einander verwechselt.

Die gesellige liebenswürdigkeit beruht auf den tugenden und vorzügen, wodurch man sich die herzen anderer auf die länge verbindet, und ihren geprüften urtheile gefällt. Ein mann, der sanft, nachgiebig, theilnehmend, bescheiden, behutsam, verschwiegen, sicher und zu gleicher zeit selbstständig, munter, mittheilend, belehrend und brauchbar ist, ein solcher mann wird, wenn man ihn genauer kennt, überall gern gelitten seyn.

Inzwischen muß sich diese art von liebenswürdigkeit erst luft machen. Fremde und halbbekannte werden sie leicht übersehen, und es ist möglich, daß sie bei dem großen haufen, besonders in der ebbe und fluth der gröſseren welt, nie eine starke sensazion mache.

Dagegen ist die kunst der schönen geselligen unterhaltung dazu geschickt, gleich bei der ersten bekanntschaft lebhaft für sich zu intereſsiren, und grade in der groſsen welt am mehrsten gesucht zu werden.

Die wahre gesellige liebenswürdigkeit verlangt nur einen gesunden richtigen verstand, ein wohl organisirtes herz, und so viel erfahrung, als zur klugen aufführung, die nicht durch unvorsichtigkeit beleidigt, erfordert wird. Hingegen setzt die kunst der schönen geselligen unterhaltung ein feines gefühl, eine lebhafte einbildungskraft, einen schnellen witz zum voraus, und diese fähigkeiten müſsen auſserdem früh und anhaltend ausgebildet werden. Kurz! sie ist so gut wie die dichtkunst, die mahlerei, die musik, die mimik u. s. w. eine schöne kunst, erfordert ungefehr dieselben anlagen, dieselbe vorbereitung, dieselbe fertigkeit, und hat dieselben zwecke: vergnügen und glänzen.

Diese schöne kunst ist unter gewiſsen nazionen mehr ausgebreitet, unter andern weniger, einige kennen sie gar nicht. Man kann als genie darin auftreten, oder bei mittelmäſsigen anlagen durch nachdenken und übung sie als talent besitzen, oder man kann sie als eine sache ansehen, worin man sich nur versuchen muſs, um die werke, die schönheiten, die sie hervorbringt, besser zu verstehen. So lernen in gewiſsen schulen alle jungen männer verse machen, um die werke der dichter beſser zu genieſsen.

Und worin besteht sie nun endlich, diese kunst? *Sie ist die gabe, wohlerzogenen menschen ohne rücksicht auf eine partikulaire bildung oder auf ein besonderes verhältniſs in denjenigen geselligen zirkeln, worin man auf einen wechselseitigen beitrag zum vergnügen rechnet, eine solche ergötzung zuzuführen, die mit ihrer sittlichen würde im verhältniſse steht.*

Also zuerst kann es nicht ihr zweck seyn, blos gelehrten, blos geschäftsmännern, künstlern u. s. w. eine solche unterhaltung zu geben. Das publikum, auf das man würken will, sind menschen, welche diejenige bildung des herzens und des verstandes erhalten haben, welche mit jeder besorgten erziehung in den kultivirten ländern von Europa verbunden zu seyn pflegt. Ferner: die verhältniſse einer genaueren bekanntschaft, alle lokalverhältniſse sind der regel nach nicht der stoff, den sie bearbeitet. Weiter: es versteht sich von selbst, daſs ihr endlicher zweck vergnügen ist, daſs sie also nicht da ihre wirksamkeit zeigen kann, wo man geschäfte behandeln, oder gelehrte streitigkeiten entscheiden, oder auch nur durch diſsertiren und diskutiren sich einander aufklären will. Sie nutzt zwar alle schönen künste, der beredsamkeit, der dichtkunst, der musik, der mimik, der mahlerei, aber nie in der absicht, um sich allein hören oder schauen zu laſsen. Nein! es ist allemahl beim austausch der ideen und gefühle, wo sie sich zeigt, und besonders in der unterredung. Endlich ist die unterhaltung, die sie giebt, immer mit der sittlichen würde des menschen im verhältniſse. Sie steht in beziehung mit seinen sittlichen gefühlen, und mit seinem triebe nach wahrheit. Ohne geradezu das herz beſsern und den verstand aufklären zu wollen, weiſs sie doch beiden nahrung zu geben.

Sie unterscheidet sich daher eben so sehr von der poſsenreiſserin und dem geträtsche, als von der moralischen deklamazion oder der pedantischen erschöpfung der wahrheit.

Es geht mit der kunst der geselligen schönen unterhaltung eben so wie mit allen schönen künsten überhaupt: der stoff ist wenig, die behandlung alles. Das genie kann eine stecknadel und die abstrakteste materie der metaphysik auf eine art nutzen, wodurch sie beide zu einem gegenstande der schönen geselligen unterhaltung werden. Aber der regel nach gehören nur solche materien hieher, von denen man voraussetzen kann, dafs sie in einem gemischten haufen wohlerzogener menschen ein allgemeines interefse verbreiten werden. Dahin rechne ich die schönen künste, besonders das theater, die naturgeschichte, die physik, die sitten der völker, die merkwürdigkeiten der länder, die schönen szenen und gegenden der natur, die geschichte, die mythologie, die politischen verhältnifse von Europa, die verfafsung des landes, in dem man sich aufhält und derjenigen länder, welche sich durch ihre verfafsung auszeichnen, besonders aber der mensch und die philosophie des gemeinen lebens.

Aber, wie gesagt, es kommt weit weniger auf die wahl der materien als auf die art der behandlung an. Vor allen dingen darf man den zweck nicht aus den augen setzen, zu dem man sich in der geselligen unterhaltung mit den angeführten gegenständen beschäftigt. Unmittelbare sittliche veredlung, unmittelbare aufklärung des verstandes ist von keiner einzigen schönen kunst wesentlicher zweck, aber am wenigsten von derjenigen, welche die menschen in ihren geselligen zirkeln unterhalten soll. Wer dies sucht, der nehme ein gutes buch zur hand, oder gehe in den hörsaal eines predigers und profesfors, oder versammle ein paar ausgesuchte freunde um sich herum; aber er mische sich nicht in zirkel von zwölf und mehreren personen, worunter der regel nach sehr wenig originalköpfe sind, und welche, wenn sie es sind, in den gröfsern zusammenkünften mit ihren mitbürgern weder aktive noch pafsive belehrung und befserung suchen. Der zweck dieser schönen kunst kann also kein anderer seyn als dieser: *dafs, weil der wohlerzogene mensch so gut anspruch auf gesellige zerstreuung, unterhaltung und auf geselliges vergnügen hat, als der ungebildete, ihm diese stücke auf eine solche art zugeführt werden, die mit seinem geschmack im ganzen, mit dem kreise seiner ideen und beschäftigungen, mit der früheren bildung seines herzens und seines geistes in einigem verhältnifse steht.* Sein kopf mufs also in einer schwingung erhalten werden, die eben so weit von anstrengung als unthätigkeit entfernt ist. Sein sittliches gefühl muſs einen gewiſsen reiz erhalten, der das mittel zwischen würklicher empfindsamkeit und stumpfheit hält: seine einbildungskraft muſs weder ganz gespannt, noch völlig erschlafft werden. Dabei muſs man immer darauf rechnen, daſs man mit einem gemischten haufen, mit mehreren personen von verschiedenen fähigkeiten zu thun hat, und daſs folglich nur diejenige unterhaltung zweckmäſsig seyn könne, woran zu gleicher zeit der sehr ausgebildete und der nothdürftig ausgebildete gesellschafter theil nehmen mögen. Die ideen, die man also dem wohlerzogenen menschen im durchschnitt zuführt, müſsen abwechselud, auffallend, aber zu gleicher zeit leicht zu faſsen seyn. Keine grundprinzipien der wahrheit, die erst durch tiefsinnige untersuchungen festzusetzen sind, keine folgerungen aus bekannten wahrheiten, welche durch eine reihe von kettenschlüſsen herausgebracht werden; sondern allgemein verständliche resultate aus eben so allgemein bekannten grundsätzen, die mit ein wenig eigenthümlichkeit aufgestutzt durch den schmuck der einkleidung ihr hauptinterefse erhalten. Sie dürfen schon ein biſschen einseitig und paradox seyn, denn wahrheit sucht hier niemand: es ist genug, wenn sie den trieb nach wahrheit aufregen, und wenn man bei ihrer vertheidigung doch einiges anzuführen weiſs, was von einer gewiſsen seite betrachtet, den satz als wahr erscheinen läſst. — Keine moralische deklamazionen, keine ascetische übungen, kein empfindelnder ton, aber doch mitunter ein blitz von sittlichem gefühl, ein ausbruch von enthusiasmus, der die herzen der zuhörer zu einer erhabenen oder schmelzenden stimmung hinreiſst. Keine phantasien, aber doch zuweilen ein bild, das hüpfend wie die blüthen, die Petrarka in den schoos seiner Laura fallen läſst, das gewand verschönere, in welches man seine gedanken kleidet.

Fülle, abwechselung, neuheit, und faſslichkeit in den ideen, leichtigkeit und annehmlichkeit in der einkleidung, das sind die haupteigenschaften, welche die kunst der schönen geselligen unterhaltung voraussetzt.

Aber nur dann darf man sich rühmen, diese kunst in ihrer vollkommenheit zu besitzen, wenn man gewisse regeln der geselligen liebenswürdigkeit mit ihrer ausübung verbindet. Wenn man andern gelegenheit zu geben weiſs, ihre stärke in dieser kunst zugleich mit uns zu zeigen, wenn man der unterhaltung im ganzen forthilft, und wenn endlich der höchste zweck dieser kunst

*darin gesetzt wird, dafs ein jeder zufrieden mit
sich selbst und mit allen theilnehmern der gesellschaft, diese verlafsen möge.*

Ich habe es schon gesagt, es gibt genies, es
gibt talente, es gibt stümperei in dieser schönen
kunst, wie in jeder andern. Es gibt darin sogar
eine blofse kritik. Der verfafser dieses buchs
hat aber personen gekannt, die sie in einem grade
besafsen, welche ihm kaum etwas zu wünschen
übrig liefs. (*) Nur dafs es diesen wie den genies
überhaupt ging. Sie waren nicht immer gleich
aufgelegt sie auszuüben. Sie bedurften einer gewifsen spannung, um sich in ihrer ganzen stärke
zu zeigen. Das talent hat hierin den vorzug, dafs
es anhaltender seine kräfte äusert. Man kann
aber auch nicht einmahl verlangen, dafs selbst in
städten, worin diese kunst kultivirt wird, lauter
männer von genie oder talent auf der szene erscheinen sollen, oder dafs das publikum immer

(*) Der prinz de Ligne und der marquis de Boufflers
sind wohl diejenigen männer, die sich gegenwärtig in
dieser kunst am mehsten auszeichnen. Wenn man
die anekdoten liest, die der erste von dem grofsen
Friedrich bekannt gemacht hat, so wird man sich einen treffenden begriff von demjenigen machen, was
der verfafser von einer solchen schönen geselligen unterhaltung erwartet.

gerecht in seinem urtheile über das verdienst in
diesem stücke seyn werde. Am wenigsten darf
man die forderung erfüllt zu sehen hoffen, dafs die
gesellschaften, in denen man einer schönen geselligen unterhaltung nachstrebt, so zusammenhän-
gend interefsant, wie das gastmahl des Plato seyn
sollen. Man mufs es sich zum voraus sagen, dafs
man oft die erbärmlichsten gemeinplätze wird
herplappern hören; dafs die besten einfälle oft
unbemerkt bleiben, und dafs eine absurdität vorzüglich von personen, die im besitz sind belacht
zu werden, allgemeine bewunderung erregen
wird. Man wird schwätzer finden, die als die
ersten genies angesehen werden, hübsche weiber,
die über den geschmack absprechen, ohne welchen zu haben; jünglinge, die über wifsenschaften urtheilen, die sie kaum dem nahmen nach
kennen; und endlich anekdotenerzähler, deren
hi toörchen man von der wiege an auswendig
weifs.

So habe ich es in Paris, der stadt, die wegen der kunst der schönen gesellgen unterhaltung am mehrsten bekannt ist, und in ihren besten zirkeln gefunden. Aber kann mich dies un-
billig gegen die kunst selbst machen? Ist der
grofse haufe derer, die sich mit der musik, mit

der dichtkunst, mit der mahlerei abgeben, glücklicher bei seiner ausübung und bei seiner kritik dieser künste? Muſs ich mir nicht sagen, daſs diese art der unterhaltung doch immer besser sei, als das elende spiel, die pedantische diskuſsion von geschäften oder von abstrakten wahrheiten in gesellen zirkeln, oder gar das gevatterngeschwätz über die häuslichen vorfälle in den nachbarhäusern? Wird nicht im ganzen die achtung für die kenntniſse, welche dem menschlichen geiste ehre machen, und für die menschen, die sie besitzen, oder sich durch grofse vorzüge auszeichnen, dadurch ausgebreitet? Herrscht nicht da, wo diese kunst der schönen geselligen unterhaltung ganz unbekannt ist, wo nicht völlige verachtung, doch grofse vernachläſsigung aller schönen künste überhaupt? Ist es an solchen orten dem manne, der sich in irgend einem fache auszeichnen will, nicht viel schwerer, die aufmerksamkeit des publikums auf sich zu ziehen? Und ist nicht endlich an solchen orten das gute kartenspielen, das gute tanzen, oder wohl gar der jämmerlichste burschenwitz das einzige verdienst, welches man anerkennt?

Der hauptvortheil, der also aus der ausübung der kunst der schönen geselligen unterhal-

tung gezogen wird, bestehet darin: dafs sie die schätzung der schönen künste und wifsenschaften und die anerkennung der menschengröfse überhaupt befördert: dafs der mann von geist und herz in geselligen zirkeln eine unterhaltung findet, die mit seinem geschmack im näheren verhältnifse steht, und dafs sie endlich das gros wohlerzogener menschen zur theilnehmung an nützlichen und angenehmen kenntnifsen, und zur aufklärung überhaupt vorbereitet.

Gesellige liebenswürdigkeit und kunst der schönen geselligen unterhaltung in Kopenhagen.

Die gesellige liebenswürdigkeit, der innbegriff von eigenschaften, wodurch man auf die länge und dauerhaft gern gelitten ist, fehlt gewifs den Kopenhagenern nicht. Ich glaube vielmehr, dafs die einwohner dieser stadt im ganzen und besonders die weiber vermöge ihres karakters vorzügliche anlagen besitzen, um das glück engerer verbindungen zu gründen.

Dagegen scheint es mir, dafs sie es im durchschnitt in der kunst der schönen geselligen unterhaltung bis jetzt nicht sehr weit gebracht haben. Ich sage im durchschnitt, denn es sind gewifs auch in diesem stücke muster unter den Dänen aufzustellen. Aber der regel nach macht das spiel die gewöhnliche refsource aller gesellschaften aus. Eine unterhaltung, deren man vielleicht im gemeinen geselligen leben nicht ganz entbehren kann, und die ich nicht tadele; die aber doch zu den schönen unterhaltungen nicht gerechnet werden mag. In mehreren häusern wird zwar viel musizirt und die damen legen sich beinahe alle aufs singen: aber im ganzen ist doch das gespräch, die unterredung dasjenige unterhaltungsmittel, wovon man in geselligen zirkeln den häufigsten gebrauch macht, wornach man also auch die veredlung geselliger unterhaltungen am zuverläfsigsten beurtheilen kann. Und grade hierin herrscht eine gewaltige leere. Die konversazion läuft beinahe ganz auf partikulaire verhältnifse des orts und des landes hinaus. Hofneuigkeiten, zwistigkeiten zwischen den verschiedenen parteien liefern dazu den gröfsten stoff. Es ist mir sehr aufgefallen, dafs selbst die französische revoluzion so selten oder wenigstens auf eine so gleichgültige art ins gespräch gezogen wurde.

Talente, Kenntnifse haben allerdings einen anspruch auf achtung bei der edleren klafse der einwohner. Aber sie stehen isolirt, und kommen nicht in geselligen handel und wandel. Es sind schätze die in gewölbern vergraben liegen, die man ohne untersuchung als vorhanden annimmt, und worunter sich viel falsche münze eingeschlichen hat. So ward mir ein pedantischer schwätzer als ein mann von dem gebildetesten verstande für die gesellige unterhaltung genannt, der den ganzen anstand eines französischen sprachmeisters besafs, und das talent einige fremde sprachen fertig und korrekt zu sprechen abgerechnet, übrigens von der ärgsten ignoranz war. Er demonstrirte immer auf den fingern, affektirte den ängstlichsten purismus in den ausdrücken, deren er sich bediente, und äuserte dabei sätze, wie ungefehr der folgende ist. Roufseau sei ein kerl unter aller kritik, die neue Heloise ein buch voller paradoxen, und darin nur der einzige vicaire Savoyard erträglich. Der vicaire Savoyard in der neuen Heloise!! man denke.

Man darf, ohne die besorgnifs lächerlich zu werden, in gemischten zirkeln noch kein gespräch auf die bahn bringen, das einen mit kenntnifsen genährten und zu einigem nachdenken über die allgemeineren verhältnifse der gegenstände des gemeinen lebens gewöhnten geist voraussetzte.

Damen haben sich besonders in acht zu nehmen, daſs sie nicht als pedantinnen verschrieen werden, wenn sie mit ihrer konversazion den gewöhnlichen kreis der stadtneuigkeiten und des putzes verlaſsen. Es gibt daher auch nur wenige unter ihnen, welche sich dieser gefahr aussetzen, und man kann es nicht leugnen, daſs die wenigen, welche ihr trotzen, es mit einer anmaaſsung thun, welche hinreichend zeigt, daſs nicht bedürfniſs ihres kopfs, sondern eitelkeit der einzige grund ist, warum sie sich auszuzeichnen suchen. Doch giebt es auch hierunter, wie begreiflich, ausnahmen.

Auffallend bleibt es immer, daſs in einer so groſsen stadt so wenig damen sind, die am ende ihrer schönheit und jugend dadurch eine rolle in der welt zu behaupten suchen, daſs sie talente, kenntniſse und geist beschützen, und personen, welche darauf anspruch haben, in ihren geselligen kreisen um sich herum vereinigen. Dasjenige, was an andern orten zuweilen der gesunde verstand, viel häufiger aber ignoranz und neid *bureau d'esprit* nennt, giebt es in Kopenhagen gar nicht.

Man wird sagen, das ist sehr gut, ich aber möchte sagen, das ist vielleicht nicht so gut!

Die gelehrten, die schönen geister, und die künstler müfsen vereinigungspunkte haben, wo sie unter sich und mit andern personen, besonders mit welt- und hofleuten zusammenkommen, und dabei laut sprechen und glänzen können. Von dort aus geht dann der stoff an hof und in die stadt, wird durchgeknetet, und zur speise für jedermann zubereitet. Arten nun auch diese magazine von geist und kenntnifsen zuweilen in lächerliche witzfabriken aus, so zeigt dieser auswuchs doch an, dafs man die sache der art nach kennt, und dafs sie nur in einzelnen fällen gemifsbraucht wird. Hingegen wo sich der so natürliche misbrauch nicht zeigt, da entsteht die präsumzion, dafs man von dergleichen gewöhnlichen zusammenkünften geistvoller menschen an einem orte gar nichts wifse.

Die minister, grafen Bernstorf und Schimmelmann, vereinigen zwar häufig gelehrte und männer von talent und geist an ihren tafeln. Das ist sehr lobenswürdig. Der staatsmann lernt dadurch die guten köpfe befser kennen, und legt die achtung an den tag, die er ihnen und den wissenschaften und künsten überhaupt widmet, und ich darf es wohl sagen, schuldig ist. Aber in rücksicht auf gesellige unterhaltung hat es mit den diners bei den ministern seine eigene bewandnifs. Wo vergnügen statt finden soll, mufs ein jeder sein lautes wort haben können, und wenn dies auch der mächtige und grofse gern gestattet, so mag es doch der untergebene nicht gern nehmen.

Weiber von einem gewifsen vermögen und stande sind eigentlich am geschicktesten dazu, dergleichen häuser zu halten. Sie haben ansehen genug, um den ausbrüchen einer rohen ausgelafsenheit vorzubeugen, und nicht macht genug, um den frohsinn zu scheuchen. Man nimmt auch bei der wahl und der behandlung der materien mehr rücksicht auf ihr geschlecht, und trift daher leichter den wahren punkt, den in beiden stücken die konversazion zum vergnügen verlangt. Die jugend der stadt, die sich auszeichnen und lernen will, findet einen leichteren zutritt in ihren zirkeln, als in den häusern der grossen, und wenn die wirthin eine frau von welt ist, so kann sie für den stubengelehrten, besonders aber für denjenigen, der das schöne bearbeitet, von dem gröfsten nutzen seyn. Ich brauche nur die verstorbene frau von Buchwaldt in Gotha zu nennen, um meine behauptung zu rechtfertigen.

Die erziehung, welche die Dän'sche jugend erhält, zweckt zu wenig dahin ab, ihnen die vorbereitung zu geben, welche zur schönen geselligen unterhaltung in der folge, nöthig ist. Ihre hofmeisters sind mehrestentheils junge theologen von ziemlich niedriger herkunft, welche ein paar jahre durch in Kiel oder Kopenhagen den brodwifsenschaften obgelegen haben, und dann durch die stelle, die sie in einem vornehmen hause erhalten, sobald als möglich sich den weg zur pfarre zu bahnen suchen. Was sie ihren zöglingen zu geben im stande sind, ist die allgemeine vorbereitung zu brodwifsenschaften. Die jungen mädchen werden entweder von französischen demoisellen erzogen, die in ihrem vaterlande vielleicht kammerjungfern geworden wären, oder in pensionsanstalten, worin gleichfalls das talent der schönen geselligen unterhaltung wenig ausgebildet wird. Die kenntnifse, welche der Dänischen jugend am häufigsten beigebracht werden, sind sprachen. Man findet wenig personen, die nicht deutsch, französisch und englisch sprechen. Aber eben die sorgfalt, die sie auf erlernung dieser sprachen wenden, verhindert sie, sich viel mit sachkenntnifsen zu beschäftigen. Sie reisen wenig, und ehe der kronprinz seine neigung für das militair an den tag gelegt hat, haben sie sich auch selten diesem stande gewidmet, der sonst der ausbildung geselliger talente äuserst vortheilhaft seyn kann.

Musik.

Die Dänen haben viele anlage zur musik und viel geschmack daran. Es gehört ziemlich allgemein zur guten erziehung einer dame, dafs sie singen und klavier spielen lerne. Einige unter Jhnen zeichnen sich würklich darin aus. Die oper wird mit leidenschaft besucht und an jeder neuen komposizion der stärkste antheil genommen. Der geschmack der Kopenhagener geht aber hierbei mehr auf das leichte und gefällige, als auf das ernste, und erhabene. Kleine lieder, deren sie einige sehr artige voller naivetät und laune im Dänischen haben, werden besonders geliebt, und häufig in geselligen zirkeln gesungen. Sie nehmen sich sehr gut in dem munde der dänischen damen aus. Die sprache ist der musikalischen akzentuazion und dem melodischen wohllaute vielleicht weniger zuwider, als die deutsche, inzwischen nicht so vortheilhaft dafür, als die schwedische.

B b

Die methode der hiesigen sängerinnen ist noch ziemlich gut, welches dem italiänischen theater, das hier ehemals gestanden hat, und wovon einige sänger zurückgeblieben sind, die in der stadt unterricht gegeben haben, zuzuschreiben ist. Aber seitdem diese alt geworden oder gestorben sind, fängt man an von virtuosen auf saiteninstrumenten unterricht zu nehmen, und der neueren bravourmanier zu folgen. Da dürfte es denn bald um die gute methode gethan seyn.

Grofse komponisten hat die dänische nazion, so viel mir bekannt ist, noch nicht hervorgebracht. Ihre kapellmeister sind mehrestentheils ausländer. Unser Schulz hat sich besonders durch seine angenehm gesetzten lieder beifall erworben: Seine gröfseren werke haben ihn nicht in gleicher maafse erhalten.

Theater.

Es gibt nur ein schauspiel hier, und das ist dänisch.

Das schauspielhaus ist nett, freundlich und gut eingerichtet, nur zu klein für die gröfse des orts. Sonderbar ist es, dafs es kein paradies, keine gallerie für die unterste klafse der einwohner gibt. Diese sind ganz ausgeschlofsen und zwar ohne unzufriedenheit von ihrer seite. Ein umstand, der zu manchen bemerkungen anlafs geben kann. Beweiset er für den mangel an ausbildung des Kopenhagener pöbels, oder für die wenige achtung, worin er bei den vornehmeren steht? Befördert er die sittlichkeit unter dieser klafse von menschen? Läfst er dem theaterdichter freiere hand in seinen kompositionen, weil er auf diesen ungebildeten haufen keine rücksicht zu nehmen braucht? Diese fragen verdienten von jemanden beantwortet zu werden, der länger mit dem lokal bekannt gewesen wäre, als ich es werden konnte.

Das schauspielhaus hat ein *parterre noble*, ein gemeines parterre, und zwei bis drei reihen logen. Die königliche familie nimmt die erste linker hand vom theater ein, und gegenüber sitzen die hofdamen.

Die entree bringt jährlich 36000 thaler ein. Dazu gibt der könig 32000 thaler, nimmt aber 7000 für seine kapelle wieder ab. Es bleiben also nur 61000 thaler zum unterhalt des theaters übrig.

Dieser fond würde aber noch völlig hinreichen ein gutes theater zu haben, wenn er zweckmäfsiger angewandt würde. Aber das wird er nicht. Man will davon alle gattungen von schauspielen stehen, trauerspiel, lustspiel, drama, oper und ballets, und dadurch wird das personale zu zahlreich. Eine der ersten aktrizen bekömmt nicht mehr als 700 thaler jährlichen gehalts: eine besoldung, die an einem so theuren orte wie Kopenhagen, wenig personen reizen kann, sich dieser bestimmung zu widmen.

Die ballets sind schlecht in erfindung und ausführung. Man springt, aber man tanzt nicht.

Die edlere gattung von schauspielen wird nicht sehr in Kopenhagen geliebt, und auch nicht vorzüglich geliefert. Der gröfste theil ihres repertoriums besteht aus übersetzungen, besonders aus dem deutschen. Die dänischen originalstücke fehlen bis jetzt durch eine unzweckmäfsige irregularität, und durch mangel an handlung. In ihren trauerspielen sind einzelne grofse situazionen bei vielen abentheuerlichkeiten, einzelne erhabene gedanken bei vieler deklamazion anzutreffen.

In der komödie findet man nicht mehr die ein wenig burleske aber wahre schilderung der sitten der niedrigen stände, welche Holbergs stücke schätzbar machen. Die mittelgattung von schauspielen, die man jetzt vorzugsweise dramen nennt, wird vorzüglich von den dänischen dichtern bearbeitet. Man trifft darin einzelne stellen voller empfindung und laune an, aber im ganzen wieder mangel an interefse. Ich bescheide mich übrigens gern, dafs mein urtheil über die dänische theaterdichtkunst nicht völlig kompetent ist, denn es beruhet auf bemerkungen, die ich auf durchlesung von übersetzungen gründe. Aber ich dächte, es liefse sich aus diesen dasjenige abnehmen, was ich über den innern gehalt der stücke sage, der reiz der einkleidung, des styls, des dialogs, ging freilich für mich verlohren.

Der mangel an hinreichender kenntnifs der sprache macht mein urtheil über die art, wie die stücke aufgeführt werden, noch verdächtiger. Inzwischen habe ich demselben möglichst abzuhelfen gesucht. Ich liefs mir die übersetzungen der stücke geben, die gespielt wurden, las sie vorher durch, nahm sie mit ins theater und verglich. Die aufführung der schauspiele edlerer gattung hat mir sehr misfallen. Das spiel hat weder wahrheit noch reiz. Die schauspieler agiren ziemlich im geschmack der alten englischen beim Hamlet. Sie durchsägen die luft mit den armen, treten ohne veranlafsung vor- und rückwärts, schlagen sich, um ihren worten nachdruck zu geben,.

mit heftigkeit und häufig auf die brust, rollen
die reden aus der gurgel, und akzentuiren eben
dabei so falsch als eintönig.

Dagegen mufs man ihrem spiel im komischen, und besonders in der operette, alle gerechtigkeit widerfahren lafsen. Ihre liebhaber haben einen guten anstand und mehr manieren, als ich auf irgend einem deutschen theater gesehen habe. Die komischen alten werden sehr brav gespielt. Die weiber sind in muntern, und naiven rollen sehr gut, und unter ihren stimmen gibt es einige, die einem italiänischen theater keine schande machen würden.

Die dekorazionen sind gar nicht zweckmäſsig gemahlt: zu ängstlich ausgeführt um effekt zu machen. Die garderobe ist meskin für ein königliches theater.

Einer ihrer besten schauspieler, herr Schwarz, liefert viele übersetzungen aus dem deutschen.

Es würde, glaube ich, diesem theater sehr vortheilhaft seyn, wenn man ein anderes daneben eröfnete. Denn bis jetzt ist es ohne konkurrenz, mithin ohne ämulazion.

Dichtkunst und talent für prosaische komposizionen zur schöneren lektüre.

Ueber die talente der dänischen dichter kann ich gar nicht urtheilen. Einmahl verstehe ich die sprache nicht genug, und ein urtheil über ein gedicht nach einer übersetzung ist noch weniger kompetent, als das urtheil über ein gemählde nach einem kupferstiche: zweitens hatte ich auch die zeit nicht, jene dichter zu studieren. Ich schränkte also meine nachforschungen blos darauf ein, 1) wohin geht der herrschende geschmack der nazion? zeugt dieser für einen einfluss der poesie auf die veredlung ihres karakters? und 2) wer beschäftiget sich mit dieser schönen kunst? Ist sie so wie in England, Frankreich und zum theil in Deutschland bereits eine lieblingsbeschäftigung derjenigen personen geworden, welche durch wohlstand und muse vorzüglich zum geselligen vergnügen berechtiget sind?

Die nachstehende anzeige der jetzt lebenden dichter und ihrer werke wird über beides auskunft geben. Ein jeder mag sich daraus die resultate selbst ziehen.

Thomas Thaarup ist lehrer der geschichte, erdbeschreibung, philosophie und der schönen wifsenschaften bei der seekadettenakademie. Ausser seinen arbeiten fürs lyrische theater hat er sich besonders durch einzelne lieder bekannt gemacht, von denen eines auf den geburtstag des kronprinzen im jahre 1784 zum volksliede geworden ist.

Eduart Stoern, aus Norwegen, war vorher kandidat der theologie, hat sich aber nachher ganz der dichtkunst gewidmet. Seine werke sind: Broger, ein heldengedicht, Kopenhagen 1774. — Allerlei in versen (edler titel!) — Das indigenatsrecht in vier gesängen (edles süjet!) — Fabeln und erzählungen in Gellerts geschmack 1778. — Originalfabeln und erzählungen — die Neger, eine elegie u. s. w.

Christian Pram, gleichsfalls aus Norwegen, ein schüler des vorigen, sekretair im ökonomie- und kommerzkollegio. Seine vorzüglichsten gedichte sind: Emiliae Kilde 1782. Elegie auf den tod der verstorbenen gräfin Schimmelmann. — Eine elegie auf den tod des justizraths Hersleb, eine preisschrift. — Philippine an Erich, eine heroide, in den schriften der gesellschaft der schönen wifsenschaften. — Versuch einer übersetzung verschiedener griechischen und lateinischen poesien. — Einige idyllen und lieder, welche der allgemeinen Dänischen bibliothek einverleibt sind. — Nachahmungen nach dem Horaz. — Hymne an den Frühling, dem kronprinzen zugeeignet. — Staerkodder, ein heldengedicht.

Nikolaus Prahl, studiosus emeritus, hat mehrere oden und moralische gedichte geschrieben, und ist lange zeit herausgeber eines der ältesten dänischen periodischen blätter, die abendpost, gewesen.

Jens Baggesen, profefsor der schönen wissenschaften auf der universität zu Kopenhagen, und lekteur des herzogs von Holstein-Augustenburg, hat sich besonders durch seine oper Oberon bekannt gemacht. Man sagt aber, seine gröfste stärke bestände im komischen, worin er alle übrigen dänischen dichter überträfe. Aufser einer menge munterer lieder hat er komische erzählungen herausgegeben, die sehr gelobt werden.

Thomas Christopher Brunn, sprachmeister, hat erzählungen nach dem la Fontaine und Boccacio herausgegeben, die viel genie verrathen sollen, aber ihrer schlüpfrigkeit wegen konfiszirt sind. Denn hat er auch fürs lyrische theater mit beifall geschrieben, und endlich ist er mit *reimereien* hervorgetreten, die artiger seyn sollen, als der titel es vermuthen läfst.

Canutus Lanov Rahbek, profefsor der schönen wifsenschaften, hat aufser mehreren liedern verschiedene übersetzungen ausländischer theaterstücke, besonders der Diderottischen geliefert.

Der bekannte herr Johann Clemens Tode, hofmedikus und profefsor der medizin, unser landsmann, hat sich denn auch in diesem fache versucht und man sagt, es soll ihm für einen ausländer ganz gut gelungen seyn. Er hat verschiedene schauspiele geliefert, wovon aber nur sein erstling, die seeoffiziere, beifall erhalten hat.

Man nennt auch den kapitain vom artilleriecorps Abrahamson und einen gewifsen Troyel, doktor der rechte, als glückliche dichter.

Von interefsanten romanen oder andern ähnlichen prosaischen kompositionen für die schönere lektüre, welche man den dänischen musen verdankte, ist mir nichts vorzügliches bekannt geworden.

Ende des ersten theils.

Druckfehler.

Seite 86 Zeile 24 lies *guarnison* für *garnison*.
— 128 — 6 — *einen buch* für *ein buch*.
— 143 — 14 muſs das komma und der gedankenstrich hinter *beurtheilte*, nicht hinter *form* stehen.
— 146 — 18 lies *alles* für *alle*.
— 160 — 25 — *mitglieder* für *mitlieder*.
— 167 — 20 — *sehr gut* für *sehr gut*.
— 197 — 23 — *das* für *da*.
— 205 — 10 — *pachelinger* für *pänhelinger*.
— — — 18 — *spagniolett* für *spaniolett*.
— 206 — 16 — *Perrugino* für *Perugino*.
— 210 — 6 — *Sundermark* für *Sunderwerk*.
— 219 — 5 — *zärtlichen* für *zeitlichen*.
— 232 — 20 — *sie* für *er*.
— 234 — 8 — *daran* für *davon*.
— 235 — 8 — *daran* für *davon*.
— 236 — 10 — *Coypels* für *Ceypels*.
— 241 — 6 — *hondekotters* für *hundekotters*.
— 245 — 18 — *Nyboer* für *Nivaeer*.
— 252 — 16 — *formen* für *sonnen*.
— 264 — 17 — *vereinbar* für *vereinbart*.
— 272 — 21 — *verzeiht ihn* statt *verzeiht ihm*.
— 274 — 15 — *mir* für *nur*.
— 275 — 18 — *unvollständig* für *unvollstädig*.
— 288 — 23 — *vermieden* für *vermeiden*.
— 294 — 16 — *wvig* für *wenig*.
— — — 21 — in der note *Domenichino* für *Domenichnis*.
— 298 — 18 — *hier als nachbilderin* für *hier nachbilderin*.
— — — 19 } die parenthesenzeichen weg.
— 299 — 1 }
— — — 21 hinter *siti* ein punktum.
— 310 — 8 lies *besonders* für *vorzüglich*.
— 324 — 6 — *recht an hof zu gehen* für *distinktion an hof zu gehen*.
— 326 — 12 — *ihren* für *seinen*.
— 329 — 14 — *die* für *der*.
— 341 — 22 — *erhielt* für *erhält*.
— 355 — 21 — *Friedrichsberg* für *Friedrichsburg*.
— 363 — 17 hinter *speziell* das komma weg.

www.ingramcontent.com/pod-product-compliance
Lightning Source LLC
Chambersburg PA
CBHW051743300426
44115CB00007B/678